中国校本教研与校本课程数字出版平台
中国校本教研网 www.schooledu.com.cn
◎特别推荐◎

写中学

XIE ZHONG XUE

让学习更有效的学科写作教学

钟传祎◎著

江苏教育出版社

图书在版编目（CIP）数据

写中学：让学习更有效的学科写作教学/钟传祎著.
—南京：江苏教育出版社，2013.6
ISBN 978-7-5499-2973-3

Ⅰ.①写…　Ⅱ.①钟…　Ⅲ.①作文课—教学研究—中学　Ⅳ.①G633.342

中国版本图书馆 CIP 数据核字（2013）第 120905 号

书　　名　写中学——让学习更有效的学科写作教学
作　　者　钟传祎
责任编辑　林　琬　崔宏观
出版发行　凤凰出版传媒股份有限公司
　　　　　　江苏教育出版社（南京市湖南路 1 号 A 楼　邮编 210009）
苏教网址　http：//www.1088.com.cn
照　　排　润星之源文化有限公司
印　　刷　九洲财鑫印刷有限公司
厂　　址　河北省三河市灵山大口
开　　本　787 毫米×1092 毫米　1/16
印　　张　16.5
字　　数　261 千字
版　　次　2013 年 6 月第 1 版　2013 年 6 月第 1 次印刷
书　　号　ISBN 978-7-5499-2973-3
定　　价　30.00 元
网店地址　http：//jsfhjy.taobao.com
邮购电话　025-85406265，85400774　短信　02585420909
E - mail　jsep@vip.163.com
盗版举报　025-83658837

让作文回归生活

2010年10月，我应邀在深圳市委党校礼堂做了一次《过一种幸福完整的教育生活》的讲演。讲演结束后，我收到了钟传祎老师的一封来信。他告诉我，他也是中国民主促进会的会员，也非常钟爱教育。他认为新教育就是真正意义上的新希望工程，是“拯救教育灵魂的伟大工程”。

他还告诉我，他一直在探索“学科作文”问题，倡导在“学习中写作，在写作中学习”，让所有学科教师都动笔，让师生共同关注学科学习，共同交流学习、教学的心得体会。这与新教育实验的“师生共写随笔”如出一辙。他希望能够参与新教育实验，并且用自己关于学科作文的成果为新教育添砖加瓦。

几个月后，深圳市民进主委张效民先生带来了钟老师撰写的《学科作文教学的理论与实践》《小学生学科作文》和《小学生作文名师导写》等著作。通过这些资料，我大致了解了钟老师这些年研究和推广“学科作文”的过程，并且被他孜孜不倦的研究精神所感动。

受21世纪初深圳科技节的“小论文”事件的启发，从2001年开始，钟老师围绕作文和学科的整合，进行了整整十年的实验探索，初步提出了“学科作文”的概念，构建了学科作文教学理论体系。他认为，学科作文教学要以训练学生的语言能力、观察能力、思维能力、想象能力为重点，以学科知识、学习情境、学习收获为内容，挖掘学习生活中的素材，关注学生的心灵成长历程，结合语文课标要求的年级作文训练点，让学生学会自觉地用文字自由表达他们在学习各学科知识过程中的见闻、心得。

钟老师的这一探索得到了专家和语文教育界的充分肯定，全国小学语文专业研究会副理事长吴立岗教授认为，这一新的作文教学形式打开了作文教学的一扇新大门，开创了作文教学的新思路，使作文教学“柳暗花明又一村”。钟老师主持的“小学学科作文教学研究”被列为深圳市教育科学“十一五”重点资助课题；人民教育出版社、课程教材研究所推出了“人教网学科作文网络实践共同体”，来自江苏、北京、浙江、上海、江西、湖南等地的教师加盟课题研究；深圳大学文学院还专门设立了全国学科作文研究中心。

2013年年初，钟老师寄来了他的新著，希望我能够为它写点文字。几个月以来，我一直惦念着这件事，但公务缠身，直到忙完“两会”，才有些闲暇定下心来读他的文稿。

应该说，这是一部初具体系、颇具特点的学科作文著作。它分为五章，全面介绍了学科作文研究的缘起及表现形式、学科写作教学的基本课型、学科写作的指导策略与方法、学科写作教学的基本流程及案例评析等内容。

虽然早在21世纪80年代初期，吴立岗教授就曾经在《光明日报》撰文介绍苏联著名教学论专家斯卡特金领导的实验，主张把作文训练同各科教学紧密结合起来，使作文不仅成为培养学生语言表达能力的工具，而且成为促进学生理解各学科教学内容、提高创造能力的手段。一些中小学教师在教学实践中也有过把作文教学与个别学科结合起来的尝试，但从理论和实践结合的角度来说，系统完整地研究学科作文，钟老师的贡献不可磨灭。

钟老师这本著作的重要意义之一，是让作文回归到它本来的地位。长期以来，我们把阅读和写作仅仅看成是语文学科的事情，把指导学生阅读和写作看成是语文老师独有的使命。其实不然，阅读和写作应是所有学科老师都必须面对的问题，也是一个人一生需要的基本能力。我曾经说过，一个人的精神发育史就是他的阅读史，一个没有阅读的学校永远不会有真正的教育。阅读能力是所有学科学习的基础，也应该在所有学科教学中培养。

写作也是如此。其实，写作不仅是思考的开始，也是生活中须臾不离的重要内容。钟老师的书中列举了办汽车修理站的美国青年杰克·奥布赖恩的两周对外活动清单，从这张清单中我们不难发现，写作的确是日常生活中必不可少的一项内容。离开了写作，我们甚至无法生活。也正是出于这样的考虑，新教育实验把“师生共写随笔”“通过师生之间的交流共同编织有意义的人生”作为新教育的重要内容。所以，学生写作能力的培养不仅是语文老师的事情，也是所有学科老师的事情。

好在新教育实验的“缔造完美教室”为学科的综合创造了一个非常好的条件。我们希望各个学科的教师能够通力合作，让自己和学生的生命真正在教室里开出一朵花来。我也期待着钟老师把他的学科作文成果带到我们新教育的教室中，让作文真正地回归生活。

是为序。

朱永新

目 录

第一章

学科作文研究缘起及表现形式

学科作文的提出具有重要意义，它打破了学科之间森严的壁垒，使各学科融合为一个整体，实现了写作教学和其他学科教学的“双赢”。对写作教学而言，它直接在相关学科中取材，最大限度地将各学科的信息利用起来，从而解决学生普遍缺乏写作素材的问题，同时提高学生的观察、思维、想象及写作能力；对其他学科来说，它可以引导学生及时总结阶段性的学习成果，并为其日后的专业交流打下良好的基础。

第一节　学科作文研究缘起

记得十年前，深圳市福田区要举办大型的科技节活动，科技节活动内容很多，有机器人、无线电测试、科技小制作、数棋、七巧板等，其中重要的一项是科技小论文比赛，要求学生从日常生活的小问题、小困惑入手，在家长、教师的帮助下，查找资料，寻求解决方法，制订解决方案，动手实验或者动手操作，并把这一过程写下来，参与全区的科技小论文评比。自然学科的老师接到任务后，一脸的困惑和迷茫，自己很少动笔，也不知道科技小论文怎么写，现在要指导学生，都不知写什么、怎么写、从什么地方着手。没办法，只好找到语文老师寻求帮助。而在语文老师看来，学生写过很多作文，每个学期都要进行七八次作文训练指导，可从来没有涉及科技小论文。自己是语文老师，没想过发明创造，科技小论文也是头回听说，要指导学生写，还真要好好想想。听说读写是语文教师的四大教学任务，既然是写文章，这当然属于自己分内的事，因此承担了这一项指导任务。语文老师开始查找资料，以了解有关科技小论文的写作方法，结果发现作文指导用书没有提及，作文技法大全没有说明，参考的学生作文都是写“一个敬佩的人”“一件有意义的事”“一个活动场景”等。难道科技小论文不属于自己的教学范畴？难道作文不应该涉及有关科学的思考、研究、心得、体会、问题、见解、创新？难道小学生的作文仅是描写小白兔、小闹钟、文具盒、建筑物、花草树木、风雪雷电，仅是在一个尊敬的人、一个印象深的人、一个喜欢的人、一个熟悉的人中兜圈子？难道小学生的笔下就不能记录自己的奇思、自己的妙想、自己动手研究的过程、自己在神奇世界中的种种迷惑和猜想？除了描写小闹钟的外形、构造，了解它的作用，明确秒针、分针、时针的位置关系，学生也可以动手制作小闹钟，可以买来零件拼装一个小闹钟，或者把一个小闹钟拆下来，在教师、家长的指导下进一步了解小闹钟的工作原理，然后根据这一工作原理，制作出自己喜欢的小闹钟，最后把这一过程如实记录下来，作为自己了解闹钟的工作原理、理解时间意义的一个小结。这样，文字承载的内容不仅丰富，而且有一定的深度，这样的文章就有了科学的成分，这样的文章就可以叫科技小论文。也就是说，科技小论文是学生对自己在学科学、做科学、玩科学过程中听到的、看到的、想到的、感受到的进行思考、整理，产生新的见解，提出新的方案，形成新的思路，完成新的创造，并形成文字告诉大家，有观点，有证据，有论证过程。

同样是关于闹钟，三年级数学教材中有“时、分、秒”，教材在编排上很讲究。先是一幅共同迎新年的图，大家一起倒计数，引出对“秒”的认识，出现各种时钟，认识“秒”的计量，然后做一做，算一下1分钟能做什么，1秒钟能做什么，在行动中体验时间的长短。接着，学习时、分、秒的换算，结合自己的生活制订作息时间表。教师还可以拓展一下，列一些关于时间的名句，让学生读一读，明确时间是珍贵的：“时间一去不复返”“一寸光阴一寸金，寸金难买寸光阴”。这样的一堂数学课，学生对时钟的认识很到位，如果语文老师能及时捕捉，及时强化，指导学生写一篇关于闹钟的文章，相信学生一定会有话可写、有话会写、有话愿写。而这更需要教师有一种整合的观念，有一种开阔的视野，要对作文有一种全新的认识，否则，我们在重复着无效的训导，消耗着各自的精力，却培育出不会写作文、害怕写作文的学生。

我们再看其他学科关于时间或者时钟的表述。美术教材里有关于小闹钟的装饰、制作；音乐课中有关于时间的旋律；品德课有关于时间的专题学习；综合实践活动课更以时间为线索，让学生收集关于时间的词语、名句、古诗进行交流，开展关于时间的有趣游戏，进行时钟的制作评比，融美术、音乐、数学、语文、科学为一体。这些课程拓宽学生的视野，丰富学生的体验，提高学生的认识，让学生笔下的“时钟”丰满起来。相对于语文教师的一次作文训练指导课，这些课程使学生不再拘泥于外形、构造、功用的三段式，往往能写、会写、愿写，同时也能写好。否则，仅局限于一堂作文指导课，学生对时钟的认识还是模糊、肤浅、片面的，强迫他们完成文章的写作，肯定不会有好的效果。

作文作为一种媒介、一座桥梁、一块园地，它可以承载的内容很多，人的思想、认识、感受、见闻、心得、幻想、研究、学习、交往、生存等，只要人在生活，在学习，在思考，有所获，有所得，有所感，有所思，就可以用文字把它表达出来。从这个意义上说，学习充实我们的头脑，让我们更有智慧，让我们的认识更准确、深刻，让我们的思考更全面、深邃，让我们的表达更有分量、更吸引人。

所以，学科的学习为写作提供了思想认识上的准备，学科学习和作文是密不可分的。没有学科的学习，文章的内容往往流于空洞、苍白。作家的成长、科学著作的问世，都离不开知识的积累、认识的提升、思想的升华。

学科学习为写作提供了能力的准备。首先，自然课的观察实验、美术课的写生、体育课上的学习动作等各学科的学习，都涉及学生观察能力的培养问题；其次，学生通过聆听来再现音乐中的情景，或欣赏美术课上的作品，都需要丰富的想象力；再者，知识的学习是为了让我们更好地思考，各学科的课堂正是全方位地训练学生思维能力的最佳场所。

同时，学科的学习又为学生的写作提供了丰富的素材。自然学科的学习需要学生到植物园观察花草树木，到动物园看兔子、猴子，训练学生的观察能力；体育课上，带学生在操场开展各种游戏、学习各种动作，培养学生的合作精神及动作协调能力；美术课上，带领学生学习色彩和造型，感知颜色的丰富多彩及形状的变化无穷，学会用色彩和形状再现自己对现实生活的看法、感受；音乐课让学生沉醉在声音的世界，感受声音的神奇，体会声音带来的快感和无穷的想象力，并学会用文字描述声音；品德课倡导学生参与社会、学习做人，它以儿童的社会生活为基础，把家庭、学校、社区、祖国、世界等不同的生活领域交织在一起，发展儿童丰富的内心世界和主体人格，培养他们积极的生活态度和社会交往能力，使他们成为有爱心、有责任心、有良好的行为习惯和个性品质的人；综合实践课围绕一个学习主题，综合其他学科的内容，让学生动手制作，合作设计，迁移知识，多种形式地展现、汇报自己的收获，用文字表达自己的思考、收获、意见、建议，将写作贯穿整个活动的全过程。

反过来，学生在学科课堂上写课堂的学习生活，就像整理课堂笔记一样，使思路条理化、清晰化，从而提高了学习效率。例如，学生学习了“时、分、秒”，课后写道：“今天老师教我们认识了时、分、秒，我知道瘦长的秒针跑得最快，她跑一大圈，分针才走一小格，时针好像仍原地不动。

时间很宝贵，我要好好珍惜，在妈妈的帮助下，我制订了一份学习时间表……”文字不多，但思路清晰，可以看出该生的学习效果很好，如果能长期坚持，既复习了学科内容，整理了思路，又训练了文字表达能力，提高了写作水平。

因此，沟通学科间的联系，架设学科联系的桥梁，整合学科教师的力量，是作文教改的一条新出路。让学生在学习中写作，在写作中学习，从大语文、大作文的角度出发，可以更好地解决写作教学中的困惑。

长期以来，由于受以升学为中心的应试教育的影响，传统作文教学重视纯技术性、操作性的训练，作文教学以文本为中心，强调内容具体、主题突出，却忽视了学生的感受和体会，忽视了学生的学习生活，让学生“捆绑着手脚跳舞”。据作文网调查，对于害怕写作文、写不好作文的原因，55.7%的人认为是因为不知道应该写什么，9.9%的人认为是因为写作文没有方法。为什么他们会出现这种情况呢？我们都说学生的生活丰富多彩，为什么他们就没有东西可写呢？

第一，学生90%的时间花在学习、写作业以及课外兴趣培训上，剩下10%的时间和父母、亲人、同学及朋友相处，和社会接触，但因为学生缺乏必要的指导，往往对事物把握不了重点，深入不到细节，感知的时间不能持久，而感知的信息进入大脑后，学生不能作必要的分析、处理，导致对客观事物不会感知、无效感知，或者感而不知、感而少知、感而错知，结果在头脑中没有多少客观事物的真实表象，形成不了知识经验或者作文的材料。如父母带孩子到野外郊游，这是一个很好的认识大自然的机会：在小溪里捕鱼，在树林中捉迷藏，躺在山的怀抱中休息，孩子尽情欢乐。不久，教师安排一次作文训练——写一件有意义的事、写一处景物或一次有趣的活动。按理来说，学生有丰富的体验，可以写出不错的文章，但事实是，学生仍然愁眉不展，脑袋一片空白，不知写什么内容。这是因为和父母的郊游是一种无意体验，没有具体的指导和强化，也就很难成为写作的内容。

第二，作文教学过于关注方法技巧，一切围绕考试进行作文训练，助长了学生说套话、假话、空话的习气。国家总督学顾问、教育家陶西平认为，人生的第一次撒谎常常是从写作文开始的。孩子写母亲都是善良、勤劳，千人一面、千篇一律，内容空洞、无病呻吟，缺乏真情实感，缺乏个性表达。

因此，教师应该关注作文的内容，引导学生挖掘学习生活中的作文素材，把作文当作每个学科的开放型作业，把作文当作学习的工具，使之成为一种学习的方式、生活的方式、思考的方式，化作文为无形，逐步解除学生害怕作文的心理困境，认识到作文不可替代的价值。

正因为如此，李德贵曾在《人民教育》撰文指出，“作文应独立成科，在教材编写上加强和其他学科的联系”。① 吴世昌提出作文和其他学科的横向联系，对作文和具体学科的关系作了简单的梳理。② 杨洪梅老师撰文提出：结合其他学科，进行作文研究。③ 但这些建议一直没有得到广大教师的积极响应，相关课题的实验并没有展开，主要的原因就是学科壁垒问题，教师各自为政，缺乏沟通。新课程改革要求加强学科间的沟通，相关研究也取得了一定的突破。广西教育科学研究所杨讷元在《整合性“学科作文”——“研究性写作”教学的新资源》一文中指出：学科作文就是让学生用作文的形式表达他们在学习各学科知识过程中的心得体会，其内容可以是对学科知识、学科思想、学科策略的认识、理解、领悟，或关于学科现象和学科价值的认识和陈述，可以是探索、研究学科问题或欣赏、追求学科美的愿望与畅想，也可以是学生对自己学科素质的评价或学习的体验等。④ 形式不拘一格，可以是记叙式的、说明式的、抒情式的、思辨式的，也可以为实物配以文字说明，或者为图表、图形加上文字描述等各种奇趣文体。2004年，广西大学附小以“美术作文”为模式开展作文教改实验，并发展成为“多学科渗透的美术作文”教学模式，开发了数学作文、英语作文、音乐作文、科学作文、思想品德与社会作文等多学科作文，在学科作文教学中做了很多有益的尝试，但没有形成一定的理论框架，实验仅限于小范围，没有形成一定的风气，突破不够。⑤ 河北省唐山市丰润区教育局小学教研室高启山老师组织开展了

① 李德贵．同讲读分离与各科结合——建议作文教学成为独立学科［J］．人民教育，1984，(4)．

② 吴世昌．浅谈作文和其他学科的横向联系［J］．小学教学研究，1991，(2)．

③ 杨洪梅．结合其他学科进行作文训练［J］．小学教学研究，1997，(8)．

④ 杨讷元．整合性“学科作文”——“研究性写作”教学的新资源［J］．基础教育研究，2004，(8)．

⑤ 艾斌艳．多学科渗透赋予作文教学新活力——美术作文教学的策略［J］．小学教学参考，2004，(2)．

“小学研究性作文教学”的课题研究，课题基于学生的研究性学习活动，将“提出问题、观察、读书求知、实践探索、产生生活与情感体验”与学生写作时“主动搜集、积累作文素材和体验、产生写作冲动与书面交际需求”统一；将“主动探究新知、有所发现、产生新体验后主动进行表达交流、展示成果”的过程与“主动运用书面语言进行真实的交际”相统一；使作文成为学生进行研究性学习的工具，有效培养学生关注生活、探究生活的意识，发展学生的实践能力和创新能力。该研究丰富了学生的写作内容，使学生有话可说，写作能力得到明显提高。

《为学习而写作——介绍美国的一种写作实验方案》一文中提到，目前世界上有些国家的教师正在探讨一个新的课题，把写作作为其他课程的学习工具。他们认为，写作不但是写作课上的练习，而且是学习其他学科的一种手段。写作应该成为跨课程的学习工具。“跨学科写作”打破了写作训练与其他学科之间的界限，指导学生在不同学科的环境里写作，学习、熟悉并掌握这些学科写作的目的、规范结构、体例及风格等，以提高学生在逻辑性、语法运用和语言风格等方面的表达能力。英、美等国的“跨学科写作”有两种教学模式，一是在具体的学科（包括社会学科和自然学科）课程里加入写作的成分，如日记、报告和小论文等；二是在大学的英语系或英语课堂上专门开设跨学科写作课。将“跨学科写作”理念移植到中小学作文教学中，我们可以这样做：一是在写作课以外的学科中强化写作成分，如在科学课程中进一步强调实验报告和科学小论文的写作，在综合实践课程中鼓励学生进行社会调查，写调查报告；二是结合其他学科的特点和知识点，进行专门的写作训练，这在各种文体的写作训练中都是适用的。教师可以要求学生根据美术、音乐、体育、语文等教材上的画家、作家、音乐家、数学家、科学家等写人物传记、名人故事，根据书本上的图片、景点等写介绍、解说，还可以将各学科提供的知识和信息用于进行普通说明文和科学小品的写作训练，可以结合各学科的学习要求，进行计划、总结、调查报告等应用文体的写作训练等。

“跨学科写作”打破了学科之间森严的壁垒，使各学科融合为一个整体，实现了写作教学和其他学科教学的“双赢”。对写作教学而言，首先，它直接在相关学科中取材，最大限度地将各学科的信息利用起来，从而解决了学生普遍缺乏写作素材的问题；其次，学生的观察能力、思维能力、想象能力得到了锻炼，写作能力得到了提高。对其他学科来说，它可以引导学生及时总结阶段性的学习成果，更重要的是，学生在中学时代就接触到或者初步掌握如何在特定的学科环境里写作，有利于日后在一定专业内的言语交流，如可以为撰写专业论文打下基础。

第二节 学科作文的概念及表现形式

一、当前作文教学的误区

1. **误区一：应付考试**

为什么要写作文？每一次问起学生这个问题，他们总是回答：为了考试，为了完成任务。用同样的问题问教师，他们先是一愣，接着尴尬地笑笑：这个问题还没好好思考过，反正每学期都按要求指导学生写七八篇文章，为了一个好分数吧。当要进行作文教改的时候，教师最关心的是课本中的作文训练怎么完成、考试的作文题能否获得好分数。如果作文教改能很好地与课本中的作文训练结合起来，作文考试也能顺利过关，作文教改就能得到教师的支持，否则，打着改革的旗帜，扎扎实实地按考试目标进行模式化的操练，让学生背范文、套模式、练技巧，仍然会把作文教学带进死胡同，改革的灵气、创新的活力都被扼杀了。

在考试的高压下，学生体会不到写作文的乐趣，机械地应付每一次作文训练，按教师的训练要求选择材料、安排材料、确定中心。买来各种作文指导用书，这里抄一段，那里抄一句，把范文的故事改编一下，换一个人名，换一下故事发生的地点，生硬地填上一些好词好句，组成一个大拼盘，这样的作文只有空话套话、虚情假意，缺乏真话实话、真情实意。

2. **误区二：内容虚假**

有一则外国笑话是这样的：

> 爸爸问儿子："为啥想到中国求学？"
>
> "到那里求学可以发财。"儿子满脸得意地说。
>
> "为什么？你找到了什么发财之路？"
>
> "我读过许多中国孩子的作文，他们中的多数都捡过钱包！"

这当然是幽默，但这幽默中也道出了我们作文教学中的一个问题——内容虚假。显然，街上不可能有这么多钱包，学生也不可能经常捡到钱包，但为了写一件有意义的事，做到思想健康，学生往往就局限于做好事，所以就出现了“五子登科”的作文怪象：帮老奶奶提篮子，公共汽车上让位子，马路上捡到皮夹子，帮妈妈扫屋子，替阿姨管孩子。

为了写出高分作文，学生根据老师的指导充分运用排比句，以增加文章的气势；合理套入名人名言，以增强文章的说服力；或者编一些催人泪下的事例，以增进文章的感染力。至于内容，基本都是瞎编。写做好事，全班都写捡到钱包交给失主，扶老奶奶过马路，在汽车上让座；写友谊就是原来两个伙伴形影不离，非常要好，因为误解（误解的原因很多）造成不和，后来伙伴要转学，误解消除，双方和好，至今思念；写老师一律和蔼可亲，戴着眼镜，辛勤战斗在工作岗位上，深夜批改作业，细致耐心得像母亲，等等。

3. 误区三：形式单一

作文教学的根本目的就是培养学生运用祖国语言文字的能力，而培养学生运用祖国语言文字能力的途径并非一种。从表达形式看，既有书面作文，又有口头作文；从体裁样式看，既有记叙文，又有应用文；从表现体例看，更是不拘一格，有剪贴作文、音响作文、素描作文、看图作文、观察作文等。也就是说，既然作文教学的根本目的是为了提高学生的语言表达能力，那么，社会生活中有多少语言表达方式，作文教学中也应当有同样多的表现形式。然而，就目前的作文教学现状来看，说起作文就是书面命题作文，就是写记叙文。学生几乎完全禁锢在书本中，除了课本要求的作文训练和考试中的作文题，让自由命题作文时，学生不知道如何下笔。而书本上的作文训练几乎一成不变地是“写一件有意义的事”或“记一个尊敬的人”。这几年，教材中的作文题有所改观，有一些想象式作文训练，但形式仍然单一，都是三段式的结构。面对多彩的世界、丰富的生活、多元的表达、迥然的个性，学生的作文形式应该适应这种变化，可以有插图，可以绘图表，可以谱曲，作文训练方式也应该是丰富的，要和学生的实际生活联系起来。

4. 误区四：指导雷同

传统的作文教学非常讲究章法技巧。我们几千年来一直在研究写文章的方法，文章之学也很发达，从《昭明文选》到《古文观止》，各种文选不断问世，对章法、技巧研究的文章也层出不穷。也许是传统使然，现在的书市摆满了各种学生作文选，名目繁多，但都“换汤不换药”，无非给学生提供一些范文，提供抄作文的途径，学生买了后，没有丝毫的借鉴，只是在写作文时搬出来，模仿一篇应付老师。同时，各种写作技法也应运而生，从材料积累、观察方法，讲到如何选材，怎么审题、构思、谋篇布局，怎么选用恰当的表达方式以及各种文体的写法，有方法指导，有范文简析，甚至提供一类作文题的思路、佳句等。同样，书本上的作文训练提供的教学参考也往往是从审题到选材、构思、列提纲的套路，每次作文指导课都是从审题到立意，项目一样不落，程式固定不变，这就使作文指导程式化，毫无生气，长此以往，造成学生思路受限，缺乏写作的积极性和创造性。

5. **误区五：观念陈旧**

第一，文章应该有文章样。在不少教师的眼中，文章就应该完整、规范、有意义，常常用《小学生优秀作文选》的标准来要求小学生，或者拿老师自己的书面表达水平要求小学生。如低年级的教师把看图说话教成看图作文，中年级的教师把片段作文教成成篇作文，高年级把“能写有中心、有条理、内容具体、语句通顺的简单记叙文”教成“会写主题突出、层次分明、内容生动、语言流畅的复杂记叙文”。这是一种拔苗助长的主观主义，欲速则不达，其结果必然使学生怕写作文。要知道，对刚学写作文的孩子提出过高的要求，势必让他们产生害怕的情绪，长此以往，学生必将步入“越写越不会写”的怪圈。其实，对于初学写作的学生来说，就像蹒跚学步的孩子，刚开始只要能够迈出一步，做父母的就高兴地夸奖，拼命地鼓励，没有哪个父母会说孩子走路的姿势难看、步态不稳、手脚不协调。正是在父母的不断鼓励下，孩子慢慢地越走越稳，越走越远，越走越成熟。在这个过程中，父母并没有对孩子的走路姿势拼命矫正，并没有用模特的走路姿势来要求孩子，也没有孩子说自己害怕走路、不会走路。小学生作文是从“零”开始的，小学阶段只是作文的启蒙训练阶段，其教学要求不可偏高，只要孩子能写、愿写，就应该好好鼓励。我们应该根据儿童的生活经验、认识能力及语言状况进行训练，站在儿童的角度去修改、评价他们的文章，并逐步引导学生写出“理真、情切、意达”的小文章来。新课程标准把写作改为习作，显然就是对我们过度拔高要求的善意提醒，小学生作文能把自己的感受表达出来就行了，不需要太多的技巧，不要有过多的苛求，只要意思表达清楚了就可以。

第二，作文是语文教师的事。说起作文，各科教师都认为是语文教师的事，语文教师要负责学生的听说读写训练。其他学科教师只负责相应学科的教学，认为写作并不关自己的事。其实写作是一项综合素质，它涉及学生的观察能力、思维能力、表达能力，任何一堂课的学习都应围绕着学生综合素质的提高，对学生的观察能力、思维能力、表达能力进行全面的训练。音乐课、美术课、科学课、品德课，甚至数学课、英语课，课堂知识的积累、能力的提高都对学生的写作能力产生积极的影响。因为有了学科知识的学习，我们对世界的认识才不断加深，我们对周边的事物才会产生自己的独特体验，我们行诸文字的东西才有意义，否则，没有知识的积累，没有对周围事物的独特认识，没有思维能力、观察能力的提高，作文的训练也只是文字的游戏，仅是空壳，没有丝毫的价值。因此，作文训练需要学科教师的参与，需要学科教师的积极配合。比如，教师在课堂上要求学生认真思考，积极讨论，完整、清晰、有条理地表达自己的思维过程；创设丰富的学习情境，让学生在真实、有趣的情境中兴趣盎然地学习，并做到认真观察、细心体验、提出问题、广泛讨论，使观察能力、思维能力、表达能力得到不同程度的提高，积累丰富、多样、有益的情感体验，为写作文做好素材、情感、知识、能力的储备。

第三，作文仅限于教材上的训练。语文老师往往把作文看成是两周一次的作文训练，一学期 8 次，每次三四百字，一学期 3000 字左右的作文训练，从三年级开始算起，小学阶段共 8 个学期，60 篇作文，20 多万字。这样的训练密度、训练要求，要学生学会写作文是很困难的，这就好比让刚学步的孩子每天练习一次走路，把练习走路看成是一件神圣的事，一件非常重要的事，一件非常困难的事，还要确定严格的训练计划，定时、定期、定点地训练，并且按走路的标准姿势要求、用标准步态逐步规范，这样不仅父母很累，训练的效果不尽如人意，而且孩子越学越不会走路了。其实，走路是稀松平常的事，只要孩子的身体素质没有什么缺陷，身体发育正常，孩子学会走路是天经地义的事情，谁也不会觉得有什么难度。作文其实也是稀松平常的事情，我们每天都在说话，都在和别人交流，都在表达自己的感受、看法、意见、建议、认识等，我们把这些付之于文字，就是一篇篇文章。现在随着网络的普及、网友的增加、网上交流的流行，大家看到的帖子、发表的回复、博客的内容等，都在表达大家各自的感受，没有人说自己不会写。可见，作文是我们精神生活的一部分。

倡导学科作文教学就是为了更好地突破目前作文教学的误区，形成大语文、大作文的教学理念，让所有教师参与作文教学，形成作文教学的合力，让学生认识到作文是我们学习的工具、生活的工具、工作的帮手、研究的助手，让写作伴随我们的成长。

二、学科作文的概念

学科作文是以训练学生的语言能力、观察能力、思维能力、想象能力为重点，以学科知识、学习情境、学习收获为内容，挖掘学习生活中的素材，关注学生的心灵成长历程，结合语文课标要求的年级作文训练点，教会学生自觉用文字自由表达他们在学习各学科知识过程中的见闻、心得的一种作文形式。显然，学科作文几乎包含学生作文训练的全部内容，因为学生的见闻、感受、心得、体会都和学习紧密相连，我们之所以提出这一概念，目的在于强化对课堂的关注、对具体学习过程的关注、对学生成长的关注，更好地解决作文教学的问题，帮助学生挖掘学习生活中的写作素材，使学生更好地运用作文这一工具提高学习效率，提升生活品质。

我们知道，小学生作文就是把学生日常生活中的所见、所闻、所感真实地写下来。这一阐述中，有一个重要的概念就是“日常生活”，小学生的日常生活有什么特点、有什么内容呢？我们先细数一下小学生一天的生活：早上起床、洗漱、吃早餐、整理书包上学；到了学校，上课、早操、课间玩耍；中午回家休息；下午上 2～3 节课，参加课外活动，放学回家；在家完成作业，看电视或者打游戏，看课外书等。星期一至星期五，学生的日常生活等同于学习生活，学生没有机会接触社会，都是在和同学、老师、书本、课堂打交道，学生的所见、所闻、所感都和学习密不可分。再看学生双休日的日常生活，网友“开心就好”针对学生双休日作了一个调查，结果显示：

表一　小学生的双休日时间安排（人次）

时　　间	在家做作业	补习培训	外出活动	自由安排
周五放学后	90（46%）	23（12%）	13（7%）	69（35%）
周六上午	82（42%）	44（22.5%）	25（13%）	44（22.5%）
周六下午	37（19%）	59（30%）	41（21%）	58（30%）
周日上午	45（23%）	57（29%）	27（14%）	66（34%）
周日下午	24（12%）	38（19%）	50（26%）	83（43%）

表二　小学生外出旅游参观情况（人次）

基本没有	经常有	节日期间有	比较少
17（8.7%）	21（10.7%）	98（50.3%）	59（30.3%）

表三　小学生双休日的兴趣活动（人次）

电　脑	115（59%）	手工制作	69（35%）	书　法	45（23%）
看　书	120（62%）	看电视	90（46%）	乐　器	36（18%）
球　类	59（30%）	游　玩	63（32%）	棋　类	67（34%）
绘　画	94（48%）	听广播	19（10%）	其　他	36（18%）

从上面三个表中我们不难发现，学生在双休日的主要任务仍然是学习，因此在一定程度上，学生写日常生活几乎等同于写学习生活。

《全日制义务教育语文课程标准（实验稿）》指出，小学生习作就是能具体明确、文从字顺地表述自己的想法，能根据日常生活需要，运用常见的表达方式写作。自己的想法来自哪里？自己的想法具有怎样的内涵？显然，自己的想法就是指学生的所见、所闻、所感，这些见闻、感受来自学生的日常生活，来自学生的学习生活。通过学习，学生的观察能力得以提高，辨别事物的能力得到增强，思维具有了一定的条理性，并形成自己对事物的看法，形成表达的意愿，因此，我们可以把小学生作文看成是对日常学习生活中的所见、所闻、所感的表达，也就是用作文的形式表达学生在学习各学科知识过程中的所见、所闻、所思、所感，其内容可以是记载一天的学习情况、理清一天的学习思路、反思一天的学习过程、明确一天的学习重点、回顾一天的学习趣事、分析一天的学习成果、巩固一天的学习要点等。学生在学习中作文，其作文内容可以是有趣的阅读感悟，可以是解题的过程，可以是一次学习合作的经历，可以是一次学习活动的记录，还可以是学习一个词语、句子、片段的心得，也可以是对重点概念的阐述以及对知识的感悟、发现、拓展，更可以用童话、寓言、故事的形式再现知识的内涵。教师关注学科生活，倡导写学科作文，不仅让学生体验到学习的快乐，同时解决了学生不知写什么的困惑。

每一个人的成长都离不开和社会的沟通交流，我们成长的轨迹都需要文字的帮衬和提升。威廉·W·韦斯特在《提高写作技能》一书中，列举了一位叫杰克·奥布赖恩的美国青年的两周对外活动清单，这个青年高中毕业后，自己办了一个汽车修理站。清单上的内容有：

1. 拟一份“星期日不休息”的广告给当地报社。

2. 准备一份招工广告。

3. 为顾客填写一份保险估价单。

4. 填写一张一年当中“估计收入”所得税报表，并且解释“估计收入”比前一年降低的原因。

5. 刚买一个月的猎枪托上出现了裂纹，就此事给函购公司写一封抗议信。

6. 给一位账单过期的顾客写一封收款信。

7. 作为“小联盟”队的教练，写信给市政厅，要求把丹曼运动场辟为训练场地。

8. 给在大学学习的弟弟写信，把他要的零钱寄去。

从这张清单中，我们发现，写作是日常生活中必不可少的一项内容。我们不断地和别人交往，处理各种日常事务，都需要沟通，都需要用文字表达。现代人离开写作，生活将变得极不方便。而且这些写作内容围绕着工作的需要，和每一个人的学科素养密切相关，学科专长服务于生活，写作也围绕着自己研究、工作、创新的内容展开。一个技术人员开发一个新产品，他要写出产品开发规划，要及时总结开发进程，推广产品要制订推广计划书、产品说明书等，每一项写作内容都和技术人员的专业紧密相连，他不用写小说、散文、报告文学，但必须写学科作文。他的学科专长要发挥作用，他要让别人知道他能够干什么、干了些什么、他的工作有什么价值和意义，他就必须通过文字来表达，这些文字往往反映出他的学科素养，和他的专业学习紧密相关，我们就把这些文字称为学科作文。

一个教师，不管是语文教师还是非语文教师，写作能力一定要过关。写作是教师生活中非常重要的内容，一学期内一个教师应该或者可能要完成的写作内容包括：(1) 完成学期教学计划；(2) 撰写教案；(3) 给学生家长留言；(4) 写教育博客；(5) 参加各种教学论文评比；(6) 完成课后教学反思；(7) 制订个人教育发展计划；(8) 完成个人教学总结；(9) 写读书收获；(10) 参与 QQ、MSN、论坛等网络交流；(11) 填写各种报告、表格，汇报发言等。这些写作内容是一个教师成长的基本功课，同样与教师的专业素养紧密联系，和教师所教的专业密不可分。

学科作文倡导写学习生活，倡导学生在学习中写作，在写作中学习，把写作当作生活、工作的伙伴，及时通过作文总结学习中的收获，提高学习效率。

三、学科作文的具体表现方式

广西教育科学研究所的杨呐元在《整合性“学科作文”——“研究性写作”教学的新资源》中指出，学科作文可以：(1) 写各学科自主性学习过程和要点摘录，让学生养成思维顺畅的自我调控习惯及能力。(2) 写解题思路或实验操作的文字说明，强调解题的逻辑性和准确清晰的文字表达的重要性。(3) 写章节小结、学后感，培养学生对知识点、知识板块或阶段性学习成果进行自主梳理、自主检测、自主调节的良好习惯。(4) 写图文并茂的“概念图”作文，这是盛行于欧美国家的一种教学策略，它是表示概念与概念之间相互关系的空间网络结构图，是用来组织和表现知识的工具。它的用途极其广泛，除了用作促进学生进行知识建构的工具外，还是教师进行教学设计和分析评价学生的一种方法。(5) 进行以专题或问题为中心的探究性写作，引导学生从多角度进行思考和探索，体验学习活动的开放性、实践性和探究性。(6) 结合学科知识的链接、延伸进行写作，要求放低切入点，忌求高、大、难。教师在初始阶段的指导中应尽量给出知识点（或提示），指导的内容应以接近学生生活实际和思想实际、切合学科知识体系为原则。

学科学习的知识是生活的浓缩，学科学习往往还原生活，因此学科作文可写的内容非常多，其具体表现形式有以下几种。

1. **摘要式**

简明扼要地记录学习过程和要点，总结学习收获、感受，整理知识点、知识板块，联系生活，应用所学知识解决实际问题。可以命题为“我今天学习的内容有……”“学习的要点是……”“我记得最清楚的是……”“学得最认真的地方有……”“老师讲了……”“我觉得有用的知识是……”“我明白的地方有……”“我认为对我最有启发的知识……”“我的发现……”“我的启发……”等。分条列写，一目了然。

我们看一篇范例。家长每天都要问一问孩子在校学习的情况，通过询问帮助孩子复述学过的知识，检查孩子上课学习的效果，增进亲子感情，这是好父母的日常功课。孩子的汇报往往从上课学习的内容说起，学了什么功课，学了什么知识，老师是怎么讲课的，同学提了什么问题，自己有什么收获，课上做了什么练习，自己是怎么做的，所学知识在生活中有什么应用等，可以依据一定的范式进行汇报，下面这篇文章就是摘要式学科作文的变式，通过直接的对话写明上课的重点内容。

数学汇报

回到家，见老妈，她的第一句话：“今天数学课学什么了？”这是我们家家庭会议确定的每日必检工作之一，落实人就是我老妈啦。她每天乐此不疲，雷打不动。

“嗯，汇报前让我先喝口水吧？”我放下书包，咕噜咕噜几大口水下肚，喉咙舒服多了。汇报正式开始：“今天学的是正比例。什么叫正比例呢？就是相关联的两个数，一个增大多少倍，另一个也增大多少倍，比如，一列火车在铁路上行驶，速度不变，路程和时间就形成正比例关系，一个小时行150千米，两小时就能行300千米，三小时则为450千米，以此类推。同样的，我们去商店买东西，当东西的单价不变，付出额总价和物品的数量就是正比例关系。还有，假如你每天问我的问题数不变，那么所问问题的总数和天数就成正比了，do you know？下面说说课堂上有趣的事：今天的课老师没说几句话，我们自己做小老师，一个个问题全部解决，做老师的感觉真好！汇报完毕，请指示！”

“不许贫嘴！还不赶快做作业！”呜呼，就知道是这样，日子就这样一天天重复，好在我们的课堂还有点鲜活的气息！

2. **图表式**

用图文并茂的概念图、思维图或者各种表格来总结学习收获、感受，明确各知识间的关系，建构知识框架，促进有效学习。可以设计课程表；列出学习的课题，简述知识要点；针对最感兴趣的知识点，列出一段时间的学习情况、学习要点、学习感受；为各学科设计一棵知识树，列出各学科已学习的知识要点，理清知识点间的联系；列出一天或一周的学习情况等。

图表式作文是现代科技发展的一种重要载体，记录承载现代科技文明的发展历程。我们经常在文章中看见图表，图表也是一种常见的说明方式，它往往用表格、图形或照片来说明事物的本质和特征，有具象性、简洁性、辅助性的特点。在学科学习中使用图表，可以让所学知识具有直观效应、对比效应和简化效应，方便学习者理清思路、加深印象、巩固记忆。不可否认，这种图表式的文章也是一种认识、感悟的表达。

下面的这张思维导图形象直观地介绍了传感器和人类生活的关系，既是一种学习的梳理，也可以看做是作文的一种表达方式。

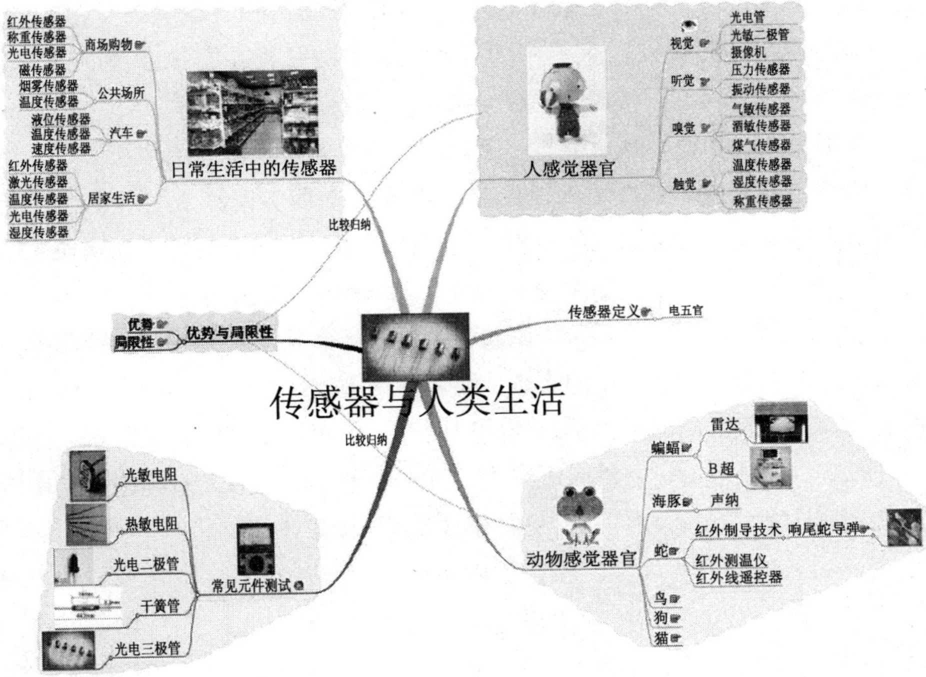

3. **叙述式**

这是小学作文常见的表达方式，学会叙述是最基本的写作能力。叙述式的学科作文，要求把文章中要记叙的人、事件交代清楚。学科作文中的叙述式主要记录课堂生活情境以及和课堂生活相关的生活及学习背景内容，可以拟题为“一节课的学习情景”“我和书本、同伴的对话”“老师的表现”“知识点背后的故事”“课堂上的小插曲”“课堂掠影同桌的表现”“我的发言”“我的一段（思考、走神、胆怯、迷惑、害怕、兴奋、惊喜、痛苦的）经历”“作家、科学家素描”“我和知识相遇”“知识在我的生活中”“我和书本”“我们一家在学习”“爸爸妈妈教我学……”“我和知识有个约会”“游历书本”等。

4. **说明式**

说明文是以说明为主要表达方式来解说事物、阐明事理而教给人知识的文章体裁，它通过揭示概念来说明事物的特征、本质及其规律性。说明文一般介绍事物的形状、构造、类别、关系、功能，解释事物的原理、含义、特点、演变等。说明文实用性很强，它包括广告、说明书、提要、提示、规则、章程、解说词、科学小品等。这一类学科作文可以写课堂的学习流程、知识点的内涵、知识点在生活中的运用、解题的过程、实验报告、活动记录、学习总结、科技小常识、调查报告等。

法布尔是一位研究昆虫的科学家，他用一生的时间深入昆虫世界，对昆虫进行观察与实验，真实地记录了昆虫的本能与习性，写成了《昆虫记》。这部作品不仅具有很高的科学价值，而且语言优美，充满灵性。研究昆虫写昆虫，研究植物写植物，研究数字写数字，研究什么我们都可以将其写出来，所以，我们不要认为不当作家就不用写作文，其实，做任何工作都要学会写作。下面选摘的法布尔的文章从玻璃池塘的建造写起，然后写了池塘里的变化以及“我”的遐想。小小的玻璃池塘，里面有丰富的科学知识，作者娓娓道来，充满爱心，言辞间流淌着诗意，怪不得法布尔又被称为“昆虫诗人”。知识的学习很有趣，只要我们细心去体验就能发现。

玻璃池塘

［法］亨利·法布尔

你有一处建在房子里面的小池塘吗？在那个小池塘里，你可以随时观察水中生物生活的每一个片段。它没有像户外的池塘那么大，也没有太多的生物，可这些恰恰又为观察提供了有利条件。除此之外，还不会有行人来打扰你专注的观察。其实这并不是什么天方夜谭，这是很容易实现的。

我的户内池塘是在铁匠和木匠的合作下建成的：先用铁条做好池架，把它装在木头做的基座上面。池上面盖着一块可以活动的木板，下面的池底是铁做的，底上有一个排水的小洞。池的四周镶着玻璃。这是一个设计得相当不错的玻璃池，就放在我的窗口，它的体积大约有10～12加仑。

我先往池里放进一些滑腻腻的硬块。那是一种分量很重的东西，表面长着许多小孔，看上去很像珊瑚礁。硬块上面盖着许多绿绿的绒毛般的苔藓，这苔藓能够使水保持清洁，为什么呢？让我们来看一看吧。

动物在水池里和我们在空气中一样，要吸入新鲜的空气，同时，排出废气（二氧化碳）。这些废气是不适宜人呼吸的。而植物刚好相反，它们吸入二氧化碳。所以池中的水草就吸收这种不可以呼吸的废气，经过一番工作后，释放出可以供动物呼吸的氧气。

如果你在充满阳光的池边站一会儿，你就能观察到这种变化，在有水草的珊瑚礁上，那一点点发亮的闪烁的星光，好像是绿苗遍地的草坪上点缀着的零零碎碎的珍珠。这些珍珠不断地消逝，又接连不断地出现，它们会倏然在水面上飞散开来，好像水底下发生了小小的爆炸，冒出一串串气泡。水草分解了水中的二氧化碳，得到碳元素，碳可以用来制造淀粉。淀粉是生物细胞所不可缺少的东西。营养物水草所吐出来的废气是新鲜的氧气。这些氧气一部分溶解在水中，供给水中的生物呼吸，一部分离开水面跑到空气中。你在外面看到的像珍珠一样的气泡就是氧气！

我注视着池水中的气泡，作了一番遐想：在许多许多年以前，陆地刚刚脱离了海洋，那时草是第一棵植物，它吐出第一口氧气，供给生物呼吸。于是各种各样的动物相继出现了，而且一代一代繁衍、变化下去，一直形成今天的生物世界。我的玻璃池塘似乎在告诉我一个行星航行在没有氧气的空间里的故事。

——摘自《昆虫记》

5. **童话式**

童话是儿童文学的一种，是小学生最喜欢的一种文学样式，它多采用夸张、拟人、幻想等表现手法来编织奇异的情节。我们学习的内容本来是枯燥的、无趣的，我们通过童话的方式，让它们活起来，让它们现身说法，让它们陪伴我们一起讨论、交流，这样，学习内容变得亲切、有趣，更便于我们识记、理解、运用所学知识。这一类作文可以写知识童话、知识王国历险记、知识的传说等，让各知识点用第一人称的方式介绍自己。

《哈利·波特》风靡全世界，里面很多精彩的描写和我们的学习生活密切相关，尤其是魁地奇的训练、比赛，和我们体育课的学习很相像。这里节选了一段魁地奇比赛的描写，非常精彩。故事一开头就渲染出比赛的紧张气氛，接着三句话交代比赛的开始，然后通过现场解说写出比赛的精彩场面。最让人难忘的是哈利抓飞贼的情景，他追赶着飞贼，眼看要抓住，扫帚颠簸起来，哈利被悬吊在扫帚上，突然一个鱼跃爬回扫帚，俯冲，摔倒在地面，挥舞手臂告诉人们抓住了飞贼，可谓一波三折，扣人心弦，精彩绝伦。我们的课堂同样很精彩，只要同学们认真体验，也可以写出很多精彩的学科作文。

魁地奇比赛

［英］J. K. 罗琳

第二天一早，天气晴朗而寒冷。餐厅里弥漫着烤香肠的诱人气味，每个人都期待着一场精彩的魁地奇比赛。

十一点钟左右，整个学校的学生好像都集中到魁地奇比赛场的看台上了，许多学生还带着双筒望远镜。

哈利跨上他的光轮2000。

霍琦夫人使劲儿吹响了她的银哨。

十五把飞天扫帚拔地而起，高高地升上天空。比赛开始了。

“鬼飞球立刻被格兰芬多的约翰逊抢到。”乔丹正在为比赛作解说，“她在上面一路飞奔，一个漂亮的传球，给了艾丽娅！糟糕，斯莱特林队把球抢去了，队长得到了鬼飞球，飞奔而去，他要得分了！格兰芬多队的守门员一个漂亮的动作，把球断掉了。约翰逊又夺回了鬼飞球，她拼命地飞奔，躲开了一只游走球，球门柱就在前面，守门员俯冲过来——漏过了——格兰芬多队得分了！”

格兰芬多队的欢呼声在寒冷的天空中回荡，其中还夹杂着斯莱特林队的怒吼和呻吟。

约翰逊得分后，哈利翻了几个筋斗来表达他的兴奋。现在他又回到原位，等待飞贼。哈利看见了飞贼，他兴奋地向下俯冲，追赶着那道金光。对方的找球手特伦斯·希金斯也看见了，两人并排朝飞贼冲去——追球手们好像忘记了他们正在比赛，只是停住在半空中观看。哈利比希金斯速度快——他看见了那个圆球，拍打着翅膀，在前面飞奔着——他加快速度……突然，他的飞天扫帚很吓人地抖了一下，可怕地倾斜了一下，他觉得快要掉下来了，忙用双手和膝盖紧紧地夹住扫帚。下面的观众们倒吸了一口冷气。这时，扫帚又剧烈地颠簸了起来，把哈利摇摆出去，现在他只有一只手抓住扫帚，悬吊在那里。

突然，高空中的哈利一个鱼跃爬回到他的扫帚把上了。接着，他飞快地朝地面俯冲。他双手捂着嘴巴，好像病了。他四脚朝天地跌了下来，咳嗽着。这时，一个金色的东西掉进他的手里。

“我抓住了飞贼!”他大叫着，手在头上挥舞，比赛在一片混乱中结束。

格兰芬多队赢了!

——摘自《哈利·波特与魔法石》第十一章，有改动

6. **联想式**

联想是人们根据事物之间的某种联系，由一种事物想到另一种事物的心理过程，它是由此及彼的一种思维活动。作文离不开联想。联想可以把世间万物联系起来，从而使思维更活跃，眼界更开阔，文章的内容更充实，构思更精巧。课堂的学习只有联系现实，只有和已经熟悉的知识、生活等联系起来，才能让书本的知识变成学生自己的知识，才能把知识灵活地运用于实际生活，解决实际问题。这一类作文可以拟题为“知识点大家庭”“知识点的过去现在未来”“爸爸（妈妈、爷爷、奶奶）学习我的课本”“未来的知识”“我用知识闯未来”“未来的课堂”“心目中最喜欢的教师（学校、书本）”“我来做老师”等。

《时代广场的蟋蟀》荣获1961年的纽伯瑞儿童文学奖银奖，深受孩子们喜爱，甚至成年人也爱不释手。故事写一只叫柴斯特的蟋蟀来到时代广场，遇上爱它的男孩马里奥，它用自己绝妙的音乐天赋回报朋友的真挚友情。作品一出版，立即受到各国读者的喜爱，成为充满友爱和温情的经典之作。我

们节选的这一段，写蟋蟀接受正规的音乐训练，第二天惊艳亮相，先后演奏多首名曲，把前来买杂志的音乐教师惊得目瞪口呆。文章写蟋蟀演奏时，先是伸展伸展腰身，活动活动翅膀，中间还停顿一下，喝一口水，形象逼真。而听众则被蟋蟀美妙的声音彻底征服，文章对听众神态的描写非常成功。学生在课堂上是不是也会出现这样的情景呢？学生可以展开想象，写出更多精彩的学科作文来。

蟋蟀演奏会

［美］乔治·塞尔登

蟋蟀柴斯特的正规音乐教育开始了。

在那晚的宴会上，他演奏乐曲只不过是闹着玩的，但现在却开始严肃认真地学习人类的音乐。夜晚还没有过完，他已经从不同的交响乐中记住了三个乐章，从音乐喜剧中记住了六支歌，还记住了一支钢琴协奏曲中的独奏部分。此外，他还从宗教晚仪中记熟了四首赞美诗。

第二天早上，贝利尼一家三口来到报摊。马里奥给蟋蟀带来了平常的早餐：桑叶和水。柴斯特悠闲自在地慢慢吃着，他看得出贝利尼一家三口都非常激动，心中有几分得意，有意要让他们等一等。吃过早餐后，他舒舒服服地伸伸懒腰，活动活动自己的翅膀。

因为是星期天，柴斯特感到最好先奏一首赞美诗，所以他选了《耶稣基督》作为音乐会的开场。爸爸妈妈和马里奥一听到第一个音符，脸上都突然露出了笑容。三个人你望着我，我望着你，眼睛里流露出十分快乐的神色，可是谁也不敢说一句话。

柴斯特奏完了《耶稣基督》，停顿了一下，呷了一口水，准备再演奏。他这一次不奏《耶稣基督》，却奏出了激动人心的《基督教的战士们，前进》。

前来买杂志的音乐教师斯梅德利先生的眼睛瞪得大大的，张嘴结舌，脸色变得惨白。

“哎呀，教堂里的风琴手今天早上也是奏这首赞美诗，”这位音乐教师喘着气说，“还赶不上蟋蟀一半好！当然，蟋蟀的演奏不会像风琴一样响亮，但演奏得美妙，这就弥补了音量的不足。”

柴斯特又开始演奏，奏出他已经学会的另外两首赞美诗——《玫瑰经》

和《上帝是坚强的堡垒》，接着演奏钢琴协奏曲。没有一支管弦乐队支持他，蟋蟀自然不能完全按照乐谱奏出这支协奏曲，但是全面来看，他确实了不起。

斯梅德利先生意识到，他是在听蟋蟀主演的音乐会，并高度赞赏蟋蟀的演奏。他特别赞美蟋蟀“处理乐曲短句的技巧”，那就是说，蟋蟀奏出一整段音符，干脆利落，从不让音符滑到一起。有时，某一段使斯梅德利先生深受感动，这位音乐教师就摸摸胸口说：“蟋蟀打动了我这里啊！”

选自《时代广场的蟋蟀》十二章，有删节

第二章

学科写作教学的基本课型

学科写作教学是一种新型的作文教学形式，它立足于作文和学科的整合，从“大语文”“大作文”的角度对作文教学进行改革，形成了自己独有的教学流程和教学课型。它从提高学生观察力、想象力、思维能力的角度出发，从学习内容、学习情景、学习体验入手，拓宽学生的写作视野，让作文成为学生学习的工具，倡导学科教师都参与作文教学。学科写作教学的基本课型包括：课堂实录型、内容整合型、学科主导型。

第一节　学科写作教学课型的含义

课型是课堂教学的形态，即根据教学需要所划分的课的类型。教学对象、教学内容和教学任务不同，课堂教学形态就不一样。课型的特征是由课的性质、任务、结构和功能决定的，所以，其构建要遵循教学模式的结构进行。而教学模式是在一定教学思想或教学理论指导下建立起来的较为稳定的教学活动结构框架和活动程序。作为结构框架，突出了教学模式从宏观上把握教学活动整体及各要素之间内部关系的功能；作为活动程序，则突出了教学模式的有序性和可操作性。

作文课指向特定的教学内容，完成特定的教学任务，具备了独立的课堂教学形态，区别于阅读课、口语交际课、语文实践课等课型。一般来说，阅读教学课型以阅读基本规律为指导，通过师生互动组织教学，其基本程序是：（1）初读感知，自定目标，分层要求，获得对课文整体意义的大体感知，拟定不同的学习目标。（2）细读领悟，精心设问，渗透学法。教师引导学生去领悟、理解教材，引导学生自我吸收、自我体验、自我领悟，训练学生的口头表达能力和分析能力，使语言和思维同步发展。（3）精读品味，探究意蕴，积累内化。教师引导学生朗读、分析、比较、反复体会，把学生带入文章创设的情境，通过品味欣赏，引发学生的联想和想象。

写作教学课型以训练学生的语言表达能力为主，根据作文教学的基本规律组织教学。其基本课型包括：

（1）观察式。这种课型的主要特点是，通过观察让学生有所发现，有所认识，直接获取作文题材，其直观性强，真实有趣。这种课型要求教师引导学生学会观察的方法，训练学生的观察能力，提高学生的视觉、听觉、触觉、嗅觉、味觉的感知能力，使学生学会在观察中思考，在观察中及时用语言表达观察内容，提高对事理的理解能力。该课型的课堂教学思路是观察——比较——发现——认识——表达。具体步骤大致如下：第一步，启发谈话，激发学生的观察兴趣；第二步，提出目的及要求，教给学生观察方法，进行初步训练，为学生的思维定向；第三步，具体指导观察，这是观察课的重点，学生整体感知、发现事物的特点，相互交流观察心得，形成稳定细致的观察成果；第四步，及时反馈，组织表达，先说后写，以写片段为主，教师巡视，个别指导；第五步，交流片段，适时评改。

在这种课型中，观察是基础，发现是关键。一堂课经历观察、思考、表达、评改的全过程，训练密度大，信息反馈及时，教学效率高。

（2）活动式。这种课型的特点是把课堂变成“作文现场”，通过精心设计的游戏、比赛、表演、实验等学生参与的活动，让学生真切感受现场气氛，目睹眼前情景，引发表达的欲望，形成作文。其课堂教学的思路是参与——体验——感受——表达，具体步骤大致如下：激情引趣，交代活动内容；组织准备，提示活动规则；调动情绪，积极开展活动；及时反馈，口述活动经过；确定中心，理清写作思路；突出重点，写好重点片段；交流评改，完成全文。这种课型的难点在于要从活动过渡到表达。在活动阶段，课堂活跃，场面热烈，但是一旦涉及表达，处理不好便会进入低潮。这是因为，从活动到表达，综合性大，过程复杂，形成了难点。这一步，教师应进行“慢镜头”教学，“小步子”前进，把综合表达分解成若干个片段进行：先想——组织内部语言；再讲给自己听——外化为“自我中心”语言；然后讲给他人听——变为交际语言；最后写下来——变为书面语言。每一步的衔接，教师要充分运用信息反馈进行调控，帮助学生突破难点。

这种课型，组织好活动是基础，认真体验是关键，要引导学生全身心地投入活动，强化学生的体验意识，使之确有所感。

（3）交际式。这种课型的特点是通过师生间的亲切交谈，创设语言交际环境，引导师生交流思想，唤起学生的回忆，挖掘写作材料。这种课型的基调是“亲切、轻松、愉快、和谐”。语文教材中涉及的口语交际训练，大多属于这一类型。谈话的内容有对自我情况、家庭情况的介绍，有对所见所闻、新人新事的介绍，有对某种文具、玩具或日用品的介绍，有对某一种现象的评价议论等。谈话的形式有谈心式、问答式、讨论式、采访式等。谈话的主题有集中式——突出一个主题，也有自由式。例如，接一个新班，就可以用谈心的方式，师生互相介绍各自的情况，教师可以通过交谈使学生的谈话内容涉及自己的爱好、特点以及心中的苦恼甚至秘密，然后让学生讨论。

其教学步骤是：第一步，提出谈话课题，引起学生兴趣，激发学生思考；第二步，展开谈话内容，在轻松自由的交谈中，将学生的思维引向生活的深处，不断拓宽选材的广度与深度，启发学生将沉睡在记忆深潭中的材料打捞起来，并在谈话的过程中，将表达的顺序大致理清，将表达的重点基本确定下来；第三步，讨论定题，提出写作要求，进一步筛选材料；第四步，写片段，教师巡视，发现典型；第五步，抽样评改，有针对性地进行指导。交际式课型能引导学生留心生活，启发学生“以小见大”，从身边普通的人、平凡的事、不起眼的物中发现“美”。由于教师与学生、学生与学生之间相互交谈，“心理互换”，课堂容易创设语言交际的环境，学生心目中有了听的对象或“读者”，使“写什么”“为什么写”“写给谁看”成为非常现实的问题，有利于激起学生共鸣，使之“有感而发”，一吐为快。

（4）阅读引路式。这种课型的特点是以文引文，以情激情，以读带写，唤起共鸣，举一反三，读后成文。引导学生学习作者观察和认识生活的方法，扩展选材思路。这种课型的教学步骤大致如下：启发谈话，提出课题；初步阅读，感知引趣；深入理解，激发感情；借鉴范文，联想选材；自由命题，起草成文。语文教材中的作文训练基本上根据单元阅读重点设计作文训练题目，让学生及时运用课堂训练的知识。

（5）童话想象式。这种课型的特点是运用儿童喜闻乐见的形式，迎合儿童的心理需要，符合儿童的思维特征，从而激发儿童的写作欲望，培养儿童的想象能力。

这种课型的教学过程大致如下：第一步，启发谈话，激发兴趣；第二步，出示编童话的依据，或出示图画，或出示实物，或出示故事的开头，或进行游戏活动，在画一画、拼一拼、做一做、剪一剪、贴一贴、演一演的过程中，提供编童话的条件；第三步，启发学生依据提供的条件，展开合理想象，编写童话。在这种课型中，提出编童话的依据是基础，想象是关键。第三步中，如何引导儿童进行合理想象，展开童话故事的情节，这是难点。既要让儿童大胆地想，又要使其想得合乎情理，这就要求教师既要善于调动儿童的直接生活经验，又要指导儿童利用从读物中获得的知识来编童话。

第二节　学科写作教学基本课型介绍

学科写作教学是一种新型的作文教学形式，它立足于作文和学科的整合，从“大语文”“大作文”的角度对作文教学进行改革，让学生在学习中写作，在写作中学习，形成了自己独有的教学流程和教学课型。它从提高学生观察力、想象力、思维能力的角度出发，从学习内容、学习情景、学习体验入手，拓宽学生的写作视野，让作文成为学生学习的工具，倡导学科教师都参与作文教学。学科写作教学的基本课型包括：课堂实录型、内容整合型、学科主导型。

一、课堂实录型

课堂实录型的写作教学主要以语文教师为主导，各学科教师积极配合，立足课堂教学丰富、多样的活动，通过再现课堂情景回顾教学流程，确定恰当的作文训练点，来指导学生写作。学生在教师的引导下复习已学内容，整理学习思路，明确学习重点，让学生有话可写，有话愿写，从而实现写作能力和学科学习效率的共同提高。

其基本流程是：首先，语文教师通过全面浏览各学科的内容，有针对性地选择活动性强、与实际生活联系密切的学习内容，并与学科教师共同备课，从作文教学和学科学习的目标入手，确定共同的作文训练点；其次，语文教师深入学科课堂，了解学生课堂学习的情况，捕捉课堂教学中生动有趣的画面，分享学生学习的快乐；再次，语文教师从课堂教学画面入手，引导学生回顾课堂学习过程，分享课堂学习的收获，交流课堂学习的体验和感受，确定作文素材，进行作文训练。

课型范例

人教版的三年级数学中有“位置和方向”这一教学内容，其教学目标是：教会学生认识东、南、西、北四个方向，能够用给定的一个方向辨认其余的三个方向，并能描述物体所在的方向，在活动中培养学生初步的空间观念和推理能力。数学课中关于“位置和方向”的训练，与学生的生活紧密相连，教师往往也是从学生的日常生活入手，结合学生的生活实际，训练学生辨别位置和方向的能力。而三年级作文训练中就有介绍学校位置的相关内容。语文和数学这两个学科有共同的教学目标，课堂教学中都要求训练学生的空间能力、表达能力和细致的观察力，课堂教学以表达和训练为主线，在情景的描述中展开，在生活的体验中进行。数学和作文教学的结合解决了学生写作的素材问题，并让学生形成“大作文”观念；通过作文，学生更能了解到数学和生活的关系，强化了空间能力，从而达到数学学习能力和写作能力的共同提高。

（一）情境导入

师：上节课老师布置了一个作业，让大家收集有关北京的资料。谁愿意把收集到的资料给大家介绍一下？

生：北京是我们国家的首都，总面积……

生：北京有许多著名的建筑物，如故宫、颐和园、万里长城……

生：天安门广场是北京最大的活动中心，每天要接待上万名游客……

师：同学们查到的资料可真丰富，老师相信你们一定从中学到了许多知识。天安门广场是我们首都的著名旅游景点之一，几乎所有的游客到了北京，都要到这里看看。你们瞧（出示天安门广场示意图），这里有我们大家非常熟悉的天安门城楼、故宫、毛主席纪念堂、人民英雄纪念碑，等等。你们去过天安门广场吗？那我们请去过的同学当一次小小导游员，给我们介绍一下这些建筑的具体位置。

生：这里是国旗，从这儿向上走就到了天安门城楼，再向上就到了故宫……

生：各位游客大家好，我们现在是在人民大会堂，向右走就到了毛主席纪念堂，再向右走就到了中国国家博物馆……

生：欢迎来到天安门广场，这里是著名的天安门城楼，北面是故宫，南面是人民英雄纪念碑，再向南是毛主席纪念堂……现在开始自由活动，活动完后在人民英雄纪念碑的左面集合。

师：这三位小导游的介绍各有特点，都非常好。那你们知道在什么地方集合了吗？谁愿意上来指指？

（学生指的位置不同）

师：这是怎么回事？是不是他们弄错了？

生：不是弄错了，是所处的方向不同。

师：那能不能用一个更准确的词来表示天安门城楼在国旗的哪一面呢？

生：天安门城楼在国旗的北面。

师："北"这可是个新名词，你们听说过吗？"北"是表示什么的？和"北"一样的词还有哪些？

生：东、南、西、北。

师：好，这节课我们就来认识方向：东、南、西、北。谁来写课题？

（指名让学生板演）

师：你怎么知道天安门城楼在国旗的北面呢？

生：从地图上知道。上北下南左西右东。（出示标志）

师：天安门城楼在国旗的北面？还有呢？

生：中国国家博物馆在毛主席纪念堂的东面。

生：国旗在天安门城楼的南面。

生：故宫在广场的北面。

师：其实，"东""南""西""北"在我们日常生活中经常会遇到，你们还知道哪些知识或者词语和"东""南""西""北"有关呢？

生：太阳从东方升起。

生：冬天要刮西北风。

生：我家住在深南路的北面。

师：看来大家知道的知识还真不少。那我们在现实生活中怎样来辨别方向呢？今天就让我们走出教室到外面去看一看，找找方向。找方向时，我们同样以小组为单位展开活动，活动中着重解决以下问题：

1. 你们小组首先找到了哪一个方向，是用什么方法找到的？

2. 怎样根据这一个方向来判断其他三个方向？

3. 站在操场中间，看看“东”“南”“西”“北”四个方向各有什么？

（二）探究新知

1. 认识具体情境中的方向

（教师带领学生去户外活动，学生以小组为单位开始找方向）

师：同学们，刚才老师看到你们各个小组都合作得非常默契，你们找到方向了吗？你们首先找到了哪个方向？

生：我们首先找到了东方，是根据太阳找到的，早晨太阳从东方升起。

师：你们这么快就找到方向了，真聪明。那就请你们组拿着标志牌站到操场东面的圆圈里。

生：我们首先找到了北方，是根据指南针找到的，指南针指针所指的方向是北。（学生观察指南针）

师：那就请你们组拿着标志牌站在操场北面的圆圈里。

生：我们首先找到了西方，是根据影子找到的。早晨太阳在东方，影子在西方……

师：现在我们站在操场的中间，用手指一指“东”“南”“西”“北”，你们有什么感受？

生：东南西北各占一方。

生：东西相对，南北相对。

生：面对东方，向右旋转，分别是东——南——西——北——

师：同学们观察得可真仔细。

师：现在我们大家一起面朝东方，如果知道了东方，怎样辨认其他三个方向呢？

生：我们一年级的语文课上学过儿歌：早晨起来，面向太阳，前面是东，后面是西，左面是北，右面是南。（学生回忆儿歌）

师：现在我们一起面朝北方，如果知道了北方，怎样辨别其他三个方向？

生：前北，后南，左西，右东。

师：同学们认得可真准。现在请同学们再向远处看看，我们操场的各个方向都有什么？

生：操场的东面是游乐场。

生：教工宿舍楼在操场的北面。

生：我们的西面有花池。

师：同学们观察得可真仔细，那我们想办法把他们画下来，好吗？

（教师带领学生又回到教室）

2. 认识地图上的方向

师：同学们，现在我们坐在教室里闭上眼睛想一想，如果你站在操场的中间，操场的东南西北方向各有什么？

生：操场的东面是游乐场，操场的西面是花池，操场的北面是教工宿舍楼，操场的南面是艺术楼。

师：同学们记得可真清楚。你们能把刚才想到的做成校园的示意图吗？

（教师给学生发示意图纸，学生独立完成并汇报）

师：同学们，你们觉得这几种画法一样吗？

生：不一样，有的上面为东，有的上面为北。

生：一样，无论怎样画，操场的北面都是教工宿舍楼。

师：同学们画得都非常正确。在日常生活中，为了便于观察，利于操作，我们画图时都采用“上北下南左西右东”的标准来绘制。那现在，你们有没有办法将手中的地图变为“上北下南左西右东”的形式呢？

（学生将示意图旋转）

3. 认识其他情境中的方向

师：同学们，我们现在已经有了一些辨别方向的方法，如果我们换个时间，换个地点，处在一个陌生的环境里，你们还有其他辨别方向的方法吗？把你的好方法告诉组里的同学。

学生汇报。

一组：看树叶，树叶茂盛的一面是南面。

二组：看树桩的年轮，年轮密集的一面是南面。

三组：看标志，道路上会有指示方向的标志……①

① 高伶．“位置与方向”教学设计［EB/OL］．http：//www.pep.com.cn/peixun/xkpx/xiaoshupeixun/1s_9_1_1_1_1_1_1_1/alyj/201011/t20101124_974308.htm.

课例分析

情境导入后，开始探究新知，教师带领学生走出教室，在具体情境中认识方向，学生以小组为单位，借助指南针及生活常识自己找方向，辨别学校各处建筑物所处的具体方位，并画出方位图，标示出建筑物的位置，然后根据一定的路线回到教室，进一步体会方位在生活中的运用。在这一教学活动中，人人参与，相互合作，共同解决具体情境中的方位问题。大家怎么分工、怎么合作，怎么去辨别方向，遇到了什么困难，怎么解决的，最后得到了怎样的结果，大家有什么样的情感体验，有什么心得体会，等等，都可以作为叙事的材料，并以“一次有意义的合作”“我找到了位置”“我们在操场上考察”“指南针给我们的帮助”等为题，写出精彩的作文，作为活动的总结。活动描写是三年级作文训练的一个重点，要求写清活动过程，即学生怎样确定合作任务、实施合作内容、获得合作成果。鲜活的情景，丰富的成果，有助于学生更好地表达。

学生回到教室，围绕着地图上的“方向”展开学习，把学校的各处建筑物在平面图上标示出来。在画平面图之前，老师提示学生闭上眼睛想一想：如果你站在操场的中间，操场的四个方向各有什么？在确定了各自的方位后，学生开始画校园示意图。学生是怎么想的？怎么画的？画的结果如何？大家交流绘画成果和学习内容的掌握情况，在交流中出现了怎样的情景，发生了什么有趣的事情？这又是新的作文素材，引出学生新的表达意愿。对于数学教师而言，这个教学环节的设计效果如何，从课堂提问及示意图的展示可以了解一部分，但更多的了解还是来自学生的讲述。有经验的教师往往课后和学生交谈，了解自己的教学情况，为进一步改进教学收集第一手资料。教师让学生记录上课情景，之后阅读学生的作文，进而了解课堂上学生的学习情况，获取大量的有用信息，有助于教师反思自己的教学效果，改进并完善教学过程，提高教学效率。

“我们认识了方向，有了辨别方向的基本方法，如果换一个陌生的环境，大家怎么辨别方向呢？”这样，由课堂延伸到课外，由书本的学习延伸到生活实践的运用。让学生汇报辨别的方法，这是数学的生活化，也是科学知识的生活化。学生介绍了根据树叶、年轮、标志牌等辨别方向的方法。学了方位一课，学生可以结合实际生活，写一个小故事，谈一下自己对方位的认识；可以写一封信，邀请好友到家做客，写清楚自己家的位置，标明来访路线，画出路线示意图，方便好友找到自己的家；或者邀请笔友到学校参观，告知来访路线和学校的参观路线。这些既可以作为数学学习后的作业，也可以作为语文教师布置的作文训练。

语文教师深入数学课堂，了解了课堂学习的内容，对每一个环节的数学教学都进行了写作上的思考，接下来，就是作文指导课上的运用了。

第一，要把握作文训练点。三年级学生作文训练的重点是什么？作文训练的内容有哪些？对学生起步阶段作文的要求是什么？想清楚这些问题，找好了作文训练的切入点，这是关键。要求三年级学生能留心周围事物，乐于书面表达，增强写作的自信心；能不拘形式地写下见闻、感受，注意表现自己觉得新奇有趣的或印象最深、最受感动的内容。三年级的作文训练中包含介绍自己去过的地方、描绘一处景物、介绍自己学会的一项技能等内容，这些训练内容完全可以和这一课的数学学习结合起来，从观察能力的训练入手，让学生学会把握物体的位置，有顺序地描绘景物，把景物写具体，能恰当地运用方位词语，准确表达物体的方位。

第二，确定训练形式。语文教师根据本班学生的写作心态和写作水平，以学生喜爱的指导方式进行训练。可以采用范文引入式，教师根据课堂学习情况和作文要求自行写出有一定指导意义的文章，并结合训练重点，进行分析讲解，引导学生完成作文；可以是观察发现法，把课堂上的精彩镜头或片段展示出来，引导学生进行观察，指导学生体味课堂学习内容，把学生在课堂上辨别方向的镜头呈现出来，引导学生说一说同学辨别方向的神态、动作，细致入微地了解当时的情景及旁观者的表情；也可以采用谈话交流式，像课堂上我们学了什么，经历了哪几个阶段，你最感兴趣的内容是什么，老师是怎么教的，同学是怎么学的，课堂上发生了什么有趣的事情等，通过交流，教师能够指导学生选择恰当的素材，确定写作思路；甚至可采用完全开放式，在学生能够自觉把作文当作学科学习的工具，形成了良好的写作习惯，具备了一定的写作能力后，教师稍加点拨，并提出作文要求，学生就能主动完成作文任务。

第三，作文评改。语文教师在批阅学生的文章时，收集学生关于学习的一些感悟、迷惑、意见、建议，与其他学科教师沟通，以优化各个学科的教学，让学科教师自觉参与学科写作教学。

二、内容整合型

语文教师可以兼任品德、心理、综合实践等课的教师，这些课往往要从学生的实际生活出发，通过游戏、表演、讨论、竞赛、动手实践等活动来组织教学，而学生则在课堂上充分表达和体验，不断活跃思维，上课的内容也就成为写作的素材。课堂学习和作文指导可以融为一体，既讲授教材内容，又辅导学生完成作文，两者合二为一，不可分割。

内容整合型的学科写作教学流程是：

第一，根据教材中作文训练的要求和学科作文教学要求，结合学生的作文实际，从学生的日常生活出发，确定作文和学科整合的内容。

人教版五年级（下）“作文训练”和“品德与社会”的学习内容

园地一　书信 园地二　看图作文 园地三　发言稿 园地四　难忘的事 园地五　缩写 园地六　有特点的人 园地七　自由创作	第一单元　成长的快乐与烦恼 1. 生活中的快乐 2. 拥有好心情 3. 尝尝苦滋味 第二单元　追根寻源 1. 吃穿住话古今（一） 2. 吃穿住话古今（二） 3. 火焰中的文化：陶与青铜 4. 汉字和书的故事 第三单元　独具魅力的中华文化 1. 伟大的先人 2. 我国的国宝 3. 我们的国粹 第四单元　我们生活的地球 1. 蔚蓝色的地球 2. 我们的地球村 3. 生活在地球村的人们

根据上表，我们可以确定学科整合内容：给朋友、同学写信，说说自己的快乐和烦恼；通过了解父母的成长故事，写出父母的特点；在逆境中，自己饱受酸甜苦辣，有很多难忘的故事。这些是作文训练的内容，也是品德课学习的内容，两者相结合，让学生在课堂上讲述，在课后写成作文，先说后写，说写结合，相得益彰，省时高效。教师通过批阅作文，进一步了解学生的思想动态，注意德育的针对性、实效性。

第二，突出学科教学，穿插作文指导。教学中以学科教学为主，巧妙设计各种竞赛、游戏、表演、讨论、演讲、制作等活动，让学生多说、多动、多想、多体验、多感受，让学生更好地认识生活、了解生活。教师注意引导学生用规范的语言完整表达自己的故事、体验，不断激发学生的写作兴趣，相机指导学生的写作技巧，让学生及时把课堂上的认识、情感、顿悟以及精彩的故事记录下来。

第三，提出作文要求，完成作文训练。围绕课堂学习内容，结合单元作文训练要求，拟定一系列作文题目供学生选择，帮助学生拓宽写作思路，选取恰当的表达方式和内容。

课型范例

尝尝苦滋味

学科教学目标：

1. 让学生了解生活的多种滋味，挫折和逆境是我们每个人都会遇到的，同时它们也是人生的一笔重要财富。

2. 培养学生对待挫折和失败的正确态度，学会以平和的心态和坚强的毅力面对挫折和失败。

作文训练目标：

1. 真实记录自己遭受挫折和失败的一件事，写出自己的真切感受。

2. 学习心理描写的方法，用恰当的语言表达心中的酸甜苦辣。

人生不可能一帆风顺，每一个人都会经历挫折、失败。温室里的花朵不可能长成参天大树，不经风雨不可能见到彩虹。现在的学生大多是独生子女，在父母和老人的呵护下长大，心理素质较差，经不起批评，经不起失败，遇到问题和困难就想逃避。品德课安排这一内容，目的在于让学生认识到挫折和失败是常见的事情，没有失败就没有成功，失败并不是坏事，挫折可以磨砺意志，摔倒了可以爬起来，只有经历失败和挫折，才能更好地分享成功的喜悦。每个人都有烦恼，每个人都会遇到逆境，我们应该学会用平和的心态对待它，用坚强的毅力去战胜它。可以说，每一个学生都有失败的经历，都有痛苦的体验，这些事情都是难忘的，都是有意义的，怎样把失败的事情表达出来，如何描述当时的感受，这既是品德课的学习要求，也是作文教学的训练重点，两者目标合为一体。课堂上引导学生讲述自己的心路历程，是品德教学的重点，也是作文辅导的重点。怎样引导学生讲述自己的失败经历，尤其是失败的心路历程，是教学的关键，学生只有讲出来，和同学分享，老师和同学才能帮助他正确面对失败。没有深切的体验，而只是学习课本，听别人讲述，对失败的认识就不可能达到一定的高度，就难以形成良好的心态。教师应该教给学生讲述的方法，让学生按一定的顺序，把故事发生的前因后果讲清楚，尤其是当时的想法、感受等，因此课堂上，结合学生的交流，训练学生的表达方式和陈述能力，是十分必要的。

（一）听听大人的故事：失败不可避免

课前，教师让学生访问、调查身边的一位大人，可以是自己的爸爸、妈妈、老师、邻居，了解他们在成长过程中，有没有遇到过困苦和挫折，对他们的成长有什么影响。课堂上将调查报告先在小组内交流，再进行全班交流。

生：我爸爸小时候，上学要走一个小时的山路，回到家还要干活。爸爸说，小时候多吃一些苦，长大了遇到困难就不会退缩了。

生：我妈妈刚考上大学时，面对班上那些大城市来的见多识广的同学，觉得自己是那么孤陋寡闻，心里很不是滋味，有一种危机感，于是妈妈开始制订计划，努力学习，不断激励自己赶上去。妈妈说，这个过程培养了她永不服输的品质，现在在工作中遇到什么难题，她都能勇于面对。

师：你们从采访中受到了什么启发？听了大人们成长的故事，你们有什么感受？（采取多种形式进行全班交流。播放采访录音，介绍照片、实物背后的故事等）

生：困难是可以超越的，关键看你怎么对待。

小结：舒适美满、事事如意的生活自然能给我们带来快乐。但是，生活不可能总是一帆风顺的，也会有困难、挫折和失败，身处逆境的时候，人生就像个五味瓶，酸甜苦辣咸样样都有。

（二）讲讲自己的经历：失败是宝贵的财富

1. 让我们来读一则真实的故事，是美国一名演员的成长经历。（出示教材）爱迪生也曾经说过，“失败也是我们所需要的，我才知道做好一件工作的方法是什么”。结合自己的生活经历，说说你对这句话的理解。自由发言，说一说失败会带给我们什么。

2. 你遇到过什么样的挫折和失败？遇到挫折与失败并不可怕，我们需要的是反省自己的失败，从失败中吸取教训。试着把下面的表格填完整，你就会知道失败是什么样子了，再想想你收获了什么？

我所经历的一次失败和挫折	
失败的起因	
失败的经过	
失败时的感受	
失败的结果	
从挫折和失败中得到的启示和教训	

3. 大家讲讲自己失败的故事，交流各自的心得体会。当时是怎么想的、做的？为什么会失败？失败后有什么心理体验？

为了便于学生表述自己的心理活动，教师同学生一起学习了心理描写的方法。

第一，直接描述法。怎么想的就怎么说出来，直截了当，坦白率真。比如，写考试失败的心理：“看着手里的试卷，我真希望这不是我的卷子，考前还跟妈妈说没有问题，一定能考好，这下好了，就这样的分数怎么见人！同座是一副得意洋洋的样子，想当初，她一直是我的手下败将，可现在呢……”

第二，内心独白法。自言自语，就是自己对自己讲的“无声”的话。例如：“我不停地在心里念叨：阿弥陀佛，佛祖保佑！我再也不听录音机，不看电视，不打游戏机了。唉！都怪我自己，老想着玩儿，考试前一天还趁爸妈不在家偷看了一个小时的电视。老师啊，发发慈悲，手下留情，我以后上课一定好好听讲，千万别让我不及格啊！”

第三，幻觉展现式。通过对人物幻觉的描写，来表现人物的心理。“眼前的试卷变成了巴掌，那红红的叉仿佛是滴血的刀，我拿着试卷的手颤抖着，我真不知道该怎么和妈妈说考试的情况。”

第四，环境折射法。一个人以不同的心情观看相同的景物，都会产生不同的感受，在紧张的状态下，人会焦虑、烦躁，因而对声音、光线会产生与平时不同的感受。例如：“天阴沉沉的，不时刮来阵阵冷风。风刮到我身上，我就不由自主地打战。教室里静悄悄的，只听见‘沙沙’的发试卷的声音，同桌的试卷已发下来了——72 分。看着同桌哭丧的脸，我不由得心里直打鼓。”

第五，动作神态呈现法。语言和神态是心理的外在表现形式，人物的心理会通过语言和行动向外界传达。人在紧张的状态下，其语言行动就会与平时不同。例如：“试卷静静地反躺在桌上。我用有点颤抖的手去掀试卷，一个鲜红的“4”字映入我的眼帘，我的手一抖，试卷又合上了。我一咬牙，把手伸到试卷底下，用力一翻，随着“啪”的一声，我看到了我的分数——‘48’！可怜的‘48’，我‘唉’的一声瘫坐在椅子上。”

学生学习了五种表达心理的方法，教师要求学生用自己喜欢的方式谈谈自己失败时的心理感受。在小组交流和全班交流的过程中，教师指导学生完整通顺地表达心理想法。

小结：当我们交流彼此失败的感受时，也是在总结失败的教训，失败是成长的精神营养。

4. 用文字记录自己失败的故事，找一句格言作为总结，附在故事的结尾，激励自己不断前进。

课例分析

这是一堂很规范的品德教育课，较好地体现了品德课的课程理念：关注儿童的成长，关注儿童丰富的内心世界和主体人格，以儿童生活为基础，让他们用自己的眼睛观察社会，以自己的心灵适应生活。教师让学生在课前访问、调查一位身边的大人，了解别人在成长过程中遭遇的困苦和挫折，听听大人对困难和失败的看法，以此丰富了学生的情感体验，并为学生的讲述和交流做好了铺垫。第二环节，教师设计了一个表格让学生填写，在这个表格中，暗含讲述和写作的基本线索，只要把表填好，所要讲述的内容以及内容的条理性就都清楚了，也就是说，已经有了文章的框架。接着，教师根据教学重点，讲解心理描写的方法，教会学生如何表达清楚并抓住重点。大人的故事是引线，表格的填写是构思，方法的训练是技巧，口头表述是桥梁，从而帮助学生顺理成章地写好作文。写作教学和品德教育融为一体，更好地体现了写作与做人的统一。

三、学科主导型

学科教师结合讲课内容，指导学生观察、体验，写出课堂实录、科学观察、音乐或美术欣赏等类的文章，以此作为教学训练的一种方式，评估学生的学习情况，了解课堂教学效果，提高学生的综合素质。这种课型完全由学科教师实施，需要学科教师在教学中自觉训练学生的观察能力、表达能力和文字运用能力，指导学生完成作文，同时，通过写作来促进学科学习。

课型范例

孙明霞是一位生物老师，却指导学生写出了许多富有诗意的小作文，让人不禁生出“生物课还是作文课”的赞叹。这样的文章，孙明霞的学生写了很多：学习了光合作用、呼吸作用等知识后，孙明霞让学生写《小麦的成长自述》；学习了生物对环境的适应等知识，让学生写了《仙人掌求水记》；学习了人体的消化系统，学生写出了《西瓜子历险记》。下面这篇《杏树的自述》就是一篇典型的生物作文。

杏树的自述[①]

苏晓旭

我是一棵杏树，经过整个冬天的休息，现在的我精力充沛，要向人类展示我的生命。

阳春三月，我开花了。我的花是漂亮的粉红色，里面有雌蕊和雄蕊，靠昆虫传粉。昆虫在雄蕊的花药中将花粉带到了雌蕊的柱头上，慢慢地我的花粉会长出一个花粉管，它穿过花柱进入子房，一直到达胚珠。花粉管里的精子与胚珠内的卵细胞结合，就完成了受精过程，形成了受精卵。我的果实可供人们食用。

白天，我通过叶绿体，利用光能，把二氧化碳和水转化成储存着能量的有机物，并且还释放出一些氧气。到了暗处，在见不到光时，我要消耗一部分体内的有机物，这又不得不让我想起小的时候。

当我还是一颗即将萌发的种子时，我利用氧气将有机物分解成二氧化碳和水。而现在，我变了，我要把以前用的有机物和氧加倍地还回来。

这就是我——杏树，一株普通但快乐的种子植物。

课例分析

学生所写的《杏树的自述》这篇文章很短，却是一篇杏树的成长史。同时，它更像一篇生物学习笔记，把课堂上的知识，用第一人称自述的方式，独特地整理出来。通过这篇文章，我们了解到小作者很好地掌握了杏树花、果、叶、种子的特点，灵活地架构起这一学习内容的框架，把知识逻辑严密地转化为充满生命力的表达，充分显示出孙老师高超的教学智慧。让知识活起来，就要使教学过程充分联系学生的生活实际，让学生感受到知识就在自己身边。孙老师用自己的教学行为很好地诠释了这一教学理念。学习是成长的过程，学生在学习中收获知识、经验、技能，这些收获都将应用于生活，学习和生活密不可分，写作教学和学科教学也密不可分，用作文表达学习的历程，记录学习的心得体会，是最好的学习方式之一。

① 茅卫东．一个生物老师的诗意课堂［N］．中国教师报，2007年5月16日．

第三章

学科写作的指导策略与方法

学科写作要从学生的学习生活入手，关注学生的学习内容、学习情境、学习感受和学习收获，指导学生在学科学习中写作，把遇到的学习问题、整理的课堂笔记、教学中的师生互动、布置的课后作业等转化为作文，把自己的体验、思考、困惑以及与学习相关的内容写进文章，大大丰富了作文素材，提高了学生的表达欲望，让学生有话可写、有话愿写、有话能写。而且，通过描写学习生活，学生能进一步强化学习感受，完善学习方式，提高学习效率。

第一节 学科写作的指导策略

一、把学习问题转化为作文

学科写作要从学生的学习生活入手，关注学生的学习内容、学习情境、学习感受和学习收获，指导学生在学科学习中写作，把课堂学习的活动、体验、思考、困惑以及和学习相关的背景知识、故事、人物、情景写进文章，大大丰富了作文素材，提高了学生的表达欲望，让学生有话可写、有话愿写、有话能写，而且通过描写学习生活，学生能进一步强化学习感受，完善学习方式，提高学习效率。

学生的学习一般围绕三个问题展开，即“学什么”“怎么学”“为什么学”。教师设计教学也要围绕三个问题展开，即“教什么”“怎么教”“为什么教”。任何学科的教师在进行教学设计时，都要弄清自己的教学设计是要让孩子学什么？为什么要学这些知识？这些知识对他们的成长有什么用？怎样设计才能让学生乐学，让学生有主动学习的愿望？怎样才能为学生搭好主动探究的平台，让学生学得主动、精彩？其实，做任何工作都是围绕着三个问题展开的：做什么？怎么做？为什么要做？读一篇课文也是如此，要了解文章写了什么，怎么写的，作者为什么要写这篇文章。只有把这三个问题弄清楚了，文章才算读懂了。

首先，看第一个问题——学什么。我们来看一些具体的例子。比如，学习某单元“植物的一生”。这一单元的学习内容有：种子变成芽；芽长成苗；开花了，结果了；果实和种子。这四个部分的内容概括了“植物的一生”，教材引导学生认识植物发芽、长叶、开花、结果的过程。具体来说，怎样让学生结合种豆子的经历感受植物发芽的过程，通过种豆子实验学生学习到什么知识、训练了什么能力、获得了什么体验和感受，这都是关于“学什么”的问题。只有弄清楚了这些问题，新课标指出的三维目标中的“知识与能力”这一目标才能得到落实。

接着，看第二个问题——怎么学，这关系到新课标三维目标中的“过程与方法”。新课标更注重学生的学习方法，提出要变学生的接受式学习为主动学习，倡导自主学习、探究学习和合作学习。在课堂，学生是如何自主学习的，学生通过怎样的努力达到学习要求，其中克服了什么困难，获得了什么样的经验或教训等；学生围绕什么问题进行探究，设计了什么样的探究计划，采取了怎样的探究行动，获得了什么样的探究结果等；学生的合作学习是以什么形式展开的，每一个学生承担的角色是什么，分配的任务是什么，各自如何完成任务，合作的结果怎样等。通过探讨学生“如何学”的问题，让学生学会学习，掌握基本的学习方法，提高学习效率，从而主动积极地学习。只有这样，学生才更有话说，学科作文的写作才更有内容、更有层次。学习“植物的一生”时，老师提前一周布置任务，让学生收集各种种子，准备种植容器、透明塑料杯和土等。分小组完成种植任务，并对花苗进行观察、测量、记录。正式开始单元内容学习后，让各小组把种植的种子苗带到学校，相互交流汇报观察的内容和感受。学生的汇报内容包括怎样播种，怎样浇水，如何想办法看到种子在泥土里的变化，种子长出芽以后如何观察与记录等。在这个过程中，学生自主合作与探究，亲身体验获得知识的整个过程。

第三个问题是“为什么学”，这对应着新课标三维目标中的“情感态度与价值观”。这一目标属于非智力因素范畴，它确立的目的是：一是要使学生对学习产生兴趣，要有极大的热情和强烈的学习愿望；二是让学生更清楚学习是自己的责任，自己是学习的主人；三是学习的知识是有价值的，能够让学生终身受益。学生只有清楚了为什么学，清楚了学习这些内容的意义，才能产生内驱力，才能产生强烈的学习愿望，才会有学习的责任。

围绕这些问题，结合每一位学生不同的学习经历和体验、不同的个性特点以及不同的学习喜好，可以针对一个中心议题，选择几个问题，引导学生一一回答清楚，组合成一篇学科作文。

（一）提问题的角度可以千差万别

学生学习“开花了，结果了”一节内容，在课堂上观察花、解剖花，用镊子细心地从外到内撕下花的各个部分，粘贴到科学文件夹上。学生认识凤仙花各部分的结构，知道了凤仙花是完全花，花多侧垂，单朵或数朵簇生于上部叶腑，或呈总状花序，花两性，瓣5片，左右对称。并结合对其他花的观察，从而进一步认识花的一般结构。接着，从开花到结出果实这个过程中，学生观察花的各个部分的变化，从而认识果实是由雌蕊发育而成的。在这个学习过程中，每一个学生的兴奋点不同、最近发展区不同，其关注的问题也就不一样。有的学生对解剖花感兴趣，关注老师的解剖过程，自己也亲自动手解剖花，在解剖过程中认识花的结构；有的学生不忍心解剖花，更关心花的生命状态，花的形状、颜色以及花的成长历程；有的学生关注花朵的故事，花的争奇斗艳；有的学生关注花的种植，希望能够亲自养花，能亲自培育出新的品种等。

不管关注点是什么，提出的问题都围绕三个问题展开：是什么、为什么、怎么样。下面这节数学课围绕着学什么、怎么学、学的结果来展开，记录课堂生活的情景。

快节奏的数学课①

张安易

上课铃刚响过，只见麦老大大步流星地走进教室。麦老大是我们的数学老师兼临时班主任，眼睛不大，但目光锐利，声音洪亮，具有穿透力。麦老大十分严格，我们班几个“吊车尾”被他整得服服帖帖的，正因为这样，我们称他为“麦老大”。

麦老大讲课的速度快得惊人，好在我们都已习惯。这不，麦老大又用那惊人的速度讲第9单元——“解决问题的策略”。

他先用严肃的目光扫了一眼全班，让每个人都挺直身板，认真听讲。接着在黑板上边写边说：“我和胡希琳一共有20元，麦老师给胡希琳5元时，我俩的钱就一样，我们各有几元?”

快速转身，再次扫视。几秒钟后，只听见一些人稀稀拉拉地回答：“老师15元，胡希琳5元。”一听这话，上一秒还冷酷的眼光变得柔和起来。

“怎么算?”这话十分简明。

“用20÷2=10，算出老师给胡希琳5元后，俩人各有10元，再用10−5=5算出胡希琳有5元。再用20−5=15算出老师原有15元。”

---

① 徐赛君，钟传祎．小学生学科作文［M］．太原：山西教育出版社，2010.

“好！还有一种办法。”一语未了，立即转身在黑板上写下：“(20－10) ÷2＝胡希琳是5元，(20＋10) ÷2＝老师是15元。”当最后一笔重重地落在黑板上时，他已转过身来：“这就是和差问题！题目中的和是20，差是5×2＝10。”然后，他目光逼人地看着大家，说：“打开书本第88页。”一阵翻书的哗哗声……

“5分钟完成书本上的练习！”一阵沙沙声……

“补充练习，看谁第一个完成！”又是拼命的思考、演算。课堂上，一双双忙碌的手，一颗颗低下的头，麦老大一会儿前，一会儿后，巡视、辅导，更是忙碌……

点评：作者回忆了“麦老大”上“快课”的情景，抓住了老师和同学们的特点，将解答的思路清晰地复述了下来。作者先从老师的问题开始，引出问题的解答过程，通过一问一答的形式，记录了课堂学习过程。通过文字的表达，重温上课内容，建构知识。

(二) 选准切入点

引导学生写作时选择关键的问题或读者感兴趣的、自己需要弄明白的问题切入，或者选择自己最有兴趣、自己已经明白的问题切入。而若针对既是读者感兴趣，又是自己感兴趣，而且完全能回答清楚的问题展开写作，这样的文章可读性强，被关注的程度高，也更有吸引力。

在科学课“植物的一生”中，通过学习和观察，学生了解了凤仙花的生长周期，不仅收获了知识，学到了科学研究的方法，还产生了进一步研究植物的兴趣。在“果实和种子”的学习中，教师编排了一些实践活动：第一，轻轻捏开一个成熟的凤仙花果实，数一数一个果实里有多少粒种子，数一数一个植株上共有多少果实（包括已经开裂的果实、接近成熟的果实、将要长成的果实），计算一株植物大约长出多少粒种子；第二，整理记录资料，形成新的认识，让学生知道凤仙花的主要生长过程和生长周期，知道凤仙花植株高度变化的特点，知道凤仙花由根、茎、叶、花、果实及种子6部分组成。

学生可以根据自己的兴趣和同学所关注的问题，进一步重温整个学习过程，理清学习的线索，复习学习内容，明确学习重点，进一步体验学习过程，找到自己掌握得比较好、便于自己表达的内容，尤其是学习过程中别人没有发现的东西，从而写出让读者感兴趣的文章。

体验“逆推”①

胡希琳

刚学了解决问题的一种策略——逆推法，不想过了一把“逆推”瘾。

所谓“逆推”，数学老师说：“生活中发生的事情都有一定的线索，从事情的结果出发，联系已经发生的变化，追溯事情的开始状态，这就是逆推法。”什么线索、联系、追溯，好玄乎！好在老师讲了一个例子，通俗易通。我终于明白了：“逆推”就是“倒过去想”，从事情的结果，沿着变化返回，最后发现它最初是怎样的。

先小试牛刀。书本上的题目：“小明原来有一些邮票，今年又收集了 24 张。送给小军 30 张后，还剩 52 张。小明原来有多少张邮票?”结果是什么？我再次读题，“收集邮票——送给别人——剩下 52 张”，结果应该是：剩下 52 张。按逆推，把送出去的要回来，今年收集的要减掉，那么小明不送小军 30 张邮票，他就有 82 张，再想想看，如果小明今年不收集 24 张邮票，那么他就只剩 58 张了。原来小明有 58 张邮票！为了再次验证，我从 58 张出发，一收一送，结果真的是 52 张，无懈可击！

有了亲身体验，加上老师的讲解，我发现逆推策略可以解决生活中的很多问题。我们班卫生很差，这是结果，表现为地上随处可见的废纸、饮料盒以及黑乎乎的痕迹，要消灭这种现象，每个人必须管好自己的生活垃圾，不要随手乱扔。可人都有惰性，大家都很随意，因此，为了让同学们养成良好的卫生习惯，必须要有制度的约束。昨天，老师开始评“最脏抽屉”，今天黑板“曝光”，结果教室干净了很多。看来，老师也在用逆推法治理班级。逆推法还真管用！

现在，同学们经常对发生的事情要逆推一番，引发了一股逆推热潮。

点评：小作者能够把数学课上学到的知识结合生活中的实例写成作文，而且语言清晰流畅，结构条理分明。文中涉及的问题是教学的重点，也是学习的重点，更是学生必须掌握的知识点，通过这种叙述，可以看出作者对所学数学知识的掌握情况。而且，作者把所学知识运用到生活中解决实际问题，真正地把知识学活了。

① 徐赛君，钟传祎．小学生学科作文［M］．太原：山西教育出版社，2010.

（三）问题与答案要相关联

下面这篇短文围绕丹顶鹤的外形——长得什么样子，生活环境——在哪里生活，如何适应环境——丹顶鹤的生理特点与环境的关系，以及人类和丹顶鹤的关系来行文。外形特征的描写和生存环境的介绍，主要是为说明丹顶鹤的环境适应能力作铺垫，以突出丹顶鹤适应环境的能力。一般来说，可以按照时间、空间、因果、条件、并列、递进、总分等关系，把回答的问题组合起来，构成文章。

我是一只小小的丹顶鹤①

赵　媛

我是一只小小的丹顶鹤，属陆生动物，也是国家一级保护动物。首先，我来做一下自我介绍，我具备与其他鹤类相同的特征——有“三长”，即嘴长、颈长、腿长。当我长成“大人”的时候，我的全身就会变得非常洁白，除了颈部和飞羽后端（它们是黑色的），我头顶上的皮肤会裸露出来，呈鲜红色。怎么样？我们丹顶鹤漂亮不？我猜，你一定会羡慕我们了！就连我们种族也常常引以为豪呢。不过，在这里，我一定要澄清一个事实哦，我们鹤的血是没有毒的，传说中有种剧毒叫“鹤顶红”，其实是不存在的，唉，武侠小说看多了就是不好！

我们生活在沼泽地中，因为那里人迹较少，可以保护我们少受贪婪的人类的伤害，可这还是没能避免人类的杀戮，瞧，我们现在都成濒危动物了。好了，还是说一说我们的生活习性吧！我们每年都要在繁殖地和越冬地之间进行迁徙，并且，迁徙时我们通常会排成“人”字形，因为这样有利于减少我们在天空中飞行的阻力。我们是杂食动物，春季以草籽及作物种子为食，夏季我们主要吃小型鱼类、甲壳类、螺类、昆虫及其幼虫等，也食蛙类和小型鼠类，还有芦苇的嫩芽和野草种子等。

说了这么多，终于到正题啦，我们是如何适应陆地环境的呢？下面，就让我这只博学多才的小丹顶鹤来为你解答吧。

1. 我们不受水的浮力作用影响（虽然有时也会在水里嬉闹），具有支持

---

① 摘自“明霞1＋1教育网”《陆生动物合集》. http：//www. edu11. net/space. php？uid＝7&do＝blog&id＝460109.

躯体和运动的器官，可以行走，也可以飞行，便于我们觅食和躲避敌人。

2. 我们具有能呼吸的、位于身体内部的器官——肺。

3. 我们具有发达的感觉器官和神经系统，能够对多变的环境及时作出反应。

糟了，人类又来捕杀我们了，我们要赶快走了，不管我是否能够躲过这一劫，我都想要告诉人类，不要再捕杀我们了！

二、把课堂笔记转化为作文

课堂笔记是学生学习的一种方式，这种方式伴随着他们学习的整个过程。课堂笔记可以帮助学生理清听课的思路、抓住听课的重点，并且为日后复习提供方便，更重要的是它能使学生在学习时集中注意力，深入理解教师所讲的内容，从而提高学习效率。

詹妮·费莉在《STC课程和笔记、写作的作用》[①] 中指出：

第一，通过使用笔记，学生效仿各学科科学家最重要也最持之以恒的职责——记录数据。当他们与同伴分享他们的发现时，当他们与更广泛的科学界交流工作时，都要依靠记录，像伽利略和阿尔伯特·爱因斯坦这样著名的科学家的笔记已经成为世界文化遗产的一部分。

第二，笔记在单元衔接间提供给学生一个现成的参考，在单元结束时也可以作为回顾参考的依据。笔记也是与其他学生和老师进行交流的一种手段。

第三，鼓励学生在笔记本上画和写，这样也可以增强学生的写作能力。同时，笔记写作鼓励学生将科学与其他的科目联系在一起。

第四，大多数学生在交流他们的所学知识时都拥有自己的笔记，他们在学习科学时的自信将通过他们的画图、数据、思考和结论体现出来。

第五，科学笔记提供了一种独特的评价方式。笔记是一种可以用作评价学生认知发展的工具，同时也体现学生归纳和发现的能力。

笔记的重要性同样体现于学习艺术类学科、语言类学科、人文学科，即涵盖中小学所学的各个学科：音乐、美术、品德、综合实践、历史、社会、

① 摘自新思考网 . http：//xxkx. cersp. com/kxjc/200601/593. html.

生物、数学、物理、化学等。

所以，教师在平时的教学中要注意培养学生记笔记的习惯：

第一，记笔记之前要做好预习工作。

第二，记笔记要把握时机，即什么时候记。一般来讲，上课要以听讲和思考为主，做笔记的前提是不能影响听讲和思考，这就要求学生在做笔记时把握好时机。做笔记的时机有三个：一是当老师在黑板上写字时，要抓紧时间“抢记”；二是老师讲授重点内容时，要“速记”“简记”；三是下课后，要尽快抽时间“补记”。

第三，笔记应记在哪里。一般说来，根据实际情况可记在课本上、学案上，也可记在专用的笔记本上。但多数情况下是两方面兼而有之的。

第四，记笔记要注意内容，即要记什么。①要记重、难点。②在预习时尚未搞清楚的易错、易混、理解不清或模棱两可的内容，尤其是经老师讲解仍不懂的，更要记下来，课下再去请教老师或同学。③记书上没有、老师补充的内容。④根据课型和讲授内容的不同有所侧重。例如，讲解概念或公式时，主要记知识的发生背景、实例、分析思路、关键的推理步骤、重要结论和注意事项等；对于复习讲评课，重点要记解题策略（如审题方法、思路分析等）以及典型错误与原因剖析，总结思维过程，揭示解题规律。⑤记老师在黑板上列出的提纲、图解和表解。

第五，记笔记要课后整理。由于课堂上时间比较紧，老师所讲的一些内容当时可能漏记，书写也可能会很潦草，所以记笔记时，不要把笔记本记满，要留有余地，以便下课后及时对笔记进行整理、归纳、补充，这样既可以提高听课效率，又能使笔记干净、整洁、有条理，还是一种很好的课后复习方式，使课后复习更有针对性，从而收到事半功倍的效果。另外，在考试前要把所记知识横向联系起来，以使知识系统化。

一般来说，在课堂上记笔记要耳听、眼看、脑想、手动。在听懂的前提下，对获取的知识信息通过大脑的思维，经过“选择——加工——归纳——浓缩——反馈”的过程，然后有重点地记录下来。

学生有了良好的记笔记的习惯，就会在课堂上留下很多有价值的记录，这些记录可以帮助学生复习巩固所学知识，提高学习效率。同时，这些记录也提供了很多学习的“影像”和信息，对其进行适当整理，加之描写、说明、议论、抒情等表达方式并稍作修饰，就可以转化为一篇篇有意义的学科作文。

(一)“KWL”转化法

按照“知道（know)”“想知道（want to know)”和“学到的（learned)”的范式整理课堂笔记，在什么时间、什么地点学了什么内容，是怎么学的，老师说了什么，同学们怎么做的，大家学会了什么，还想了解什么等，针对上述内容形成记叙学习内容、情景、收获的叙事文章。这是基本的学科作文样式，也是刚学习学科写作的入门格式。

一节关于“圆”的数学课[①]

郑泽锋

数学在生活中无处不在，商场里付钱、找钱，用加减法；分物体和食物，用分数；车轮、杯子口都是圆的……这些都离不开数学。今天，我们学习了“圆”。

上课了，老师刚走进教室就说：“今天只有三个内容要讲！认真听着!”老师给我们讲的第一个内容是：圆是平面图形，它没有边，是一条线围成的，它不同于三角形、正方形、长方形、梯形等图形。

我们都明白了老师讲的第一个内容了！第二个内容马上就开讲了，老师大声说：“每个圆都有一个圆心，圆心就是圆的中心，圆心一般都用字母‘O’表示。”接下来，老师还讲了“半径”和“直径”。半径是什么呢？半径就是连接圆心和圆周上任意一点的线段。那么直径又是什么呢？直径就是通过圆心并连接圆周上两点的线段。半径一般都用字母“r”表示，直径一般都用字母“d”表示。

这第二个内容就是直径、半径与圆心，可比第一个内容难！噢，不啰嗦了！要学习的第三个内容就是画圆。画圆，可以用尺子，也可用圆的东西，但都要有一个固定点，这个固定点就是圆心。画圆比较方便的道具则是圆规。

画圆不能太匆忙，是有步骤的。第一步，确定圆的位置。怎么确定？用圆心呗！确定位置后，就开始第二步了！那就是确定圆的半径。怎么确定？

---

① 徐赛君，钟传祎．小学生学科作文［M］．太原：山西教育出版社，2010.

用尺子量圆规两脚架张开的距离，就是半径！第三步，画圆咯！想必这不用说怎么画了吧？小孩子都会画！

老师讲解这三个内容只用了15分钟！时间虽短，可在这短暂的时间里，却让我对“圆”有了更深入的了解，也让我有了更多的对数学的喜爱！

点评：本文对老师讲授的知识要点一一记录，详细写出了老师的具体讲解步骤和教学内容，而且对所学知识要点说明得比较清楚——什么是圆、圆有什么特点、如何画圆等。小作者有条理、有步骤地一一叙述，对学习的过程进行了一次梳理，把学习的内容用自己的语言表述清楚，从文章的写作中，可以看出小作者听课认真，而且基本掌握了所学内容。如果能提出学习问题，写出自己的学习思考，文章的价值则会更高。

（二）精彩瞬间转化法

定格课堂的一个精彩瞬间，如讨论、游戏、活动、比赛、表演、辩论、演讲、实验、制作等，写明原因、经过、结果，写清自己的感受、体验、收获，再现当时的情景，记录同学、老师的言行，表达自己的看法，还原课堂的真实面目，留下真实的课堂人生。

巡回画展①

陈芷仪

今天的美术课学习画人物表情，课堂上举办了一场“巡回画展”，令我大开眼界。

第一幅是曾钰龙的“搞笑画”。他在纸的两面都画有作品，看来他不但会节省用纸，而且是个高产画家呢！两幅画的内容不一样，正面画的是一个“爆炸头”，眼睛很大，像铜铃，大概看多了《渔夫和魔鬼的故事》，“爆炸头”尽管在微笑，但笑中带有一丝恐怖。反面画的也是“爆炸头”，眼睛眯眯的，像哭一样。是同一个人物的两种表情吗？不对，要是能做到这一点，那真是我的偶像了！

接着展出的是张泽鹏画的卡通画，远看像个婴儿一样，近看像个怪物。怪不得鲁迅说：“画鬼容易画人难！”接连出现几张“人不人，鬼不鬼”的头像，只是信手画来，根本不需要多少美术功底。可老师却说画得很好，举着

① 徐赛君，钟传祎．小学生学科作文［M］．太原：山西教育出版社，2010.

画从讲台上走下来，绕着教室走了一圈，同学们个个伸长脖子，欣赏这盖世杰作，我有点不以为然。老师说："画画最难表现的就是眼神。你们知道达·芬奇的'蒙娜丽莎的微笑'吗？这似笑非笑的表情，可是迷倒了几个世纪的艺术家。"我再仔细地看了一下画作，脸型是扭曲的，也许画脸的时候手抖了一下，或者被同伴撞了一下，圆润的线条突然拐了一个弯，眼睛小小的，看不出是笑还是哭。

最后，老师展示了自己的作品，那才是大师级的画作，教室里一片惊叫声。那是一幅钢笔线描画，线条流畅，形象逼真。我恨不得拿来收藏，可羞于开口！

点评：本文围绕着美术课堂的作品展示，介绍了同学们画的精彩图画。美术课、音乐课、数学课等课上经常要展示学生的作业（作品），同学们看了之后表情不一，但有没有想过把同学的表情和心理状态及作业的特点写出来？老师评讲作业是课堂教学的基本环节，每一次讲评，课堂气氛都不一样，引导学生认真感受、细心观察，然后进行记录，并指导学生对照自己的和同学的作业，改正缺点，提高效率。

（三）课堂拓展转化法

围绕学习内容，深入知识背后的故事，进一步了解相关的人物、事件、情景，讲述相关故事，和相关人物进行跨越时空的交流。如房龙的《人类艺术》《与世界伟人的谈心》即是这类文章的范例。学习是为了更好地适应生活，解决生活中的问题，因而，只有把学习内容还原为生活，记录下发生的故事和具体过程，才能真正让学习"活"起来。

蝴蝶花开合的秘密[①]

吴　健

我家种了很多盆花，有玻璃翠、仙人掌、康乃馨、吊兰……但我最喜欢的是紫蝴蝶。

紫蝴蝶的叶子有三瓣，风吹起来，它就像一只紫色的蝴蝶在天空中飞翔，很是漂亮。

有一天晚上，我拉窗帘要睡觉时，突然发现紫蝴蝶的叶子都合上了。我

① 徐赛君，钟传祎．小学生学科作文［M］．太原：山西教育出版社，2010.

心想：难道这花还会变？明天早上我可要好好看个究竟。

早上起来，我就跑去看紫蝴蝶，紫蝴蝶的叶子张开了，但还没有完全张开，好像一个孩子刚刚睁开朦胧的双眼。“这是怎么回事呢?”我不禁自言自语，“中午看看再说吧”。

中午放学，我又跑去看紫蝴蝶，怪了，紫蝴蝶已经完全绽开了，露出了一张笑脸，好似在哈哈大笑。我张大了嘴，十分惊讶，决定晚上抓它个现形。

终于到了晚上，我带着好奇心又去观察那盆好像被施了魔法的紫蝴蝶，果然不出我所料，它的叶子竟然又合上了，好像一只睡着的蝴蝶。这到底是怎么回事呀，太神奇了！

我又连续观察了几天，发现紫蝴蝶叶子的变化是有规律的：早上半开不开，中午完全开放，晚上再合起来。

我翻看了一些资料，知道了好多花都是白天开放，晚上合起。还有，向日葵的花随着太阳转，铁树 20 年开一次花，夜来香夜里才开花……

紫蝴蝶叶子的神奇秘密终于真相大白了！

点评：教科版小学科学第八册中的“各种各样的花”“花、果实和种子”，要求学生学习观察和研究花，尝试着用学到的科学知识改善花的授粉条件，能用自己擅长的方法表述雄蕊和雌蕊的特征，能用图片或其他形式介绍植物从开花到结果的成长过程。小作者根据所学知识，结合自己家养的蝴蝶花，认真记录蝴蝶花开花的情况，重点观察蝴蝶花“为什么晚上合起来，白天又开放”，详细描述了蝴蝶花在不同时间开放的情况。文中写“紫蝴蝶已经完全绽开了，露出了一张笑脸，好似在哈哈大笑”，运用拟人手法，很亲切、很生动，流露出作者的喜爱。小作者一连观察几天，得出结论：紫蝴蝶叶子的变化是有规律的，即“早上半开不开，中午完全开放，晚上再合起叶子”。小作者把书本学习和实际观察、查阅资料结合起来，学得主动，学得灵活，学得扎实。

（四）知识拟人转化法

让知识自我介绍：学了三角形，让三角形介绍自己；学习动物，让蚂蚁、蚕作一番自我表白。可参考的标题有“水的自述”“铁的名片”“图形王国成员小考”等，这是一种用童话演绎知识的方式，如小学语文教材中《小蝌蚪找妈妈》《琥珀》等。

一颗桃子种子的自述①

朱溥钦

我是一颗桃子的小种子，被农民伯伯种到了一个大大的现代化农场里，这里有各种各样、形状各异的种子。听说，这里是北京种植开发区——锦绣大地。

我与好朋友分别被分到 A 区和 B 区。我和他暗中较劲儿，看谁先结出丰盛的果实。妈妈曾告诉我，在萌发的时候一定要多吸收水分。正巧，我周围的种子都还在睡觉（休眠）呢，因此，附近的水分全归我所有。慢慢地，我发现，妈妈帮我穿的“外衣”开始膨胀，而子叶却开始瘪下来了。原来，子叶是我的“粮仓”，其中的营养物质不断被我消耗掉，被运送给身体的各部分供它们生长。首先是胚根，它突破了“外衣”，变成了根。有了根，我可以更好地吸收水分，同时还获得了溶解在其中的氮、钾、磷等无机盐。而胚轴不断生长将胚芽推出土面，发育成了茎和叶。

慢慢地，妈妈留给我的食物不够了，但是妈妈教会了我如何谋生。我有很厉害的一招，那就是光合作用。在光合作用时，我不断吸收水和二氧化碳，制造出氧和有机物，从而“自己动手，丰衣足食”。我怎么获得二氧化碳呢？告诉你们吧，我有神秘武器——气孔，它们是由一对对半月牙形的细胞围成的一个个空腔，分布在上、下表皮中。最有意思的是，它们既能张开，也能闭合。白天，我把它们慢慢地打开，让空气不断地涌进气孔，为我的叶片制造有机物而提供二氧化碳，当然，气孔的打开会使水分不断流失、蒸腾，成为我失水的“门户”，不过没关系，这也是我吸收水分的动力。有了原料，我就可以进行光合作用，制造我所需要的食物了。不过，这项工作只有在白天有光的情况下才能进行。当夜幕降临时，叶片的生产活动也就停止了，而气孔会慢慢闭合，就像晚上加工厂下班关门一样。

身为桃树种子的我，必须要长出花儿来。经过努力，我终于开出了很多桃红色的花儿，我那桃红色的花儿吸引了蜜蜂和蝴蝶，它们唱着歌儿来亲吻

---

① 摘自人教网 . http：//www. pep. com. cn/czsw/xshzx/shtjj/hksht/201008/t20100830 _ 826006. htm.

着我的花儿……就这样，它们携带的花粉传授到了雌蕊的柱头上。传粉成功了，花粉管长出来了，它穿过花柱，进入子房中的胚珠，花粉中的精子与胚珠中的卵细胞结合，成为受精卵。受精完成后，我身上的花瓣、花蕊们，完成了使命，纷纷凋谢，我的美丽时代也就结束了。现在我的任务就是培育我的小宝宝，做好“胎教”，准备迎来新的明天。我不断输入有机物让它传入子房，使子房继续发育，最终发育为果实，也就是你们吃的大桃子那部分。我的子房皮发育成了果皮，而子房里的胚珠发育成了种子，也就是桃核里面的部分。噢，我明白了，原来我以前也是胚珠呀。

最后，经过我的努力，我成为最先发育成功的种子，第一个长出了果实。而我的好朋友也没能比过我，哈哈，我成功了！

点评：一颗种子如何适应环境，进行光合作用，制造需要的食物，逐渐开花、受精、长出果实。每一个环节的描述都反映出作者扎实的学科知识，体现了作者学科学习的兴趣和灵活性。这是一篇作文，更是对学科知识的总结。读了这样的文章，不仅学习了作者独特的选材角度，而且学到了更多的学科知识；既是欣赏作文，也在复习学科知识。教师可以从作者的叙述中，了解到学生对知识的掌握情况。

三、把师生互动转化为作文

课堂，实际是一个微观的社会；课堂上的学习，实际上是对社会生活的一种认识、探究和体验。书本的知识来自生活，是社会生活的缩影，是对生活表象的一种深层解读，因而学习书本知识要联系生活、回归生活。课堂上，以学习的课本、教材为媒介，教师和学生在相互作用中发挥各自的特有功能，这就是师生互动。师生互动作为一种特殊的人际互动，是指在师生之间发生的各种形式、各种性质和各种程度的相互作用和影响。

在传统教学中，由于存在制度性的角色身份及地位的差异，师生之间行为的主要属性是“控制—服从”，对于教师指向学生的行为，其宗旨在于“课堂控制”。实际上，师生互动是存在于师生双方的，其互动主体是教师和学生，师生双方在互动中是同等重要、互为主体的，而不是单一指向性的。所以，新课程改革提出转变教学方式，要求教师的角色要有新的调整，教师要努力激发学生的学习兴趣，在点燃学生智慧火花的同时也提高自己的教学能力，从学生学习的角度入手，依据学生现有的心理诉求、知识结构和能力水平来设计教学，促使师生间心灵沟通、情感交流、真诚互动。

师生互动的目的就是为了促进师生双方特别是学生的学习、认知和社会性的发展。师生互动多围绕这一目的及其相应的教育内容（知识、能力、社会行为和交往能力等的培养）而展开。师生互动发生的情境具有多样性，它不仅发生在课堂中、教育教学过程中，也广泛发生在日常生活、交往与活动中。教师在日常生活中的一言一行及其对人、事、物的态度，都对学生具有潜在的示范性影响。同时，由于教师角色的特殊性，以及教师在学生心目中的特殊地位，教师自觉或不自觉流露出来的对学生的情感、期望与评价，直接影响学生的自我认识、社会行为，也会影响师生互动及其教育效果。

由于师生各自对课堂、对教学活动都有自己的认识和理解，因而课堂教学中的师生互动便不可能完全由一方控制。在开始一门课程的学习时，在一次课堂教学活动开始时，师生共同用自己的认识和理解来发动师生互动，这一过程中有和谐的地方，也有矛盾甚至对立之处。师生双方要根据对师生互动的深入理解，修正自己的认识，做出有利于师生互动的行为。如此循环往复，从而实现高层次的师生互动。

通过对师生互动特点的分析，我们发现，课堂上的师生互动不仅应该成为写作素材，而且可以进一步优化师生关系，提高教学效率。如何把师生互动转化为学科作文，其基本方法有以下几种。

（一）人物对话法

第一，掌握人物对话的四种基本形式。师生互动最常见形式是一问一答或一问多答，所以，要学会把师生互动转化为作文，首先要学会人物对话法。

1. 提示语在后

表达形式：“……。”××说。

2. 提示语在前

表达形式：××说：“……。”

3. 提示语在中间

表达形式：“……，”××说，“……。”

4. 没有提示语，但读者一看就明白是谁说的表达形式："……。"

下面是一段对话，请对照四种基本形式认真揣摩。

"喂，你说，这次考试难不难？我真有点害怕。"李由边说边皱眉头。

钱英头也不回，满不在乎地说："没什么，都久经考场了，又不是头一回。"

"你呀，还是认真对待吧。"李由拍拍钱英的桌子，"这次考试是为家长会准备的，意义不一般！"

"啊……"

掌握了人物对话的四种基本形式，就可以运用这四种形式记录课堂上的师生对话、生生对话。课堂上的师生对话涉及问题的提出、分析、解答、总结、拓展、应用。当学生能够记录课堂上的师生对话时，也就能基本掌握课堂上所学的知识。记录课堂上的师生对话，可以是重点问题的讲解、分析、提示，可以是疑难问题的拓展、探究、点拨，可以是常规问题的引述、评点，也可以是学生的精彩发言、幽默表述等。教师要引导学生做课堂上的倾听者、思考者，记录课堂的对话。

第二，在对话中介绍知识、概念和收获。课堂上的对话涉及内容很多，形式多样，一般包括知识的讲解、概念的分析、解题步骤要求、学习要点、知识背景、学科常识等。学生要学会认真倾听教师的讲课和同学的发言，学会从教师的语言中理清重点并及时记录，然后转化为学科作文。

第三，在对话中加入人物的动作、神态及当时的场景。师生互动是在具体情境下的活动，对话是有原因的，若没有具体的情景，对话就会显得突兀。人物的语气、动作、神态也是对话描写的重要组成部分，需要细心观察、体会。

陆地动物如何适应环境①

王　婷

大家都知道，在我们的生活中，存在着许许多多的动物。水中游的，天

① 摘自"明霞1+1教育网"《陆生动物合集》. http://www.edu11.net/space.php? uid=7&do=blog&id=460109.

上飞的，地上爬的，我们每天都能见到一些。可是，我们真的了解它们么？现在，我摇身一变，变为一个陆生动物界的记者，看看我的表现吧！

迎面而来的是一条大花蛇。他慢慢悠悠地匍匐前进，还不时地吐吐舌头，这可吓了我一大跳！他见我吓得这副样子，不得不停了下来，问："有事吗?""您好，我是来自人类界变身为动物界的记者，我能问您几个问题吗?""啥？你是人类界的？快走！快走!""我就是想问您几个问题，没别的意思!""这……好吧。""请问，您的蛇皮有什么用?"我小心翼翼地问。"啥叫'蛇皮'啊，没文化！是鳞！我们生活在陆地上，气候比较干燥，当然要有防止水分散失的结构了，比如说，我这鳞。还有昆虫，他有外骨骼。""哦，原来是这样啊，谢谢您啦!""问完了？问了就走吧，我可不想再看见你们了，把我们害得可劲儿惨!"说完，他便头也不回地走了。我撇撇嘴，又往前走去。

"咦，小猴子!"我兴冲冲地跑上去，他也停了下来。"你好！我是来自人类界变身为动物界的记者，我能问您几个问题吗?""当然可以!"我的心放了下来。"不过……""怎么了?"我的心又揪成一团。"你没网子吧?""当然没有!""哦，"他叹了口气，"那说吧。""请问你会游泳吗?""不会唉，我们是生活在陆地上的动物，一般都具有支持躯体和运动的器官，用于爬行、行走、跳跃、奔跑、攀缘等多种运动方式，以便觅食和御敌。""哦……原来是这样啊，谢谢啊!""不用谢，你们只要以后少捉我们去演出就行了。呵呵，再见!""这……"

我继续走。"哈哈，小兔子!"我还没说完呢，小兔子就跑了，我追呀追呀，总算追上它了，他也累了，不跑了。"你跑什么呀!"我气喘吁吁地说，"你不追，我为什么要跑啊?""这个……先介绍一下我自己，我是来自人类界变身为动物界的记者，我能问您几个问题吗?""那你必须保证不能逮住我，把我卖到烤兔店里!"我愣住了，急忙说："嗯！我不是这样的人!"

"好，你问吧。""请问，你怎么跑得那么快啊?""那是！我们兔子具有发达的感觉器官和神经系统，能对多变的环境作出及时反应!""那你是用什么呼气啊?""肺啊！笨死了！我们还有气管。""哦，明白了，你们和我们人一样，用肺呼吸，对不对?""嗯，是啊。我不和你说了，我还要赶紧回家呢！拜拜!""再见!"我望着他的身影，如有所悟……

这次采访很成功，但是……动物们的话，却让我颇有感触。

我们是人类，是地球上的成功人士，我们拥有最聪明的大脑，我们有最发达的科技，我们拥有很多很多，我们应该满足了……但是，我们拥有的太多太多了，导致我们忘记了我们的兄弟姐妹，忘记了和我们一起生存了多年的邻居们、朋友们。

血浓于水！保护动物，从我做起！

点评：这篇文章采用拟人手法，利用采访的形式，让各种动物介绍自己适应环境的能力，通过动物自身的介绍，帮助读者进一步了解有关动物适应环境的特点和能力。文章结合不同的动物设置不同的采访环境，模拟不同动物的表达方式，写出了几种动物各自的习性和特点。

（二）活动描述法

师生互动表现为一个个课堂活动，或者以学生为主，或者以老师为主，每一项活动都涉及规则、情境、过程以及活动的场面和具体细节。

运用活动描述法一定要交代活动程序，活动有什么规则、要求，要达到什么目标，各个环节之间如何衔接、过渡。描写活动要注意点面结合，既要关注活动场面、整体气氛、群体反应，又要注意表现突出、独特的个体，写出他们在活动中的动作、神态、语言及细节。

要学会活动分解，把一个活动分解成几个步骤，每一个步骤又分解成一件件小事情，每一件小事再分几个方面来考虑，对于重点环节和内容要详细介绍。

伺候鸡蛋①

星期四上午第三堂课临近下课时，方老师突然神秘地望着我们，说："同学们，明天的品德课，我们来做一个游戏，叫做'伺候鸡蛋'。游戏规则是：每位同学带两个鸡蛋来，如果一天之内都没破，就评为'优秀伺候员'。"不就是带个鸡蛋吗？容易！我满不在乎。

第二天早上，我叫妈妈给我拿了两个鸡蛋，并且装进两个塑料袋，以免一个破了还连累了另一个。我在上学的路上，警惕地拿着我的两个"宝贝鸡蛋"，生怕它们"姐妹"受到"伤害"。

---

① 小故事作文网. http：//www. xiaogushi. com/zuowen/xiaoxuejishi/20121030b77099. html.

来到学校后，我小心翼翼地把鸡蛋放进了口袋，心想：我的宝贝鸡蛋，你们可不能摔破啦！要不然，你们就不是鸡蛋而是完蛋啦！下课时，我仍然坐在座位上，动也不敢动，简直是一座雕塑。每隔一会儿我就用手摸一摸鸡蛋，生怕两个“小家伙”碎了。我向四周望了望，发现今天的教室与往日大不相同，没有了往日的喧哗声。同学们个个都盯着鸡蛋，不过脸上的表情各不相同：有的满脸紧张，生怕鸡蛋打碎；有的笑嘻嘻的，仿佛正在为鸡蛋没有打破而庆幸；还有的一脸愁容，像是吃了苦瓜似的，我猜想他的鸡蛋肯定打破了……

好不容易挨到了下午的品德课，方老师问：“谁的鸡蛋没有打破?”“我!”“我!”“我!”……我们这些“优秀伺候员”得意洋洋地拿出了自己保护了一天的鸡蛋，在那些失败者的眼前晃来晃去，仿佛是在炫耀自己的鸡蛋。

今天的游戏可真有意思，没有激烈的竞争，却有一番别样的体验。伺候鸡蛋可真辛苦！望着被我捂得发热的鸡蛋，我不禁想到了平时妈妈对我无微不至的关怀，她给我端茶送水，洗衣烧饭，在我生病时照顾我，还要辅导我学习，这不知道比我照顾鸡蛋辛苦几百倍呢！

点评：这是一堂品德课的活动情景，文章先交代了游戏名称、规则，接着，重点写了“我”怎么带鸡蛋，警惕地拿着“我”的两个“宝贝鸡蛋”，生怕它们“姐妹”受到“伤害”，把鸡蛋当作自己的姐妹，可见情感非同一般。作者把活动过程分为：准备材料；小心保护；品德课堂；活动收获。重点写了自己是怎么“侍候”鸡蛋的，并写出各种人物的表情，而且有点有面，点是“我”侍候鸡蛋的动作、神态、想法，面是同学们课间的表现。

（三）课堂总结法

一堂课结束时，教师往往会总结一节课的学习重点，或者让学生小结一节课的学习收获。这一环节是学生最容易疏忽的，却又是极为重要的。采用课堂总结法，可以强化学生的听课效率，帮助学生回顾一节课的学习要求及重点，总结一节课的学习收获。运用这一方法，在第一阶段，可以采用学生听写的方式进行，尤其到了课堂的最后环节，可要求学生记录下教师课堂总结的讲话，经过一段时间的记录后，让学生逐步学会自己总结、记录；第二阶段，让学生进行小结，如这节课学了什么、怎么学的、有什么收获以及明白了哪些知识等；第三阶段，学生自己总结，教师抽查评比。

我在听，我在说，我在看，我在做

——神经系统的组成

潘先行

无论一个人正在做什么，身体都会依照你的想法帮你完成。人体的各个部位为何会如此听话？原因就在于人体的神经系统在指挥。

在人体的每一个角落，都具有神经联系。数以亿计的神经交织成了一张错综复杂的神经网。当你在家抱怨网速“不给力”的时候，还未发现——你所有的感觉都是在一瞬间完成的，这可比网速要快得多。

神经系统的组成：

- 中枢神经系统
  - 脑
    - 大脑
    - 小脑
    - 脑干
  - 脊髓
- 周围神经系统
  - 脑神经
  - 脊神经

本人不才，神经系统各部分的功能也不是太清楚，所以，让它们自己说吧！

“你好，我是大脑，是具有感觉、运动、语言等多种生命活动的功能区域，也就是神经中枢。”

“Hello，我是小脑，我可以使运动协调、准确，维持身体平衡。如果你不想走路像醉酒，可要保护好我呀！”

“咳咳，我叫脑干，我专门调节心跳、血压、呼吸等人体生命活动。保证我的安全便是保护你的生命。”

“我的名字既难写，又难念——脊髓（jisui）。我是低级的神经中枢，还能起到传导的作用，记住我的名字：脊髓。”

由于周围神经太多了，下面请经过层层选拔的两位代表发言：

“今天呐，我老兴奋了。我吧，叫脊神经，俺爹叫脊髓。俺媳妇呢，她叫脑神经。俺媳妇她爹是大脑……”

“你这死老头咋把我的话都说了呢？……”

点评：这篇文章可以看做是课堂学习笔记或者课堂学习小结。文章介绍了神经系统的组成部分及各自的功能，小作者让大脑、小脑、脑干、脊髓等各自现身说法，把知识的记录变成趣味的表述，反映出作者语言表达能力较强，学东西比较灵活。

（四）合作记录法

四人为一小组，进行小组分工，每个同学记录一两个互动环节，然后交由一个同学汇总整理，写成文章，记录师生互动情况，描述课堂互动情景，交流心得体会，重温学习内容和体验，增进学生间的情感交流。比如，班级学习日记，学生轮流记录班级学习、生活的情况以及课堂发生的趣事等。

四、把课后作业转化为作文

作业是学生生活的一项基本任务。学完一个知识点，上完一堂课，老师都要布置学生作业。有一则幽默网文这样写道：

战士军前半死生，美人帐下写作业。
春蚕到死丝方尽，我辈犹在写作业。
仰天大笑出门去，全是为了写作业。
冲冠一怒为红颜，原来都在写作业。
同是天涯沦落人，相逢何不写作业。
待到山花烂漫时，都在丛中写作业！

做作业是学生预习、上课和课后复习等一系列学习活动的延续，是学生独立应用所学知识分析和解决问题的过程。当前，教师忽视作业设计，作业布置较为随意、盲目；过多过滥的教辅资料，不经筛选，就塞给学生完成，直接导致学生作业负担沉重，而机械重复性作业消耗了学生太多时间，消磨了学生对学习的兴趣；作业量巨大，教师无法全批，且批改随意，缺少恰当的评语；批改不到位，直接导致了作业讲评的低效。针对这一现状，不少教师开始进行作业改革，实施作业的“革命”。

其一，要注意作业的趣味性。作业内容设计得新颖、有趣，能激发学生强烈的学习欲望。如数学课上，老师讲分数时，设计了这样的作业：

今天是小红的生日，她请来了很多客人。生日PARTY开始时，她数了数，有几位客人还未到，就自言自语地说：“怎么该来的还不来？”来的客人一听，心想：“这么说，我们就是不该来的了？”于是，有一半客人走了。小红一看，连忙说："嗨！不该走得倒走了。"剩下的客人心想："这么说，我们是该走的了"。于是，又有三分之二的人走了。小红急得直嚷："我说的不是他们！"最后剩下的三人一听，心想："那是说我们喽"。于是气愤地走了。同学们，你们算一算，一开始小红总共请来了多少客人？

这样的作业设计，内容新颖，趣味性强，学生乐学。此外，趣味性作业设计还有游戏性练习、竞赛式练习、编故事、编儿歌等；设计"改错题"时可以让学生当"医生"；设计"判断题"时可以让学生当"裁判"等。

其二，要注意作业的实践性。学以致用，是教育追求的目标。常言道，"听来的忘得快，看到的记得住，动手做学得好"。学生学到的文本知识要与实际生活相结合，学生只有亲身参加实践活动，多动口、动手、动脑，才能把知识转变为技能，形成能力。如小学六年级科学"形状与结构"这一单元中有篇关于"桥"的课文，结合生活中的实例，向学生介绍了各种类型的桥。根据教师布置的作业，学生在家长的帮助下，对身边的各种桥进行实地考察，拿出相机、卷尺、图纸，收集了大量信息，展开了科学测量，和父母一起探讨建桥的奥秘，揭示其中的科学原理。在这一系列活动中，学生提出考察方案，亲自组织实地考察，查阅网络资料，并形成自己的观点，每一个环节都体现出学生的独立、自主和探索，学生感受深刻，其收获远不止书本知识。有的科学老师实施"家庭实验室"方案，根据学生的兴趣爱好，编排了一本适合3～6年级学生的《自主学习手册》，学生可以在家里完成手册里的实验，如比较可乐与矿泉水的不同、探究食盐的特性、怎样合理使用剪刀等。

其三，要注意作业的探索性。探索未知是最引人入胜、最具诱惑力的学习过程。因而，作业设计要善于挖掘教材知识的潜在功能，通过延伸、演变、拓展，让学生在迷惑、好奇的状态下进行探索，使学生从传统的模仿习题转化到对知识的研究上，培养学生的"再创造"能力。新课程向学生生活及社会生活等广阔时空的开放，使学生的作业天地更为广阔。学生的作业也应由可预见的、早已生成的封闭型的学科作业，转变为以师生共同建构、创生课程所产生的新知识为基础的开放型的作业。让学生从书本中跳出来，从题海中跳出来，走向社会，走近生活，做开放性的作业。学生学习化学课程中的"氯化钠食盐"，老师布置作业：（1）从你家厨房中了解食盐的物理性质；(2) 从父母处了解食盐在生活中的用途；(3) 家庭及工业上大量使用的盐是哪里来的？(4) 请学生从化学的角度来描述“大海与人类的关系”。

具体来说，把作业转化为作文的方法有以下几种。

1. 把做作业的过程写成文章，把遇到的问题及其解决的过程写成文章。

神奇的辅助线①

今天，教数学的王老师“当家”，挺好说话的，他好像忘记了语文，宣布“没有语文作业”，我们欢呼雀跃。

但是，王老师又说：“不布置语文作业，还要答应一个条件。”

我们想，只要不做语文作业，不要说一个条件，两个、三个条件都同意。

王老师对我们说：“补充的条件是——写数学。”“好!”唯恐王老师改变主意，王老师语音未落，我们就异口同声地答应了。

做完数学练习，再“写数学”，觉得“写数学”有趣，却又难写，写什么，怎样写呢？我想了好长一会儿，看着刚刚做过的一道数学题，下了决心，就写写这道题吧!

在长方形ABCD中，EF平行于AC，如果△BFC的面积是35平方厘米，那么△AEB的面积是多少？

我想，要想求出△AEB的面积，按照常规的解法只要“底×高÷2”就够了，可现在连其中的一个条件也不知道，怎么办呢？我冥思苦想，突然脑中灵光一闪，在奥训组时，王老师不是说过遇到求几何图形的面积，可以添一些辅助线帮助解题的吗？于是我试着连接AF，很快发现△AFC和△BFC同底等高，由此可以肯定△AFC的面积和△BFC相等，就是35平方厘米。

可是做到这儿我又卡住了，只得停下笔。嗯！再连接EC的话，△AFC和△ACE同底等高，△AEC和△AEB也同底等高……

啊！对了！我高兴地叫了起来：“老师，我知道了，连接AF，我们可以发现△AFC和△BFC同底等高，再连接EC又可以发现△AFC和△ACE也是同底等高，而△AEC和△AEB等底等高，所以S△AEB＝S△ACE＝S△AFC＝S△BFC＝35（平方厘米）。”

① 王文忠．今天的语文作业——写“数学”［EB/OL］. http：//www.jyb.cn/gb/2004/02/20/zy/5—whzk/6.htm.

看着答好的题目，我的心里乐滋滋的，真没有想到，小小的辅助线，有这么神奇的作用，可真要好好感谢它呢！

点评：本文围绕“写数学”，真实记录了自己完成数学题的过程。先交代作业题目：求 ΔAEB 的面积。然后写自己的思考，求面积的方法，引出辅助线，接着写出求证的过程，一步步推理，最后完成解答。实际上，数学课堂上同学们回答老师的问题，也是用数学语言来表达自己的思路的，通过这种表达，提升了思维质量。这样的作文，强化了对这一解题策略的运用。

2. 记录写作业的心路历程，把思考、合作、探究的过程写成文章。

走进风的世界

有这样一个谜语，你能猜出谜底吗？“看不见来摸不到，四面八方到处跑，跑过江河水生波，穿过森林树呼啸。”对了，谜底就是：风。

这星期老师给我们布置了综合活动课的第一个研究对象——风。

活动主题确定以后，我们开始自愿组成研究小组。在自愿组成小组的过程中，产生了一些问题。有的同学成了“抢手货”，每个小组都争着抢着要他们加入，而有的同学则成了“弃儿”，还有的小组刚过了半天就改变主意重新组合……我们小组也经过分分合合好几次，最后在老师的指导、帮助下才确定了组员。

风，是我们很熟悉的事物。但是却摸不着也看不见，怎么去研究它呢？老师告诉我们：要想知道一件事情，有许多办法，只要自己能够多动脑，多动手，多听、多看、多问，就能够获得这方面的知识。许多科学家小时候就是这么做的。现在大家参加综合实践活动，就是想让同学们自己努力解决问题，这也就是研究、实验。

听了老师的话，我们知道该怎么做了。我们要集合大家的力量，去书上找，去问老师，问爸爸妈妈，到网上查，去亲身感受，我们要“八仙过海，各显神通”。于是，经过多次讨论磋商，过了一个多星期，各小组都有了一套目的明确、条理清楚的活动方案和计划。

在准备了一个多月的时间之后，我们的研究终于出了成果。终于到了汇报研究成果的那一天了，那天，我们每个人都又激动又严肃。请看第一小组汇报“风的起源”：我们平常所说的风其实就是指空气在水平方向上的流动，空气流得愈快，风刮得愈起劲儿。……尽管还有许多专业术语看不明白，但他们的认真劲儿，就像一个个科学家在做研究。第二小组则找到了详细而又齐全的风的种类，有阵风、山谷风、焚风、地转风、梯度风、海陆风、干热风、旋风、龙卷风、台风、季风等，这真让同学们开了不少眼界。

“大家如果觉得我的介绍使你又懂了不少知识的话，请给我们第二小组一点掌声吧!”王一奇一本正经的样子真是令人忍俊不禁呀。再看第三和第四小组的成语：春风化雨、和风细雨、狂风暴雨、暴风骤雨、未风先雨……真是举不胜举。第五、第六小组准备的诗歌朗诵又是如此美妙动听……

走进风的世界，让我们爱上了美妙神奇的大自然，增加了学习科学的兴趣。这项活动完全放飞了我们的心灵，给了我们一片可以自由翱翔的蓝天。

点评：这是一次开放性的作业——研究风、描写风。先是成立合作组，确定研究内容；然后找资料，问父母，亲身感受体验等，形成关于风的研究报告；最后各组汇报研究成果，有“风的起源”“风的分类”“风的成语”“风的诗歌”等。走进风的世界，感受到风的无限魅力，作者一一记录了每一阶段的情况，如实写出了整个研究性作业完成的历程。

3. 开放的学科作业。学生进行课外调查，写出调查报告；学生进行探究性学习，记录学习过程；学生开展综合实践活动，写一份活动记录等。

我们周围的环境调查

谢周妍

起因：

6 月 5 日是国际环境日，在这天来临之际，我们决定对我们所生活的城市的环境做一个调查。

调查：

我们首先了解到，现在世界面临着很多环境方面的问题，如土地沙漠化、动植物灭绝速度加快、温室效应、臭氧空洞、能源短缺、人口“爆炸”、酸雨现象、白色污染等，这些问题大多数是由于我们人类的活动而造成的。

我们的城市是否也有这方面的问题呢？通过对深圳福田几天的调查，我们不禁大吃一惊，同时为人们生活的家园感到担忧：我们看到的是新洲的河水变黑、发臭，鱼虾绝迹。

走在路上，不时可以看到有零食包装袋、烟蒂散落地上，清洁工不时来回走过，清扫走了，过了一段时间又有了，真是“扫不胜扫”，而垃圾桶中只有少量垃圾，甚至没有垃圾。在河边、角落处，有为贪图方便而倾倒的建筑垃圾。路边、角落处、水沟的尼龙袋随风飘来飘去，偶尔有成堆的垃圾出现。

危害：

深圳属热带海洋性季风气候，降水丰富，平均年降雨量 1933.3 毫米，但由于水资源利用的不合理，如工厂废水、家庭洗刷产生的污水未经处理直接排入河流，造成河水受到污染而无法直接使用，也使深圳变成了一个缺水的城市。

深圳几条主要河流都严重污染，臭气熏天。

路边的垃圾影响了周围环境的美观，污染了土地和水源。

焚烧垃圾污染了大气。

……

觉醒：

针对这些污染环境的行为，人们采取了很多措施：向民众宣传保护环境的重要性；把垃圾进行分类，能回收的尽量回收并重新再利用；不能回收的采用科学的方法进行填埋或焚烧；通过植树造林、退耕还林防止土地沙化；保护生物的多样性，保持生态系统的平衡；进行水流域的治理，等等。

作为小学生，我们可以做的有：

1. 做父母的宣传工作，讲垃圾分类放置的好处，在家里、学校里把可回收垃圾专门收集卖给收废品的人。

2. 购物、买菜时少用塑料袋，多用篮子或布袋，好的尼龙袋洗净重复使用。

3. 少使用一次性的筷子、杯子。

4. 不要随地吐痰，不要乱丢杂物。

5. 多走几步路，把垃圾扔进垃圾桶里。

6. 随手关灯、关电脑、关电视机等。

7. 洗过脸、脚、衣服的水用于拖地或冲洗马桶。

期望：

美好的未来就掌握在我们的手中，从节约每一滴水、每一度电开始，从生活中的“小事”做起，让天更蓝、水更绿，我们携手努力，让地球永远成为人类居住的家园！

点评：文章分条介绍，一一写明调查的原因、调查情况、调查结果，最后提出建议，表达美好的期望，对整个活动过程作了细致的总结，加深了对课本学习的印象，在活动中获得了很多宝贵的知识和经验。

五、用思维导图开展作文教学

思维导图，又叫心智图，是表达发散性思维的有效的图形思维工具。思维导图运用图文并重的技巧，把各级主题的关系用相互隶属或关联的层级图表现出来，把主题关键词与图像、颜色等建立记忆链接，充分运用左右脑的机能，利用记忆、阅读、思维的规律，协助人们在科学与艺术、逻辑与想象之间平衡发展，从而开发人类大脑的无限潜能。

科学研究已经充分证明：人类的思维特征是呈放射性的，进入大脑的每一条信息、每一种感觉、每一种记忆或思想，都可作为一个思维分支表现出来，它呈现出来的就是放射性立体结构。英国教育学家托尼·巴赞（Tony buzane）就是根据大脑的这一特点，提出了发射性思考（Radiant Thinking）和思维导图法（Mind Mapping）的概念。

目前，思维导图广泛应用于生活和工作的各个方面，包括学习、写作、沟通、演讲、管理等。

下面，我们从学习和写作两个角度来分析思维导图的意义，并探讨思维导图在学科写作教学中的运用。

思维导图在学习上的作用体现在记笔记上，我们在阅读或学习过程中，为记住学习内容，养成了按顺序做常规笔记的习惯。然而，我们很少意识到：此种传统的记笔记的方法存在着非常致命的弱点。托尼·巴赞经过长期的研究和实践，发现传统笔记存在以下弊端：

（1）埋没了关键词：重要的内容要由关键词来表达，然而常规标准笔记中，这些关键词却埋没在一大堆相对不重要的词汇之中，阻碍了大脑对各关键概念进行适当的联想。

（2）不易记忆：单调的笔记看起来很枯燥，要点也很相似，会使大脑处于一种半催眠状态，让大脑拒绝和抵触吸收信息。

（3）浪费时间：要求记些不必要的知识；读些不需要的材料；复习不需

要的内容；多次寻找关键词。

（4）不能有效刺激大脑：标准笔记的线性表达阻碍大脑进行联想，因此对创造性和记忆有所消解，抑制思维。

利用思维导图做笔记，会对我们的记忆和学习产生关键作用：（1）只记忆相关的词可以节省时间；（2）只读相关的词可节省时间；（3）复习思维导图笔记可节省时间；（4）不必在不需要的词汇中寻找关键词可省时间；（5）集中精力于真正的问题；（6）重要的关键词更为显眼；（7）关键词并列，可灵活组合，改善创造力和记忆力；（8）易于在关键词之间产生清晰的联想；（9）做思维导图的时候，人会处在不断产生新发现和新认识的边缘，推动思想意识不间断和无穷尽地流动；（10）大脑不断地利用其皮层技巧，起来越清醒，越来越愿意接受新事物。

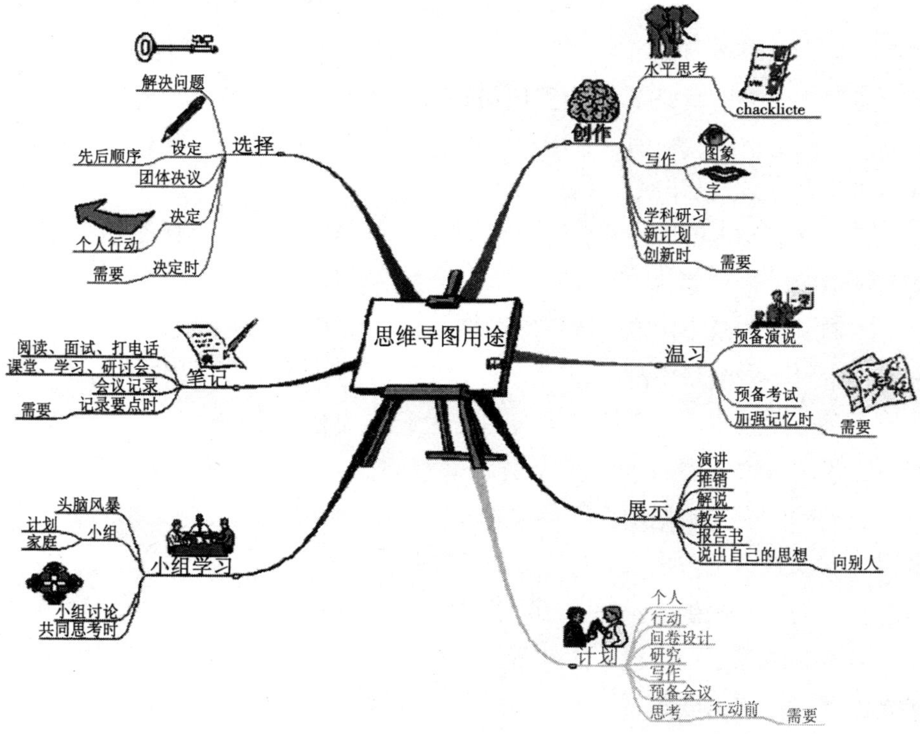

思维导图能够清晰地体现一个问题的多个层面，以及每一个层面的不同表达形式，能够帮助读者或作者明确思路，找准问题的关键，以确立各元素

之间的关系，便于读者或作者抓住重点，兼顾细节，全面把握，突出特色。尤其在写作教学中，思维导图可以帮助学生发散思维，开拓思路，构思文章，理清线索，快速成文。托尼·巴赞博士说："思维导图使我能够分清主次，更快而且更清楚地看出一些主要思想如何彼此关联；它给了我一个中间平台，使我在思维过程与实际写作之间平稳过渡；它使我有了把思想组织起来并加以深化提炼的能力，而不再重复耗时费力的起草与再起草的过程；由于把思维和写作分开来了，我可以更清楚地想问题，思路也广泛多了；开始写作时，我已有了一个清楚的结构，这使写作更容易，也更愉快。"

那么，如何运用思维导图指导学科写作教学呢？要学会画思维导图，具体在作文上，叫作文地图或者作文导图。

1. **确定"中心句"**

把表达作文中心意思的句子或关键词，列为文章题目，写在纸的中央位置。以此为中心，发散思维，多角度、多层次地寻找和确定作文的主题，这是动笔画作文地图的起点。从中心开始，让大脑的思维能够向任意方向发散出去，自由地、自然地表达。注意要做到"中心句"简明扼要，副标题要和中心句有联系，就像一棵树，有主干也有细枝。

2. **提取"关键词"**

画作文地图的目的是为了把握整体内容的精髓，方便写作时回想具体内容。因此，使用关键词，能够提醒作者清晰、完整、准确地表达相关内容。每条线上注明一个关键词，它更多的是强调融图像与文字的功能于一体。关键词会使你的作文导图更加醒目，更为清晰。每一个词汇或图形都像一个母体，繁殖出与它自己相关联的一系列"子代"。就组合关系来讲，单个词汇具有无限的一定性时，每一个词都是自由的，这有利于新创意的产生。

3. **向外扩张，注意连接**

画作文地图主要从"中心句"向外扩张，主要分支一般有5～7个。首先连接中心图像和主要分支，然后再连接主要分支和二级分支，接着再连二级分支和三级分支，以此类推。把分支连接起来，你会很容易地理解和记住更多的东西。把枝干连接起来非常重要，用美丽的曲线连接，而不要使用直线连接，这是因为大脑会对直线感到厌烦。曲线和分支，就像大树的枝杈一样，更能吸引人的眼球，曲线更符合自然，具有更多的美感。一幅完美的思维导图看上去应当是一棵大树，中间是树干，第二层是树枝，第三层是树杈，最外层是树叶。在完成了基本的勾勒之后，应对树的枝杈进行适度的修剪。尽量以词或词组而非句子来表达要点，以简洁为原则，可以用汉字，可以用符号，甚至可以用图形来表明各要点。各节点走向要清晰，层次要分明，如第二层要有别于第三层，可以通过圈的大小、字体的选择、颜色的搭配等方式来实现。要以思路的完整、重点的突出为目的，去除无用的枝杈，重组不合理的分层，添加新的内容等。

4. 使用符号、颜色、文字、图画等形象

颜色和图像能让大脑兴奋，能为作文导图增添跳跃感和生命力，为创造性思维增添能量，而且，自由地使用颜色本身也非常有趣。使用多种表现方式，会使作文地图更形象，更容易记忆，更能带动写作思维。因此，使用的文字可以变化大小、颜色、字体，重要的字句可用较粗的线条标出。尽量保持文字的简要，使用容易辨识的符号——打叉、画钩、感叹号、问号及各种图形。

5. 多反思，多总结

每次进行思维导图的创作，都会产生相当多的体会，反思这些体会并时时加以总结，就能不断摸索出适合自己的构图方法。

第二节 学科写作的指导方法

一、品德社会作文

学生从小学三年级开始学习“品德与社会”这门课。品德社会课的开设主要是让学生了解社会、学习做人，并为学生今后走向社会打好基础。事实上，学生学习各种知识、各种技能都是为将来适应社会、服务社会做准备的，如果学生现在不了解社会，不懂得各种为人处世的技巧，就算有天大的本事，也难以为社会出力。写作需要学生认识社会，无论是写人、叙事、绘景、状物，还是说明、议论、抒情，都要求学生立足于对社会的了解、认识，基于自己的体验、感受，所以，品德社会作文是学生最熟悉的，也是写得最多的。

从不同版本的教材来看，人教版四年级“品德与社会”有学习专题“花钱的学问”，广东版四年级“品德与社会”的学习专题有“生活消费有诀窍”“做健康文明生活的小主人”“生活在这里真好”等，这些专题无疑都是作文的好素材，比如，我家的“收支本”、今天我当家、逛商场、我是聪明的消费者。围绕着消费购物，学生有很多的故事、感受，耳闻目睹的很多现象、情景、事件可以在品德课上交流、互动，从而触发学生的情感体验，打开学生的思维之窗，对此，学生有很多的话要说，如消费故事、逛商场的经历、上当受骗的过程、精打细算的表现、当家理财的骄傲等。

而语文课本上的文章，一方面要求学生掌握并积累字、词、句，教学生学会运用语言进行表达，另一方面教学生怎么做人，具有很强的教育意义，可以说，一篇篇的课文就是一篇篇的品德作文范例。比如，《给予是快乐的》这篇文章，故事很简单，内容却很感人，蕴含了很深的哲理：给予既是付出，也是一种收获；付出的是物质，收获的却是满心的愉悦，是快乐的人生。我们经常帮助别人，也经常被别人帮助。你是否真诚感谢过帮助你的人？是否感受到帮助别人的快乐？而所有这些，学生都可以写成文章。

品德社会作文包括品德童话、课堂生活、生活记事、人物写真、景物描写等。

（一）品德童话

品德童话就是紧密结合学生的学校、家庭、社会生活，在童话故事中告诉读者做人的道理，让大家更好地认识生活、理解生活、适应生活，做一个健康、快乐、幸福的人。也就是用童话的形式，讲述生活中做人的道理。

写好品德童话要注意以下三点：

1. 想好故事发生的时间、地点，故事的人物以及事件的经过，确定故事的框架，确保故事一定要新奇、有趣，这样才能吸引读者。故事可与学生学习的品德课文有联系，即把书本的学习转化为精彩的童话故事。在故事的叙述中，学生能深入理解品德教材所体现的思想内涵。

比如，广东版品德教材第七册第三单元“生活在这里真好”，该单元围绕人类和大自然的关系，安排了四项学习内容：小鸟和榕树的对话；我家来了新邻居；身边的公共设施；丰富的社区生活。这些内容都能触发学生的写作欲望，学生可以结合语文教材中《去年的树》的写法，写小鸟和榕树的关系，想一想二者对话的时间、地点、环境，以及事情的起因、经过、结果，写出小鸟和榕树的亲密关系，突出大自然动物和植物的友好相处，告知人们不要伤害小鸟和榕树，要爱护大自然。

2. 运用拟人、夸张的手法。故事可以虚构，环境可以假设，情节可以离奇，对于动植物或没有生命的东西，可以赋予它们人的生命、人的言行和人的感情，让它们具有超乎寻常的能力，要大胆想象、适当夸张。

比如，写小鸟和榕树的对话，首先要设定各自的身份。小鸟具有怎样的性格特征？是一只温柔的小鸟，还是一只脾气暴躁的小鸟？是否上过森林学校？是不是一名少先队员？可以把小鸟和我们的学习生活结合起来，用一个同学的特点来写小鸟，也可以写它和鸟爸爸、鸟妈妈是怎么相处的，等等。同样，写榕树时，也可以赋予它人的性格，想象它会说什么样的话，有过什么样的经历等。

3. 语言要活泼、俏皮，要写出我们自己真正想说的话。童话的语言一定要有趣、夸张，要吸引人。可以通过学习相应的童话，模仿童话作家的语言来写。

(二) 课堂生活

品德课堂没有固定的模式，提供的文字材料不多，更多的是学生的讨论、交流、表演、演讲、模拟、讲故事等，因而课堂上活动很多，尤其是体验式游戏，这些能够让学生在活动中明白一些生活的道理。因此，让学生描写品德课堂，记录课堂上发生的故事、情景及精彩瞬间，可以创作出很多精彩的文章。

写好这类文章要注意以下三点：

1. 交代活动的时间、地点、内容，要写清楚活动的过程——为什么要开展这个活动，怎么开展的，做了哪些准备等。活动最精彩的地方要详细描写，要注意点面结合，既写出整个活动的场面和当时的气氛，又要写出细微之处，聚焦一两个精彩的瞬间。

2. 写清课堂学习过程，如老师的讲述、同学的提问、大家的收获等，围绕一个重点，进行详略得当地记录。比如，学生是怎么举手的，说话的声音如何，提了一个什么问题，这个问题引起了大家什么样的反应，老师是如何应对的，同学是怎样思考的，等等。

3. 写好课堂中的人。每一个同学在课堂上的表现都是不一样的，教师应该指导学生关注同学的课堂表现。比如，老师正讲得津津有味，某同学开始做小动作，课堂突然静下来，全班同学都看着这位同学；有的同学在课堂上折纸、画画、玩纸牌、转硬币等。一方面，可以培养学生良好的注意力，提高学生的听讲效率，另一方面，可以捕捉课堂的精彩细节，写出有滋有味的作文，帮助班级发扬优点、改正缺点，形成良好的班风、学风。

(三) 生活记事

生活是酸甜苦辣咸五味俱全的，总是伴随着泪水、欢笑、苦涩，有成功，也有失败，或者平坦如水，或者激情如潮，因此，只要学生用心体会，就会发现生活非常精彩。“品德与社会”这门课让学生借助书本了解社会、适应社会，也总是让学生想起生活中曾经发生的故事，这些故事在课堂上分享、交流、讨论，然后记录下来，就是一种新的学科作文——生活记事。

写好这类作文要注意以下两点：

1. 重点刻画人物心理，点明心理感受，抒发人生感悟。心理描写的方法有很多，学生应主要掌握环境折射法、内心独白法、梦境再现法。通过环境描写体现人物的喜怒哀乐，这就是环境折射法；让人物用自言自语的方式直接表露内心活动，这是内心独白法；通过写一个梦境来表现心中的想法或愿望，这是梦境再现法。

2. 要想好文章的结构。对于先写什么、后写什么、重点写什么，要心中有数。

（四）人物写真

身边人物形形色色，同学同座各有特点。要做生活的有心人，记录身边的故事，像画素描、速写一样，为身边人“画像”。描写他们的特点，练语言基本功，学会观察人，学会和不同特点的人相处。

1. 描摹外貌，包括容颜、神情、姿态、服饰等，既可以全貌扫描，也可以细写局部、突出一点。

2. 写好动作，要写出人物动作细节的小部分，要善于写出人物最个性化的动作、与别人不一样的动作、习惯性的动作、职业性的动作等。

3. 摘录言谈。言为心声，要写出人物说话时的语气、声音，要注意表达方式的变化。

4. 运用内心独白、心理剖析、幻觉描写、梦境再现、环境折射等方法揭示人物的内心世界。

（五）景物描写

让学生接触自然，欣赏身边的美景，感谢大自然的恩赐，从而和大自然和谐相处。通过书本的引导，学生们往往能欣赏到周围最美的风景，用笔记下来就是写景作文。

景物描写的技法有以下几种：

1. 用心体验，抓住特征。要热爱大自然，用心去和大自然交流，深刻把握大自然中景物的特点。

2. 展开想象，具体描写。单纯写景，往往平淡无奇，而只有在写景的同时展开丰富、合理的想象，才能把景物写得更形象、更生动。看到青山绿水，想到山水画，听到枫林声，想到优美的乐曲，都是合理想象的表现。

3. 善于比较，动静结合。比如，将桂林山水和大海、西湖进行比较，将山和水进行比较等。不同的景物有不同的特点，同一景物在不同的季节、不同的环境中也是不一样的。描写景物时，要以自己观察的景物为主，以其他的景物映衬，写出景物的动静变化，做到动静结合、层次分明。

二、综合实践作文

综合实践活动是学生在老师的指导下走出课堂，来到社区，走入社会，通过调查、考察、实验、探究、设计、操作、制作、服务等活动，综合运用所学知识（包括数学、美术、音乐、科学、体育等方面的知识），发现问题，解决问题，并体验和感受生活，它强调亲身经历和积极实践。对照一个个活动主题，我们会发现，综合实践活动的内容贴近学生的生活，活动形式多样、充满挑战，能够带给学生全新的体验和感悟。每一次综合实践活动，都应该好好总结，都可以写成文章，如记叙活动的过程，描写活动的心路历程，说明活动的开展情况等。可以写人，活动中谁表现突出，谁参与积极；可以写事，小组怎么合作分工，活动中怎么完成任务；可以写景、写物，如活动中的风景、事物；也可以议论、说明。

广东版四年级综合实践活动中有一个关于汽车的活动专题，活动内容包括“我是小车迷”“我最喜欢的汽车”“透过车窗看世界”“未来的汽车”“汽车博览会”等。而这每一个活动内容，都可以以之为题写出精彩的文章。我们以“我最喜欢的汽车”为题说说怎么写。介绍自己最喜欢的汽车，首先要告诉别人汽车的名称，然后通过网络、图片或者实地考察，介绍一下汽车的外观、颜色，包括车头、车灯、车门、轮子、车厢等，一一描绘，突出它别具一格的地方，表达自己的喜爱之情；接下来可以详细介绍汽车的内部结构，空间的大小、座椅的外形颜色以及各种功能；最后说说自己如何喜欢这辆车，如房间装饰汽车图片、经常上网了解它的信息、和父母讨论它，甚至希望爸爸购买一辆这样的汽车，或者自己今后赚了钱一定要买一辆这样的汽车，等等，进一步强调自己的喜爱之情。当然，你也可以就这次活动，写大家是怎么汇报的，课堂上大家踊跃展示成果的情景。这个专题的其他内容也可以写成精彩的文章。

综合实践活动涉及学生生活的每一个方面，其主题贴近学生生活，活动内容丰富，学生亲身体验后会产生很多的感悟。综合实践活动为学生的写作提供了丰富的素材。

综合，意即包括所有学科的；实践，就是亲身体验，动手操作；活动，就是学生参与。课堂上，学生综合运用所学知识，动手动脑，开展多样的实践活动，形成多样的情感体验，学生的作文可以成为综合实践活动的一部分，是能够展示的活动成果。综合实践作文包括：课堂活动、动手操作、实践应用、体验成长等。

（一）课堂活动

1. 确定写作内容，定好写作框架。一节综合实践活动课一般会围绕一个主题，大家查资料、阅读、讨论、访谈等，每一个环节、每一项活动都可以作为写作素材。在课堂实录、课堂速写、课堂活动中，你最感兴趣的内容是什么？你最熟悉的内容是什么？别人最想了解的内容是什么？学生要以此确定写作内容，想好先写什么，后写什么，重点写什么。

2. 交代过程，突出重点。活动任务是什么，活动是怎么开展的，活动经历几个环节，其中最感兴趣的内容是什么，这些是文章的重点，要详细写。同时，要注意点面结合，写清当时活动的场面，同学的动作、表情以及课堂气氛等，并能突出一两个点，抓住细微之处。

3. 写清感受，总结收获。课堂上，我们听老师讲，看同学做，亲自参与每一个环节的活动，会产生很多的想法和不同的体验，我们将其认真地记录在文章中，和读者分享，这是独特的，也是最有意义的。

（二）动手操作

写好这类文章应注意：

1. 先写出动手操作的对象，同时，也可以写为什么要写这个对象，是它的哪一方面引起了自己的兴趣。

2. 写清楚研究过程。你用了什么方法去研究它呢？在研究过程中遇到了什么困难？你又是怎么发挥聪明才智解决困难的呢？

3. 接下来，就要写你的“发现”了。经过努力研究，你有什么“惊人的发现”？你的“发现”是不是很有趣？对人们的生活有什么帮助？

4. 最后，写一写研究成果的意义，或者写一写自己的感想。

（三）体验成长

我们在综合实践课经历了什么有趣的事情，有什么感受、收获，都可以写成体验成长类的文章。

1. 根据写作材料确定作文的类别——是写景的，还是记事的？要先确定文章的类别，拟好题目，才能下笔成文。

2. 根据作文的类别，要注意：写景的作文要围绕景物这一中心来写，并且尽量写生动；而记事的文章则不仅要写清楚事情的发展过程，还要对人物的心理进行详细描写，这样才更容易打动读者。

3. 多使用比喻、拟人、排比等修辞手法。使用“新鲜的”修辞手法能让读者眼前一亮。

（四）实践应用

1. 关心生活，观察生活。认真思考，勇于探索，敢于实践，从平常的生活中发现不平凡的事情。

2. 有灵感的时候要迅速拿笔记下，否则灵感会“逃跑”。如果灵感“逃跑”，要让脑子多转几个弯，把它“抓”回来了。

3. 实践应用时的独特经历，在别人看来很有新鲜感，即能够引发他人的好奇心。在写作过程中要学会埋下伏笔，设置悬念，先提出一个疑问，再慢慢呈现答案，以吸引读者阅读。

4. 写清楚事件经过，抒发自己的真情实感。

三、科学作文

说起科学作文，其实学生并不陌生，语文课本上经常能见到它们的身影，如《小蝌蚪找妈妈》《植物妈妈有办法》《花钟》《太阳》《新型玻璃》《琥珀》《鲸》等，这些文章用活泼生动的语言，介绍有关大自然的科学常识，让读者在领悟文字的独特魅力的同时，也了解到一些科学知识。

说起科学作文，一定要提一本书——《昆虫记》，它是世界著名的科学家、文学家法布尔先生的著作，它记载了法布尔先生一生观察昆虫的情况。作家细致入微的观察和长期如一的研究值得我们好好学习。你看《蟋蟀的住宅》一文，写蟋蟀如何选址并用柔弱的工具建造住宅，细致入微，充满情趣，读者细细品读后，还可以了解到有关蟋蟀的很多常识，这就是科学作文的好处。

翻开科学课本，里面每一项内容的学习都需要学生认真观察，做好观察记录。其实，这个过程就是在积累作文素材，为写作文做准备。课本上有很多实验，学生按要求动手做一做，写下做实验的过程，记下实验现象和结论，这就是实验报告。同时，学生还可以记录课堂上发生的事情，或者介绍有关科学的知识、故事、童话、人物等，只要用心，学生完全可以写出形式多样、内容丰富的文章。

科学作文包括科学观察、实验报告、科学故事、科学童话、科学课堂、科学知识、科学人物等。

（一）科学观察

科学观察是人们有目的、有计划地感知和描述客观事物的一种科学认识方法，它作为一种基本的认识活动，贯穿于科学课的整个学习过程，它要求通过人的感觉器官或借助科学仪器，有目的、有计划地进行观察。科学观察的方法一般包括：直接观察法、间接观察法、全面观察法、重点观察法、比较观察法、定量观察法、定性观察法、实地观察法、长期观察法等。

写好科学观察类的作文应注意以下几点：

1. 选好观察对象。科学课的学习内容一般很丰富，需要观察的事物比较多。因此，可以让学生选择自己有兴趣且观察比较方便的对象，如蚂蚁，学生天天见到，随时可以观察，也不需要特殊的工具。如果家里养了金鱼，这就是最好的观察对象了，学生还可以和父母一起观察交流，并改善观察方法，提升观察能力。

2. 制订观察计划，诸如准备在什么时间、什么地方、怎样来观察小蚂蚁，要运用哪些观察的仪器，怎么用等，都要进行全面、细致的考虑。例如，准备观察、了解蚂蚁的特性，对于从什么角度入手，需要什么辅助的材料和工具等问题，要有一个比较详细的计划。每一步应该怎么做，一定要考虑清楚。

3. 及时记录观察情况，越细致越好。可以凭借表格、图表、文字等形式及时详细记录、描写、说明观察所得，包括观察中遇到的问题、产生的思考、偶然的感受体验等。

4. 观察时除了用眼睛看，还可以用手摸一摸，用鼻子闻一闻，用耳朵听一听，甚至用嘴尝一尝，但一定要注意安全。

5. 整理成文。把观察所得，按照一定的顺序写出来，注意围绕一个研究重点，把观察和发现的内容写清楚，写具体，让别人读后能明白要解决的问题以及科学观察的收获。只有这样才能体现科学观察的价值。

（二）实验报告

实验报告是记录、描述某项科学实验活动的目的、方法、过程、结果等的书面报告，其主要特点是：客观性、确证性、科学性。实验报告按照实验的目的和要求的不同，可分为验证型和探索型两类。验证型实验的步骤和方法一般由教师拟定，实验内容一般是重复前人已做过的实验，目的是为了验证某一科学定律或结论，训练学生的动手和表达能力，适用于广大中小学生；探索型实验是为了建立新理论、提出新观点而进行的探索实验，一般由实验者设计具有学术价值的实验报告，适用于科学工作者、高校师生等。

不同学科、不同门类的实验报告在写法上有一定的区别，但一般的结构要素是基本固定的，一般包括以下内容：实验名称、实验目的、实验原理、实验材料、实验步骤、实验结果、实验讨论、实验结论等。在实际应用中，对于不同学科、不同实验以及不同年级，其实验报告的撰写有不同要求，学生可根据具体实验进行选择，重点部分应有所侧重，有些部分可合并或删除。

一般来说，写实验报告要注意：

1. 首先要做好实验。做实验应本着严肃认真、实事求是的科学态度，在实验前先弄懂实验原理，熟悉仪器设备，明确操作方法，在实验中要按实验步骤，仔细观察，细心记录。

2. 写清实验题目：做什么实验，实验的要求是什么，实验的目的是什么。实验报告一般以实验名称作为标题，标题是实验内容的高度概括，应做到准确、简洁、鲜明，如“探索纸的秘密实验”“声音是如何传播的实验”“气球的反冲实验”等。

3. 交代实验内容，写清实验过程。实验要准备哪些材料，实验分几步进行，每一步要做什么，每一步应注意什么，发现了什么变化，出现了什么现象，达到了什么结果等，一一记录，可以用文字，可以列表，还可以用图片来说明，尽量详细地写下来，分步记录，如实说明，可长可短。

4. 点明实验结论，或者实验感受。为什么实验中出现这些现象，从实验中能够得出什么结论，这个结论有什么科学依据，在实验中有什么收获和感想，发现什么写什么，如实记录，不得造假。

5. 实验报告的语言应准确、明晰，应规范地使用名词、术语、符号、公式、方程等；插入的图表也要求整洁、正确、规范。

（三）科学故事

故事就是以前发生的事，这件事可能是真的，也可能是假的或虚构的。故事传播着一定的文化传统和价值观念，引导听故事的人接受一定社会文化和道德观念的熏陶、考验。科学故事讲述的是有关科学发明、发现以及和科学家、学科知识相关联的事情。科学故事通过喜闻乐见的形式讲述过去发生的有关科学的一段事情，传播科学知识，宣扬科学精神，褒奖严谨求真的科学态度，引导读者更好地学科学、用科学，探究生活中的科学现象，创造美好生活。

科学故事的写法大致如下所述：

1. 首先给故事取一个吸引人的题目，定好故事的人物、事情发生的时间和地点。人物要取个特别的名字，既然是科学故事，当然要使故事中的人物掌握一点科学知识、有一些独特的科学本领，故事围绕着和科学有关的事情展开。地点，最好也要挑选一个非常神秘的地方，充满科学的神奇色彩，总之，要尽量有趣、吸引人、与科学学习内容相关。

2. 故事的起因、经过、发展、高潮、结果要写清。故事为什么发生，原因是什么，故事是怎么一步步发展的，故事最精彩的内容一定要详细写，尽量想办法吸引读者。

3. 要注意讲故事的顺序。故事叙述顺序一般有顺序、倒叙、插叙、分叙、补叙等，我们常用的是顺序和倒叙。顺序就是按时间的先后讲故事，先发生的事情先讲，后发生的事情后讲；倒叙则把后发生的事情放到前面讲给别人，留下悬念，吸引读者读下去；插叙是为了更清楚地交代事情，插入背景或者原因的写法；补叙是指文章写完后需要进行补充交代，或者临时有感而发，类似于“后记”；分叙即为“平叙”，多出现在章回小说中，用于交代同时发生的两件或多件事。

（四）科学童话

科学童话又称知识童话、自然童话，是童话的一个分支，具备童话的各种特点。它富于科学的启迪，又具有艺术的美感，能培养读者对自然科学的兴趣，启迪少年儿童的智慧。与一般童话相比，科学童话具有一定的知识性，它是以科学知识为内容的，所表现的主题也与自然科学有关。它把科学内容和童话构思结合起来，把科学概念化作为幻想的感性形象，形象有趣地传播科学知识。

写好科学童话要注意以下几点：

1. 学会拟人手法。科学知识没有生命、不会说话、没有感情，但可以通过拟人的手法，赋予科学知识、科学现象等以人的感情，把它们当成人，当成有生命的物体，让它们说话、行动，在特定的情景中发挥作用，展示能力，表现聪明才智，解决各种问题、困难，创造出种种奇迹。这样，不仅生动有趣，吸引读者认真阅读，而且考验学生对所学知识的掌握程度。比如，写化学元素家族发生的事情，每一种元素都有自己的脾气、特点，只有很好地掌握了所学元素的性质，才能更好地编写这个有关元素的童话故事。

2. 大胆想象，把没有生命的物体和人的生活紧密联系起来，想象生动逼真的生活场景，展开丰富曲折的故事情节，把科学知识融入童话故事中。最常见的，是用第一人称自述的方式来介绍相关的科学知识，如《新型玻璃的自述》《灰尘的自述》《我是电》等。

3. 使用夸张手法，故意把客观事物说得“大、多、高、强、深”，或故意把客观事物说得“小、少、低、弱、浅”，或者在时间上把后出现的事物提前一步来进行夸张。农民们都说：“看见这样鲜绿的茵，就嗅出白面包子的香味来了。”诙谐、幽默、直观易懂，引人入胜。吸引读者注意，加深读者印象，增强文章的可读性。

4. 知识的传授一定要准确。童话是形式，内核是学过的科学知识、概念。只有将概念理解清楚，将知识掌握牢固，编写童话才不会出错。比如，写动物运动会，狮子跑赢了猎豹，乌龟跑赢了兔子，这只是例外，不是常态。如果写成一般情况下的，说狮子是森林的跑步冠军，这就要闹笑话了。比如，写各种植物的花，每一种花的构造是有区别的，因而围绕花编写的童话就要吻合不同植物花的特点。《阿凡达》为了更逼真地再现外星球的特点，导演请了众多科学家来设计，确保科幻电影也要遵循基本的学科常识。

（五）科学课堂

科学课堂往往以学生参与丰富多彩的活动为主要教学形式，让学生在观察、实验、调查、阅读、收集资料等基础上获得大量直接和间接的信息，并通过分析、综合、整理信息来提出假设、寻找解释，获得由直接认识转化为间接认识的经验，通过合作、发表、讨论、辩论获得与他人交往的经验。学生在经历认识与实践相互交错的过程中，从自己的经验走向科学。科学课堂就是去参加、去经历一个个的观察、研究、认识等科学探究活动。这些活动是学生熟悉的、能直接引起他们学习兴趣的，是精心选择和设计的，是具有典型科学教育意义的。所以，科学课堂为学生提供了丰富的体验，学生有很多的感受和发现可以写成文章。写好这类文章，选择角度最重要。

1. 课堂实录。围绕课堂学习重点，详细记录学习的内容，如课堂发生的故事、精彩的发言、出现的问题，有选择地写下来。师生之间如何对话，如何互动，各自的神态、动作、语言如何，老师是如何引导学生进行探究的，学生是如何开展探究活动的，遇到了哪些困难，如何解决，发现了什么现象，获得什么感受，得出什么结论等，围绕重点内容如实记录。

2. 课堂速写。瞄准一个人，可以是老师，可以是同学，认真听讲的学生、开小差的学生、捣蛋的学生、同座等，细致刻画他们的言行举止，表现他们学习过程中的专注、懒散、刻苦、搞笑等；瞄准一个场景，讨论、游戏、比赛、实验等，写清过程，突出感受，写出同学们各自不同的表现，有点有面，点面结合。

3. 课堂实验。科学课上实验很多，每一个实验都像一场魔术，吸引学生、考验学生。学生在课堂上亲自尝试，跃跃欲试，趣味无穷。选择写课堂实验可以参照实验报告的写法和要求。

4. 课堂活动。科学课上要动手制作，要研究交流，每一个活动都使大家有新奇的体验。写作时注意写清活动过程，学会把活动分解成几个部分，每一个部分包含不同的环节，把每一个环节写清楚，同时做到点面结合，记录某些同学非常有特点、给人印象深刻的表现。

（六）科学知识

科学知识包括生命科学、自然科学、物质世界、生物世界、材料天地、地球故事、太空探索、科学历史、科技生活、军事科技、科幻世界、数码家电、健康饮食、科普学术，等等。学生在科学课和课外阅读中广泛涉猎各类科学知识，形成基本的科学常识。课堂上学习和要求掌握的科学知识如何写成作文呢？

1. 让知识自己说话。知识怎么能说话呢？你把知识看做有生命的东西，让它像人一样说话就行了。学了岩石，让岩石自我介绍，学了天气，让天气自己报告。就好比我们的自我介绍一样，长相、衣着、性格、爱好等，把相关知识一一列明。

2. 学习几种常用的说明方法。用实际生活常见的例子说明，这就是举例子的方法，还可以列数字、打比方、画图表、作比较，甚至为学习的知识下定义，把课堂上老师的讲解直接变成文章的内容。比如，学习有关材料的知识，老师是怎么讲材料的、怎么定义材料的、材料的特性有哪些，学生认真听了，做了笔记，把笔记的内容整理成文，就可以变成一篇科普文章。

3. 科学知识要记清、记准确，尤其要把握知识之间的联系、知识和生活的联系。如果知识掌握不牢、不准，写出来的文章就要闹笑话。

（七）科学人物

学生中有爱科学的，有喜欢制作的，有对科学知识感兴趣的。科学书上学过的知识，他们总是和科学家的研究、探索联系起来，仔细了解这些人物的性格特点和趣闻轶事，可以提高学习科学的兴趣，借鉴科学学习的方法。写科学人物，其实就是写人，只是这个人的兴趣爱好、语言行动和科学实验、科学研究有关联。说起写人，学生练笔比较多，基本技巧也基本掌握了。这里再强调几点：

1. 要抓住人物的特点。每个人都不一样，要把人物写活，必须选择熟悉的人写，写出他们真实、具体、形象的性格。人物特点总是通过一定的事例来体现，因此要写人和写事相结合。既然是写科学人物，那么所写的事情一定和科学知识、科学学习、科学实验有关。

2. 注意人物描写。人物描写包括外貌、语言、行动、心理，每一项描写都要突出人物特点，各种描写要相互配合。外貌包括人物的面容、五官、神情、发式、身材、姿态、声音、衣着、佩饰等，外貌描写的关键是写好眼睛。动作描写要善于捕捉细微的动作，用恰当的动词表现。语言反应人物的内心活动，要符合人物的身份、特点，对话形式要多样，要和动作、神态、环境结合起来写。

3. 写人，总是通过一定的事情来体现人物性格，写科学人物应该围绕所写人物如何进行科学观察、实验、考察、研究、发现、创造及日常研究生活展开。事情的选择要有一定的典型性和新颖性，要能反映人物的性格特点。

四、体育作文

体育和作文有着密不可分的关系。比如，要做体育游戏了，必须先讲清楚游戏规则；要搞体育比赛了，必须要把赛程安排说明白；颁奖典礼上，要介绍一下体育训练的难忘经历；看完直播或亲临现场比赛了，要向没有观看的同学介绍你所了解的赛况，等等。要是把这些写下来，那就成了体育作文。

体育作文，就是用作文的形式记下体育课的游戏、比赛、考试、动作练习等。体育作文可分为体育童话、体育比赛、体育游戏、体育课堂等，涉及写人、写游戏、写活动、写事情，以及感谢信、建议书、申请书等应用文。

（一）体育童话

运动是人们最喜爱的活动，动物也一样。很多经典作品都有对运动的描写，像大家都喜欢的《哈利·波特》，每一集都会写“魁地奇”比赛——魔法世界巫师最喜爱的一项体育赛事。我们在健身或在举办运动会的时候，小动物们也在热衷体育呢！体长不过 2 毫米的跳蚤，竟能跳跃它身高的 150 倍，即 30 厘米左右的高度。照这样计算，人可以跳两三百米高呢。如果引导学生把动物们的体育活动讲述出来，或者以参与运动的物体的身份写体育活动中故事，如打篮球，从篮球的角度写一写比赛的激烈程度，这样不仅能拓宽学生的写作素材，还能帮助学生进一步爱上运动。

写这类文章要注意以下几点：

1. 展开想象。想象丰富的童话才有趣，可以运用拟人化的写法，让笔下的动物、植物、器材等会说话，会思考。比如，写一场体育比赛，参赛的对象有孙悟空、猪八戒、唐僧、沙和尚等，写他们打篮球，或者打羽毛球等；可以设计参赛对象为狮子、老虎、豹子、大象、长颈鹿等，结合各种动物的特点，写出比赛的精彩；甚至就以篮球的视角，通过篮球在一场比赛中的经历，写出比赛的精彩、有趣。

2. 学会编故事。故事的情节要吸引人，最好有点曲折，让人越读越有兴趣。时间、地点、人物、事情四要素交代清楚，事情的起因、经过、发展、高潮、结果要有相互关系，要一脉相承。叙事要适当铺垫、起伏，首尾衔接，相互照应。

3. 合理联想。要抓住描述对象的特点去写它在体育方面的表现，比如，袋鼠善于跳远而不善游泳，跳蚤善于跳高而不善于举重等。

（二）体育比赛

体育比赛是人们经常看到或参与的活动，体育比赛的精彩场面总是让人难以忘记。一场比赛涉及参与的对象、比赛程序、比赛内容、比赛过程、比赛花絮等，比赛前的筹备、比赛过程的精彩、比赛结果的得失，都可以记录下来，变成文字。

要写好体育比赛，应该注意：

1. 写好比赛的场面，记下赛场的气氛。比赛让人入迷的主要原因是置身其中会有惊心动魄的感受，介绍比赛就要把选手和观众的状态描述清楚，告诉别人赛场人们情绪的变化。比赛变化多端，进展扣人心弦，学生可以按照比赛的进程有条理地记写下来。

2. 做到点面结合，既描述比赛的整体状况，又介绍场上典型人物的表现。把你印象最深的选手或观众当时的表情、动作、语言、神态等细细刻画出来，就能让读你作文的人有种身临其境的感觉。

3. 弄清比赛的形式、规则和结果，要让人知道你所说的是一场什么样的比赛，参赛的是哪些人，实力差距如何，比赛结果怎样等。

（三）体育游戏

为了帮助学生更好地参与体育活动、掌握运动技能，课堂上都安排了精彩的体育游戏，这些游戏和课堂学习内容密切相关。在游戏中，学生充分活动身躯，训练各项运动能力，在快乐和竞争中享受运动的愉悦并增强身体素质。学生对体育课上的游戏印象深刻，每次游戏都有很多的话题，引导学生把游戏内容、情景、感受写下来，可以帮助学生更好地体验体育课堂的快乐，而且写作文时也有话可说、有话能说。

那么怎样写好体育游戏作文，做到有话会说呢？

1. 要把游戏的规则讲清楚。比如，游戏怎么分组，需要什么样的场地、器材，什么情况下算获胜，游戏如何进行，应该遵守什么规则，怎样算犯规等。

2. 把游戏的经过讲清楚。游戏之前做了那些准备，同学的心情，各自的表现，游戏是怎样开始的，游戏过程是怎样一步步发展变化的，游戏的结果是怎样的，获胜者如何表现，失败者是怎样的神态，等等。

3. 要注意游戏的场面，整体情况如何，还要写一写个别突出同学的表现，做到点面结合。既着眼整体，又细致刻画局部，写出游戏的精彩、激烈。

（四）体育课堂

描写体育课堂，有以下几大妙招：

1. 按照一定的顺序写。一节课几十分钟，老师同学几十个人，所做的活动也会有很多，这就要求我们记叙的时候理清思路，有条有理地写清楚。我们可以按照时间先后顺序写，可以按照事情发展顺序写，也可以按照地点方位变换的顺序写，还可以按照几项活动或活动的几个方面的详略顺序写。

2. 最重要的部分具体写。一节课中给我们印象最深刻内容要写具体，可以把当时的场面、气氛交代清楚，也可以把人物的动作、语言、神态、表情和心理写清楚，做到主次分明。千万不要从上课铃响开始写，一字不落地罗列到下课铃响，那就记成了“流水账”。

3. 善于总结课堂内容。上过那么多的体育课，为什么要选择这节课来记写呢？这节课有什么令人难忘的东西、精彩的镜头或有趣的细节，从中受到什么启发，获得什么体验感受，要想清楚课堂中令人难忘的事件，并总结出来。

五、美术作文

美术课上，学生学习教材上的范例，欣赏老师带来的画，仔细临摹范画，根据想象完成课堂作品。有时老师会讲很多色彩、线条、构图的知识，教学生学会观察事物，掌握观察事物的方法，然后让学生把自己的观察所得用线条和色彩表现出来；有时学生动手制作各种有趣的东西，像玩具车、面具、小房子、魔术舞台、笔筒、衣服、“毛毛虫”等，课堂上大家兴趣盎然，制作的作品妙趣横生。下课后，学生兴奋地谈论自己的作品，交流手工制作的心得体会，这些情景内容与活动，如果用文字记录下来，往往会成为一篇精彩的文章，就像用相机记录下美术课的情景，以后读到这些文字描述，上课的情景历历在目！这就是美术作文。

美术作文包括的内容很多，可以看了教材上的插图写看图作文；可以根据教材提供的图画、情景进行童话创作；可以从书中的名画入手，进行介绍与评析；可以讲述和美术学习相关的故事，介绍有关的美术知识；还可以详细记录美术课堂发生的事情，如精彩的瞬间、难忘的人物、活动情景等；还可以为自己的美术创作配上文字说明，为筹办的画展写一个方案等，可写的内容非常多。

说起美术作文，一定要提房龙。房龙是美国著名作家、通俗历史学家、艺术学家，房龙的笔有一种“魔力”，“枯燥无味”的科学常识、艺术知识经他那么一写，无论大人小孩，都喜欢读。房龙的《西方美术简史》以其独有的慧眼卓识、细腻精到的文字解述，让读者一一领略大师的旷世杰作，纵览美术历史的潮起潮涌。

美术作文包括看图作文、美术童话、美术欣赏、美术故事、美术课堂等。

（一）看图作文

翻开美术书，图文结合，以图为主，名画、范画、作品、照片，形式多样，精彩纷呈。你有没有想过，这就是很好的看图作文的材料？

写好看图作文要注意以下几点：

1. 认真观察，明确图意。首先要把图画的内容看清楚。画面上画的什么人、什么时间、什么地点、人物之间的关系怎样，都要弄清楚，不能漏掉一个细节。观察的方法一般是由上至下或从左至右，从人到物或从景到人。观察有序，写出的文章才能有条理；观察细致，才能发现生动的情节和感人的细节；观察全面，写出的文章才能完整；分清主次，写出的文章才能重点突出、详略得当。

2. 依据画面，合理想象。任何一幅画，它只能是从生活长河中所撷取的一朵浪花，只能是浪峰起伏情节的一个片段，而不是全部过程的展示。因此，许多场面和细节都需要用联想的方法加以补充。

3. 突出重点，描写具体。抓住画面的主要内容，运用记叙、描写、抒情、议论、说明等多种表达方式，把画面中的人、物、景串连成一个整体，做到有详有略、详略得当，突出画面的主要内容，适当介绍相关的背景知识。

（二）美术童话

美术童话就是以美术作品为内容平台，让作品中的动物、植物、图形、材料、造型、雕塑、手工作品等非人事物具有人的思想、情感、对话语言、行为特征的作文。美术课本就有丰富的童话气息，如岭南版美术第七册有个专题叫“厨房交响曲”，要大家设计、制作厨房用具，还让我们讲讲蔬菜的故事，并用自己喜欢的工具、材料表现一个蔬菜王国的童话故事，其实把课本上的内容组合一下就是一篇美术童话。

写好美术童话要注意：

1. 给故事中的人物取个好听、有趣的名字，赋予他们独特的能力，把他们好好打扮一下，让他们和大家一样上课、写作业、春游、看 NBA 篮球赛、参加画展等。

2. 创编一个精彩有趣的故事，想清楚故事发生的时间、地点。说到时间，我们就要想好和这时间有关的天气、景物、活动的特点，而地点是故事发生的场景，当时的环境如何，可以夸张一些，赋予景物以人的特点。这些需要一一想清楚。

3. 大胆想象，巧用夸张、拟人、幻想，构造一个奇幻、神奇而充满魅力的童话世界。

（三）美术欣赏

当你看到一幅美术作品，也许你会情不自禁地说：“哇！好美啊！呀！画得真像！”我们的心情由此变得愉悦，我们进一步从作品的画面内容、造型、色彩、材料、创作手法、创作背景、作品种类等角度去观察、思考、品味、玩味，我们获得了更多的收获，然后把欣赏美术作品的过程记录下来，把看到的、闻到的、想到的、感受到的记录下来，这就是美术欣赏类的作文。

写好美术欣赏类的作文要注意：

1. 巧用提问，丰富所欣赏的内容。当学生欣赏一幅画时，想一想：这幅画是什么种类？作者是谁？背后有什么故事？画面主要画了什么？都有什么颜色？都有什么形状？什么构图？表现了作者什么样的情感、什么想法？想表现什么样的主题思想？……问得越多，就越会欣赏。听听老师是怎么讲的，查查有关的资料，进一步了解作品，获取更多欣赏作品的信息，为写作准备丰富而有用的素材。

2. 交流看法，大胆想象。与同学、老师、家人、画家多交流自己的想法，更重要的是要大胆想象、分析、联想以获得独特的审美体验。多用比喻、拟人、夸张、变形等手法去联想。

3. 理清线索，定好框架。一幅作品要介绍的内容很多，作者、背景、创作故事、画面内容、绘画技法、看图感受，等等，准备按什么顺序安排，重点要介绍什么，都要想清楚。

（四）美术故事

美术故事是指讲述自己或同学在学习美术的活动过程中发生的事件或故事，也可利用美术教材中的材料创编故事。

写美术故事的秘籍：

1. 故事要完整。要写清楚故事发生的时间、地点、人物、经过，故事的情节和故事发生的环境也要交代清楚。

2. 故事要具体，情节可分解。要把故事写具体，难点是把故事情节的展开写具体。故事多分解成发生的原因、开始、发展、再发展、高潮、转折、结局等过程。根据需要灵活写作，重点部分要写详细。

3. 情节要精彩，运用多种手法进行描写。情节要精彩是指故事不能平铺直叙，情节要一波三折或出乎意料，或惊险紧张，或感动内心。还可以把故事的结局放到开头来写，就像电影开头一样。我们写故事要把环境描写、动作描写、心理描写、对话描写以及比喻、夸张、拟人、排比等结合起来，让我们所写的故事有血有肉有灵魂、绘声绘色绘影、精彩无限。

（五）美术课堂

美术课堂根据学习内容一般分为美术欣赏课、美术创作课、美术练习课，美术工艺制作课；根据学习方式分为临摹课、写生课、创作课、美术游戏课、美术创想课、美术考试课、作品展示课、参观美术展览等。美术课堂精彩纷呈，有活动、有情景、有游戏、有环境、有变化，如果用文字把课堂学习过程记录下来，就是一篇篇精彩的文章。

1. 过程写具体，巧分几环节。要把描写美术课堂的作文写具体，就像写一件事的作文一样，把过程写具体即可。美术课一般可分解为“课前准备——老师进教室——开始上课（导课）——新授引导（欣赏作品、观察指导、创作步骤）——自主实践——展示评价——下课”等七大环节。我们只要根据作文中心或主题的需要，选择必要的几个环节，每个环节写一段，重点段写详细、其他段略写，作文就轻轻松松地完成了。

2. 聚焦师生表现，作文精彩百分。我们要把美术课堂的过程写具体，更要写精彩。要聚焦师生表现，把老师和同学们的“语言、动作、神态、心理”等精彩细节，运用叙述、描写、议论、抒情等多种表达方式，运用比喻、拟人、排比、夸张等多种修辞手法写出来，作文就会“精彩百分百”。

六、音乐作文

有一位著名的诗人曾说：“音乐就像我们生活中的一位天使，陪伴着我们的灵魂，和我们一起度过生活的每个时期，和我们同悲喜，共甘苦。”而音乐作文则以音乐为载体，创造良好的氛围，让学生在音乐中有一个自由的空间，然后，他们或是构思一个美丽的故事，或是回忆一件难忘的往事，或是描写一个富有个性的人物，从而让学生的思维配合音乐，让音乐调动学生的思维，最后用语言文字进行表达。

语文课本中，有《伯牙绝弦》和《月光曲》这两个音乐故事。《伯牙绝弦》讲述的是千古流传的“高山流水遇知音”的故事，伯牙和子期对音乐的痴迷和真挚的情谊令人动容；《月光曲》讲述了德国伟大的音乐家贝多芬因同情穷鞋匠兄妹而为他们弹琴，因感动于盲姑娘对音乐的痴迷而进行即兴创作的传奇故事。我们发现，美好的乐曲能打动人，而高尚真挚的情感更能打动人！

一篇音乐作文，总少不了对音乐的描摹与抒写。为了让无形的音乐有形化，使只能诉诸听觉的音乐有感觉、有色彩、有动静，我们可以在认真聆听和欣赏音乐的基础上，运用拟声词或比喻、拟人、排比、夸张、通感等修辞手法，展开大胆的联想和想象，多方位调动感觉器官来感受音乐的美妙，细致入微地描摹各种声音，表达出自己的真切感受。

音乐作文有音乐欣赏、音乐人物、音乐故事、音乐童话等表现形式。

（一）音乐欣赏

1. 认真聆听音乐。聆听是欣赏音乐的第一步，只有用心感受音乐，才能体会音乐的美妙。

2. 查阅相关资料，了解音乐背景，是帮助我们更好地欣赏音乐的一条捷径。在欣赏音乐之前或之后，了解作曲家或音乐作品的相关资料，就能帮助我们更多地欣赏和理解音乐。

3. 展开联想和想象。聆听音乐时，还要展开联想和想象，随着音乐的律动自己的脑海中浮现一幅幅画面，使无形的音乐变得有形，变得有人物、有色彩、有动静……

4. 感觉实现互通。欣赏音乐时，让听觉所感受到的美通过视觉、触觉、味觉等形式表现出来，实现感觉的互通，从而使听音乐的感受更加丰富多彩。譬如，有两块糖，一块是巧克力，一块是薄荷糖；有两个声音，一个是低音，一个是高音。我们在写作文时就可以这样形容：低音像巧克力，高音像薄荷糖。

5. 表达聆听感受。音乐是能够感染人的艺术，一段音乐会调动起你的情绪，或喜或悲，而写出你对音乐的真实感受，就是你对音乐最好的鉴赏！

（二）音乐人物

围绕音乐作品所涉及的作曲家、舞蹈家、歌唱家、演奏家、表演艺术家及其他和音乐相关的人物，了解他们的艺术人生和生活故事，选取他们生活中的一个片段，刻画他们的性格特点，再现艺术家的艺术形象。

1. 精心选择材料。歌唱家、作曲家可以成为我们笔下的音乐人物，同样，我们身边爱好音乐的亲人、朋友包括我们自己都可以成为作文中的音乐人物。音乐人物总是与音乐密不可分，选择喜欢音乐、热爱音乐的事例才是音乐作文最典型的材料。

2. 写好人物特点。从人物的外貌、语言、行动、心理活动等方面写出人物的特点，使之符合人物的年龄、身份、性格等，特别要注意眼神、动作等细节的描写。

3. 语言表达多样化。可以根据音乐人物的不同特点和性格，选择不同风格的语言进行表达，或诙谐幽默，或典雅优美，或平实感人……

（三）音乐故事

一段优美的音乐总能演绎一段美丽的故事，就像《伯牙绝弦》里俞伯牙和钟子期留下的一段“知音千古难觅”的佳话。一首名曲，背后也有一些不为人知的经典故事，像《月光曲》。学生都喜欢听故事，也喜欢讲故事，如果所讲的音乐故事能够让读者既认识一个音乐家，又熟悉一段经典名曲，自然是一举两得。

1. 条理清晰最重要。叙述音乐故事，要写好故事的整个发展过程，包括故事的起因、经过、发展、高潮和结果，写清故事发生的时间、地点和主要人物。

2. 故事情节精彩有趣，能够吸引人。精彩有趣的故事才能真正吸引人，在故事的叙述过程中，我们可以通过环境描写来渲染气氛，可以通过设置悬念来激发读者的阅读兴趣，还可以通过生动的语言来吸引读者。同时，故事的叙述还要讲究详略得当，故事情节中最精彩的内容一定要详细、具体地写，要写生动、写细致。

3. 与音乐相伴相随。音乐故事总是与音乐相伴相随，叙述故事时也要适当地通过音乐的美妙来反衬人物的性格特点，甚至可以以此为线索贯穿整个故事情节。

4. 注意叙述的顺序。写音乐故事时，可以采用不同的顺序进行叙述：顺叙就是按时间的先后来讲故事，可以做到条理清楚；倒叙则是把后发生的事情放到前面讲，给人留下悬念，吸引读者继续读下去。

5. 画龙点睛的结尾。如果能够在故事的结尾写上几句画龙点睛的话，给读者留下“言有尽而意无穷”的启示，岂不更棒？

（四）音乐童话

美妙的音乐，配上奇妙的童话，还有什么比这更有趣呢？光临神奇的童话王国，参加童话王国的化装舞会，和童话王国里的朋友们一起快乐地唱歌、跳舞、玩游戏，实在是妙趣横生。

1. 展开大胆的想象。让没有生命的事物充满生命力与情感，让美妙的音乐出现在曲折有趣的故事中，让故事的发展符合生活的常理，这都需要我们展开大胆而合理的想象。

2. 使用拟人的手法。拟人手法是要赋予事物人的特点，在音乐童话里，它们不仅有生命、会说话，还会演奏音乐，通过音乐它们能够表达情感和心情。

3. 语言生动有趣。音乐童话要有可读性，还要使语言生动有趣，让读者在一个虚拟的情境中感受音乐的美妙和童话的有趣。

七、数学作文

提到数学作文，也许大家会觉得陌生，数学怎么能和作文联系在一起？在苏教版数学第六册中有如下学习内容：生日快乐、美丽的花边、观察物体。这是数学内容吗？回答是肯定的。“生日快乐”教学生认识年月日，“美丽的花边”让学生认识图形的平移，“观察物体”教学生从不同角度进行观察，训练学生的空间想象力，这些都是数学知识，并且和学生的生活紧密相连。数学课本中图文并茂，有生活情景，有活动内容，数字中透着生活气息。这既是数学的学科教学内容，也是一篇篇说明文。

由此可知，数学和作文有密切的关系。数学作文可分为数学童话、数学课堂、数学日记、数学知识、数学故事、数学人物等几种类型。

（一）数学童话

教学生编写数学童话，把学过的数学知识、内容、方法变成一个个生动有趣的童话故事，有助于学生更好地掌握所学的内容，提高学习数学的兴趣。

那么，怎么编写数学童话呢？

1. 大胆想象，运用拟人、夸张、比喻等修辞手法，在有趣的故事中融进数学知识。比如，学了各种图形，了解了它们的一般特点，进而编写一个童话故事来帮助复习——图形王国举办运动会，三角形、正方形、长方形、圆形都是运动健儿，它们根据自己的特长参加了各种运动项目，发生了很多有趣的故事。这是从知识点出发，通过童话故事帮助学生进一步理解学习内容。

2. 设计各种历险、侦探、奇遇的故事，在故事中加入学过的数学题。例如，小兔子妈妈被大灰狼逮住了，小兔子要去救妈妈，为了救出妈妈，小兔子必须攻克一道道难关，这一道道难关就是一道道数学题。这样，枯燥的练习就变成了生动精彩的历险，每一次解题都伴生一种成功的喜悦，一个个数字也就充满了活力。

3. 让一个个数学概念幻化成一个个鲜活的人，通过它们的自述或者它们的遭遇，揭示出每一个数学概念的内涵。比如，学了“负数”，可以让负数作一下自我介绍——它的特点、爱好，它的家族成员，它的生活经历，等等。

4. 让喜爱的卡通人物来到数学课堂。比如，可以写“喜羊羊”是怎么学习“时间知识”、怎么学习“整数加减”的，有了这些可爱的卡通人物陪伴，学习会更有意思。

（二）数学课堂

数学课堂充满了智慧和真理，也不乏有趣的插曲、精彩的瞬间、动人的时刻，训练学生记录课堂生活，帮助学生养成良好的听课习惯，同时借助对课堂的回忆，促使学生更好地复习整理所学内容，提高学习兴趣，分享学习的快乐。

1. 确定写作的内容。每个学生在数学课上的关注点不同，收获也不一样，感兴趣的内容更是因人而异。有的关注老师的讲解，如老师怎么引出问题，怎么教同学解决问题，课堂上老师的语言、动作及对同学的指导帮助等；有的则一直记住和同学一起讨论演算的情景；也有同学对所学知识在生活中的应用“情有独钟”；还有同学的兴趣在于问题的思考分析和具体解答过程。

2. 理清写作思路。对“先写什么，后写什么，重点写什么”的问题，心中要清楚。比如，写植树问题的解题过程，可以写老师出了一道什么题，学生知道了题目的已知条件和要解决的问题是怎么思考的。

3. “数学课堂”的描写一般为回忆性的文章，可以写上课学习的内容，也可以回忆上课的情景，选择精彩的镜头，写出课堂上同学和老师活动的细节，尤其是同学的动作、语言、神态、心理等。

（三）数学日记

“生活中处处有数学”，将其记录下来，这就是数学日记。数学日记是要记录学生在生活中接触数学、思考数学、运用数学的故事、体验、见闻、感受。通过写数学日记，学生能够真切地体会到“生活离不开数学”，乐于在生活中学习有价值的数学。

1. 数学日记选材范围非常广：可以用所学的数学知识记叙自己一天的生活；可以写在生活中用到数学的情况，如商场“打折”与“返利”哪个更划算；可以写看到的数学现象，想到的数学问题；可以编写与数学有关的故事，等等。

2. 注意日记的格式。注明写日记的时间、天气，可以取一个新颖有趣的题目，日记可长可短，但一定要记录真情实感，不要编造，不要虚构。

3. 要坚持，养成记数学日记的习惯。时常记，甚至天天记，如果三天打鱼两天晒网，日记的效用就很难发挥。

（四）数学知识

学生学了很多的数学概念、数学知识、数学方法、数学策略，这些内容比较抽象，不容易记住。而如果用自己的语言写一个说明，或者以童话的形式讲给同学，这样既写了文章，训练了语言表达能力，又进一步理解和掌握了知识。

1. 明确所要介绍的知识点，抓住要点进行阐述。不管是课内已经学到的数学知识，还是课外了解的数学知识，都可以作为作文内容。

2. 语言要深入浅出，力求生动，要融知识性与趣味性于一体。数学作文不同于数学理论专著，以数学作文介绍数学知识应避免枯燥的说明、阐释。我们可以把这些数学知识融汇到故事中，也可以让其作“自我介绍”，还可以夹杂在相声对话中。如果是讲述课外的数学知识，就要避免太深奥、太难懂，让知识更接近我们的生活实际。

3. 所涉及的数学知识必须科学、准确。故事情节可以想象，但数学作文中的数学知识不能掺假，数据、符号、图形等必须正确，不能凭自己的想象或好恶任意篡改。

（五）数学故事

数学故事就是指在数学学习、数学研究、数学思考、数学练习过程中发生的故事。

1. 要围绕和数学相关的内容来展开。比如，学习测量，写写同学们各自关于测量的故事，像遇到了什么困难，发生了什么尴尬、有趣的事情；学习统计，写写怎么运用统计知识，结合自己的生活，想想在日常统计中遇到过什么问题，发生了什么故事等；还有数学课堂上发生的有趣故事，也可以写成数学故事。

2. 故事的叙述可以加入适当想象，使用夸张手法，吸引读者注意。另外，要注意情节上尽量有起伏，要训练学生学会铺垫、照应，学会写细节。

3. 讲清事情的起因、经过、高潮和结尾，讲清来龙去脉，让读者读后知道事情的脉络，了解事情的发生、发展及结果。

4. 要紧密联系生活，将数学学习和日常生活相融合，在生活中学数学，利用数学知识解决生活中的问题，从而挖掘更多的数学故事，写出更多精彩的文章。

（六）数学人物

学生平时写过不少记人的作文，数学人物即可成为他们的写作对象，那么“数学人物”怎么写呢？

1. 首先要注意选材，确定文章的主人公与数学学科有相应的联系，所写的对象或是喜欢数学，或是学习数学有特别的方法，或是在学习数学的过程中发生了很多有趣的事情等，要了解他们的特点，了解他们的故事，根据所掌握的材料，写出人物的个性。

2. 要围绕人物的一件事来写，例如，“他”是如何学数学的，曾经遇到了什么困难，最后如何解决的，获得了什么样的结果等。切记要把一件事写清楚，要围绕人物的性格特点来记事。

3. 要抓住人物的特点。写人作文的中心就是突出人物的特点，可以通过对他独特的语言、动作、神态以及性格来表现人物的“独特之处”，也可以训练学生运用多种描写技巧，如间接描写、侧面描写、对比描写、映衬手法等。

第四章

学科写作教学的基本流程及案例评析

学科写作教学是一种全新的作文教学理念，从大语文、大学科、大作文的角度统筹思考，倡导所有的学科教师密切配合，共同参与到学生的作文训练中。但长期以来，我们习惯于将作文教学看作语文老师的责任田，没有从培养学生的整体素质出发，形成集团作战的优势，由此导致作文教学的先天不足。因此，学科写作教学的顺利开展，需要各学科教师明确学科写作教学的基本流程，并能够根据典型案例来完善学科写作教学，提高其教学效率。

第一节　品德课写作教学流程及案例评析

一、品德课写作教学流程

品德课包括小学阶段的“品德与生活”和“品德与社会”以及初中的“思想品德”。

“品德与生活”是小学低年级开设的课程，它是以儿童的生活为基础，以培养品德良好、乐于探究、热爱生活的儿童为目标的活动型综合课程。该课程密切联系儿童的生活，完全以学生的生活背景来设置，通过主题活动和游戏，引导学生“在生活中发展，在发展中生活”，在主题活动、游戏和实践活动中充分表达、交流、互动、感悟，注重儿童的创造性表现和个性化体验，从而逐步适应生活、感受生活、热爱生活。

“品德与社会”是在小学中高年级开设的一门课程，它以儿童社会生活为基础，以家庭、学校、社区等不同的生活领域为研究范围，关注每一个儿童的成长，不断促进儿童内心世界的丰富和主体人格的发展，培养学生成为有爱心、有责任心、有良好的行为习惯和个性品质的人。

初中思想品德课以“品德与公民”为主线进行建构，力求让学生初步认识“公民与个人品德”“公民与社会道德”“公民与社会公德”“公民与家庭美德”“公民与法治”“公民与社会责任”“公民的权利与义务”等内容，以利于学生适应现代社会，做一个好公民。

品德课写作教学以学生品德教育内容为题材，指导学生学会用多种表达方式真实记录品德课堂的活动、游戏、见闻、体验、认识、收获等内容。

品德作文的布置、指导、讲评，既可以由品德课教师完成，也可以由语文教师来完成。

一般来说，品德作文课的教学流程包括设计活动、开展活动、议论交流、梳理总结等四个步骤。

第一步：设计活动。品德课具有综合性、活动性、实践性、体验性，一般结合学生的生活实际，通过主题活动和游戏活动，引导学生在活动中体验、交流，在活动中认识和适应生活，从而学习为人处世、待人接物。活动的设计要符合学生的年龄特点和阶段学习要求，能够带动学生全面参与，并促进学生不断思考。此外，还要注意提高活动的趣味性、针对性、实效性、简便性。要站在学生的角度考虑问题，满足学生的需求，使活动目的明确，活动程序合理，活动组织明晰。

第二步：开展活动。开展活动要加强组织管理，确保活动有序进行。要及时发现并总结活动过程中的不足，加强调控，确保活动按设计要求顺利进行。

第三步：议论交流。活动结束后，学生分组交流、讨论，议题包括活动的过程、活动的精彩之处、活动中的感受和收获等，然后进行小组汇总，全班交流。教师在评讲学生的发言时，可以结合写作要求，渗透写作技法，引导学生写好作文。

第四步：梳理总结。引导学生分析自己对哪些活动情景、细节最感兴趣，有什么样的感受和体验，帮助学生理清思路，学会构思文章、快速成文。

二、品德课写作教学案例评析

（一）案例概况

1. 学习目标

了解家庭生活、学校生活、社会生活中存在的各种规则，明确规则在生活中的作用，能根据自己或班级的具体情况及出现的问题制订自己的学习规则。

通过调查，具体列出生活中的各种规则，交流、讨论规则的作用，能简单陈述自己的观点。能说出班级存在的规则缺陷，提出建议，写一篇有关“规则”的文章。

2. 教学安排

（1）主题一：规则在哪里

①游戏中找规则：教师和孩子们一起做游戏——故意不讲游戏规则——

让孩子们把游戏中的规则找出来。

②“看谁主意多”：讨论找规则的方法。

③小记者行动：学生分成三组——分别寻找家庭生活、学校生活和社会生活的规则——整理汇报。

（2）主题二：规则有什么用

①“假如没有规则”的设想活动：整理小记者找到的家庭生活、学校生活和社会生活的规则；如果没有这些规则，会出现什么问题？

②评价学校的规则：对学校规则进行分类——讨论这些规则的优缺点——提出合理化建议。

（3）主题三：我们给自己定规则

①我们的故事我们演：学生根据实际生活设计场景，表演并讨论处理办法。

②我们的约定：总结班集体中可能出现的种种问题，制订本班的班级发展目标；讨论如何避免问题的发生，以及要达到一定的目标需要制订哪些规则。

（二）习作指导

1. **找找规则**

我们每天都和各种规则打交道：吃饭时，饭桌上有规则，比如，要先洗手，不能用手抓菜吃，不能随便离开饭桌，不能浪费粮食等；在学校，我们要和同学友好相处，要认真听课，按时完成作业；过马路要遵守交通规则，要走人行道，不能翻越栅栏、横穿马路，不能闯红灯等。

2. **认识规则**

每位同学都有遭受批评的经历，有失败、痛苦、受伤的记忆，想想失败也好，伤心也好，被批评、责骂也好，往往是我们没有遵守规则或违犯规则的缘故。学生可以写写这样的经历和自己的看法。我们还可以通过游戏认识规则的作用，可以说，没有规则就没有游戏，游戏让我们认识到规则的重要性。

3. **制订规则**

生活中还有很多不如意的地方，这些都和规则的不完善有关。如班级卫生问题，很多同学乱扔垃圾，抽屉里有各种纸屑，没有及时清理的习惯，值日的同学不负责任，导致班集体总和卫生流动红旗无缘。为什么会出现这种情况呢？就是因为没有制订卫生规则。同样，每个同学都有缺点，为此，根据自己、集体的情况制订一些规则，可以帮助自己改正缺点。而把这个过程如实记录下来，写成一篇文章，自己对规则的认识就更深了，我们才算真正和规则交了朋友。

（三）范文欣赏

我和规则交朋友

我是一个不爱收拾东西的女孩子：看完的书随手一放，就不再搭理它；做完的作业就摊在书桌上；弹完琴，琴盖也张开着；灯总忘记关，风扇也忘记关……每次都是爸爸提醒，我却爱理不理的。为此，爸爸严厉地批评我，但我总是改不了，为此我也吃了不少苦头。

这不，要去游泳了，我穿好了游泳衣，找好了游泳帽，但游泳镜呢？洗衣机上，没有；厕所里，没有；房间里，我一个个抽屉打开，看见了爸爸的眼镜盒，看见了我的书，还有我的笔，我的发夹，就是没有游泳镜；书房里，桌子上是一堆乱七八糟的书，其中有我的作业本，还是没有我的游泳镜。

“爸爸，我的游泳镜呢？”无奈之下，我只好求助爸爸。

“你自己找。”

“我找了，找不到。”

“自己的事自己做，自己的东西自己负责。”

“求求你了，爸爸，我找不到。”我几乎要哭出来了。

“我也找不到，”爸爸是铁了心，“你自己处理好吧。”

我又重新投入寻找游泳镜的行动中，先到阳台，嘴里喃喃叫着：“游泳镜，游泳镜，你在哪里？快出来吧！”阳台上还是没有。我越来越着急，眼泪都出来了。可是我的游泳镜却好像故意躲着我似的，我把整个屋子搜了个遍，仍然没有。

打电话问妈妈，妈妈也说不知道。我在客厅里不停地走来走去，就像热锅上的蚂蚁，跺着脚，眼泪啪嗒啪嗒地掉下来。真不该乱丢东西，下次一定要好好收拾东西。

“爸爸，帮我找一找吧，下次我一定好好收拾东西。”

“那好，我们一起来制订规则，每天都要认真收拾整理，否则要受到惩罚。”

我和爸爸拉钩约定，规则正式生效。游泳镜在侦探爸爸的搜寻下终于现身了。通过这次教训，我认真遵守和爸爸的约定，逐步学会收拾整理了。

（四）案例评析

“品德与生活”是以儿童的生活为基础，以培养品德良好、乐于探究、热爱生活的儿童为目标的活动型综合课程。“品德与社会”是以儿童社会生活为基础，力求促进学生良好品德形成及其社会性发展的综合课程。二者的共同点在于都立足于儿童的生活世界，让儿童在真实的生活世界中感受、体验和领悟，并得到各方面的发展，养成良好的行为习惯，形成基本的道德观、价值观和初步的道德判断能力，建构自己与外部世界的关系。品德课程的特点是生活性、开放性和活动性，结合学生的社会生活，让学生在具体的情境中活动、体验和交流，并在生生交流和师生对话中初步形成对自然、社会的正确认识，而认识的过程和结果都是学生写作的最好素材。

关注儿童生活，引导孩子成长，让学生学会做人，学会写作，这是品德教育和作文教学的共同目标。将“人”“文”有机统一起来，把提高语言表达能力和促进学生学会做人统一起来，让学生的交流、互动、体验付诸文字表达，通过文章了解学生的内心想法、行为特点，有针对性地开展教学，以写作带动课堂改革，用写作促进做人，使写作成为培养和提高学生素质的有效途径。

“我和规则交朋友”是品德课的教学内容，教材从“活动天地”切入，从学生感兴趣的游戏内容入手，立足于儿童的生活经验，通过做游戏让学生体验和了解规则，使之初步具有“规则意识”和“规则概念”。然后安排“小记者行动”，旨在让学生“用自己的眼睛观察社会，用自己的心灵感受社会，用自己的方式研究社会”，要求学生分别从家庭生活、学校生活和社会生活三个方面，找一找身边与自己关系密切的规则，体会“生活处处有规则”，体会生活中的各种规则对人们（尤其是儿童）所提出的要求。最后，根据实际生活和不同情境，学习制订适当的规则。

显然，围绕着“规则”这一话题，学生在课堂上游戏、体验、交流、讨论、表演、写作，并且逐步认识到规则的重要性以及遵守规则的必要性，这一认识过程也是学生成长的过程。教师及时引导学生记录这一过程，不仅能让学生有话可写，而且会使学生愿意写、乐于写。

案例围绕着“规则在哪里”“规则有什么用”“我们自己定规则”三个专题展开，课堂教学以活动为主，为学生提供丰富的作文素材，并让学生认识规则的意义，懂得遵守规则的必要性，甚至能够制订规则。比如，主题一“规则在哪里”要求老师和学生一起做喜欢的游戏，因为没有规则，游戏不能进行，大家不能尽兴，甚至会互相埋怨，这就需要找出问题所在，制订游戏规则，然后按照规则开展游戏。根据这一内容，学生可以拟“没规则的游戏不好玩”“糟糕的游戏”“我的游戏，我做主”等题目，详细记录课堂上游戏的经过、遇到的麻烦、大家的感受，最后游戏如何改进、如何进行等。结合“小记者行动”，学生到家庭、学校、社区“寻找”生活的规则，接触社会，学习交流，提高适应生活的能力，由此写出的文章一定有自己独特的感受和收获。

《品德与社会课程标准（实验稿）》提出：注意引导学生从自己的世界出发，用多种感官去观察、体验和感悟，获得对世界的真实感受，让学生在活动中探究，在探究中发现和解决问题，要及时鼓励学生的各种有创造性的尝试，引导学生得出有价值的观点或结论。要善于调动和利用学生的已有经验，结合学生生活中遇到的实际问题，共同探究学习主题，不断丰富和发展学生的生活经验，使学生在获得内心体验的过程中，形成符合社会规范的价值观。注重与学生生活的联系，要把静态的教学内容和学生丰富多彩的现实生活联系起来。教学内容可以从教科书扩展到学生的整个生活空间，包括社会生活中对儿童发展有益的题材，把教学内容与本地区实际情况有机联系起来，同时关注社会的新发展和新变化，及时丰富、充实课程内容，增强课程内容的现实性。学生在游戏中体验规则的重要性，在生活中找规则，了解规则在生活中的意义。这些从生活中获得的真实体验和感受，有利于学生形成符合社会规范的价值观，而这些体验和感受的获得，又为学生的写作提供了丰富的素材。

目前，我们的写作教学和品德教育往往割裂开来，写作教学只关注写的技巧，忽视学生的思想和认识，忽视学生的生活实际，忽视学生的情感体验，“为作文而作文”；品德教育只是照本宣科，用英雄人物、先进典型进行说教，只是关注学生的口头表现。写作教学与品德教育两者各行其道，致使学生作文出现很多不良现象，主要表现在以下几个方面。

其一，成人化。多用成人世故化倾向去改造学生，抹杀、压抑了纯真的童心。因此，学生中浮夸虚假的文风比比皆是：写做好事，全班一半以上的同学会以捡到钱包归还失主为内容；写老师，都是“熬夜批改作业”“冒雨送学生回家”；写同学，都是“小大人”一个，他帮助自己、教育自己，“我”开始不领情，两个人闹别扭，后来“我”突然醒悟，两人和好成为朋友。

其二，样板化。作文法则化，共性泛滥，淹没和压抑了学生作文的个性、创造性和灵活性，扭曲了学生的心态。每次作文指导课都是从审题到立意，从选材到表达，项目一样不落，程序固定不变。结果学生依葫芦画瓢，走进写作的死胡同。写眼睛，大了吧，就是“水汪汪的”，“如葡萄”“如黑珍珠”；小了呢，就“小而有神”。写“我的同桌”，往往都是这样开头：“我的同桌叫小明，他中等身材，圆圆的脸孔上嵌着一对水汪汪的大眼睛。”

其三，虚假化。假话连篇编作文，东拼西凑抄作文。据调查研究，让五年级一个班的学生写一件“你听到或看到的表现社会主义新风尚的事”，全班一半以上的学生纯系编造，其中写让座位的最多，并且都是让给老奶奶，都经过激烈的思想斗争，当老奶奶问起名字时都说“我叫红领巾”，当老奶奶表示感谢时，都说“不用谢，这是我应该做的”。有个学生写“美丽的松花江”，这样开头：“我看见过波澜壮阔的大海，欣赏过水平如镜的西湖，却从没有见过松花江这样的水。松花江的水真静啊，静得让你感觉不到它在流动；松花江的水真清啊，清得可以看见江底的沙石；松花江的水真绿啊，绿得仿佛那是一块无瑕的翡翠。”这种假大空的文风不仅使写作教学进入死胡同，而且在不断毒害青少年的心灵。

品德课的一个基本理念就是鼓励学生参与社会、学习做人，参与社会是途径，学会做人是根本。参与社会，才有经历、感受、体验，正是在这种参与中才得以学会做人。那么，在这个过程中，作文记载了他参与社会的行动，记录了他参与社会的思考，陪伴他一直走向成熟。“我和规则交朋友”这种教学内容更好地体现了作文和品德课的整合，把作文和做人有机地结合起来，既解决了作文的素材问题，又提高了品德课的教学效率。

从案例所提供的范文来看，孩子不愿收拾东西，自己的东西都是父母收拾整理，结果要找的东西总是找不到，这种生活中常见的事情，还是因为缺乏必要的规则而屡屡发生。小作者从找游泳镜这件小事写起，先是盲目乱找一气，然后求助爸爸，爸爸不肯帮忙，最后实在无奈，和爸爸达成协议，制订家庭规则，学习认真收拾东西。在爸爸的协助下，小作者找到游泳镜，更重要的是，通过遵守和爸爸的约定，学会了收拾东西，养成了良好的习惯。文章的写作，强化了学生的规则意识——小作者在文字的叙述中，感悟到规则的重要性，也一定会逐步养成收拾东西的好习惯。

第二节　综合实践课写作教学流程及案例评析

一、综合实践课写作教学流程

综合实践活动是在教师引导下，学生自主进行的综合性学习活动，是基于学生的经验，密切联系学生自身生活和社会实际，体现对知识的综合应用的实践性课程。综合实践活动涉及研究性学习、社区服务与社会实践、劳动与技术教育等领域，包括班团队活动、校传统活动（如科技节、体育节、艺术节等）、同伴间的交往活动、学生个人或群体的心理健康活动，等等。

综合实践作文就以综合实践活动为素材，真实记录综合实践活动课的活动过程、活动内容、活动体验、探究收获，记录活动中的探究、调查、访问、考察、操作、服务、劳动实践和技术实践的过程、感受及成果，是一种创新性作业。

布置、指导并评讲综合实践作文的主体可以是综合实践课的老师，也可以是语文老师。作为综合实践课的老师，关于学生如何进行综合实践活动、如何制订方案、如何查阅资料、如何相互合作、如何展示活动成果等，除了通过课堂观察以及课后交流获得信息外，学生作文也是教师了解综合实践活动课活动情况的重要来源。而且，学生写作文的过程是再次亲历活动的过程，能够体验成功的快乐，总结失败的教训，也为下一次综合实践活动的开展提供更好的借鉴。

学生写作文的困难之一就是没有东西可写，语文老师指导学生作文的首要任务是指导学生选材，帮助学生解决写作文的困难，引导学生从学科学习入手进行写作。学生在综合实践活动课中，走出课堂、深入生活，开展形式多样的综合性活动，为写作提供丰富的素材。语文老师以此为切入口，指导学生写作，或者写活动方案、活动记录，或者叙述活动情况、评说活动收获，可以写说明文、议论文、记叙文，也可以写各类实用文体。这样，学生不仅解决了写什么的问题，而且，通过指导写作，教师能进一步了解学生的学习生活，帮助学生更好地体验学习中的快乐。

那么，综合实践课的教师如何指导学生把活动情况整理成文？一般来说，第一，要精心布置活动；第二，要科学合理地开展活动；第三，及时组织交流活动；第四，利用思维导图帮助学生总结活动，写出综合实践作文；第五，评讲作文，总结活动情况。

语文老师应该如何指导学生把活动情况整理成文？具体步骤如下：了解学生的活动情况；根据学生的活动情况、活动内容以及作文训练的要求确定训练目标和训练方案；作文指导，指导学生构思文章并完成文章的写作；作文评讲。

学科教师和语文教师同样布置学生作文，但两者的出发点是不一样的。学科教师主要总结活动成果，了解活动情况，促进学生更好地开展综合实践活动；语文教师着重从文章选材、立意、构思、结构、语言表述等方面指导学生更好地运用文字，恰当地表现综合实践活动的内容。

二、综合实践课写作教学案例评析

（一）课堂实录

主持人：这个星期，我们年级的全体同学都学习了《向往奥运》这篇课文，我们对奥运精神有了一定的了解，对奥运精神所体现的人类对“公平、公开、公正、客观”的追求有了进一步的体会。今天，我们有幸请来了参加过巴塞罗那奥运会的前国家队游泳运动员李涛叔叔，他来到了我们中间，和我们一起畅谈奥运精神，畅谈奥运会上中国人的扬眉吐气，一起想象 2008 年北京奥运会的盛况。下面我们用热烈的掌声欢迎李涛叔叔。

主持人：下面请李涛叔叔上台。请少先队代表献花、献红领巾。

（生：惊叹、笑、掌声）

主持人：请少先队代表现场采访李涛叔叔。

生：我想请问李涛叔叔，你是从什么时候开始学游泳的？

李：什么时候？30 年前！（学生大笑）32 年前，也就是 4 岁的时候。不算是去学游泳，当时有一定的兴趣，夏天就去游泳池玩，后来就喜欢上了游泳这个项目。

生：你在学游泳的时候，一定遇到过很多困难，是什么力量促使你克服困难，坚持下来的呢？

李：学游泳？我不知道是学游泳还是练游泳，学和练是两回事。

生：就是练的时候，是什么力量促使你克服困难，坚持下来的？

李：学的时候实际没有什么困难，就十来天。但练的话就有点困难了，我们运动员一天要游一万多米，一年下来就是两千多公里。

生：李涛叔叔，1992 年你参加巴塞罗那奥运会最大的收获是什么？为什么？

李：我想更正一下，我参加的不是巴塞罗那奥运会，而是 1988 年的奥运会。哪位同学知道 88 年奥运会在哪里举行？（学生议论，答“汉城”）

我来的时候带来了两块纪念牌，这是每个参加奥运会的运动员都能得到的纪念牌。88 年第 24 届奥运会在汉城举办，我最大的收获就是达到了我终生追求的目标。当运动员最大的愿望就是参加奥运会，参加最高水平的比赛。当然谈不上是奥运明星，只是参加而已。

生：请问李涛叔叔，你认为奥运会与国内比赛最大的区别是什么？

李：最大的区别就是，奥运会每个人一生中最多只能参加一两次，好多因素加起来，也就一两次。有些人在事业高峰的时候没有参加奥运会，在状态好的时候没能被选拔上参加奥运会。奥运会四年才举办一次，而国内比赛是经常参加的。我认为最大的区别在这儿。

生：谢谢。

生：李涛叔叔，你可否畅谈一下你的童年？

李：我的童年和大家的童年最大的区别就是，业余时间大多在游泳队里度过，不像别的孩子放学就去玩，我放学后就要去游泳池。70 年代那会儿也没什么好玩的。当然也要做好功课。总结一下，一是做功课，二是游泳池。

生：李叔叔，为参加奥运会，你准备了多长时间？

李：是这样，88 年奥运会我参加了。87 年，我觉得自己的水平和实力有希望参加第二年的奥运会，那么这个时候我的目标已经快实现了；而 86 年还没决定要参加奥运会，86 年我都不知道 88 年自己可以参加奥运会。

生：你认为游泳的最大魅力是什么？

李：最大魅力？你是说魅力还是好处啊？

生：好处。

李：我认为游泳的最大好处在于四个字：内外兼修。所谓外，就是外形。大家现在可以看见我的外形是什么样的。（生笑）外形和体形很好，里面的肝肺功能和血管功能都锻炼得很全面。它不像一些球类运动，比如打乒乓球，从外形看不出运动员有多强壮，从外表看也不知道他是运动员。

生：李涛叔叔，你认为有没有比赢得比赛更重要的东西？如果有，是什么？是你所追求的吗？

李：我觉得运动员参加运动会，最后的结果还是很功利性的，最后的结果还是要赢得比赛，一定要赢得比赛。特别是到了赛场上，你就一定要赢得比赛，你的一生中也许只有一次机会，没有时间想其他的，这次机会你就一定要抓住它，特别是在你有实力的时候。

生：李叔叔，如果你现在还年轻的话，你还会参加比赛吗？为什么？

李：去年我还参加过比赛，但不是运动员的比赛，就在深圳比的，叫"成年人游泳分龄赛"。按年龄分组，最小的年龄组是 25 岁到 29 岁，最大的是 75 岁到 79 岁，就在深圳莲花二村比的，我也参加了。

生：李涛叔叔，2008 年北京举行奥运会，你的心情怎样？

李：我的心情和大家一样。（生笑）

生：你最开心的时候是获奖的时候吗？

李：是。

生：李涛叔叔，你的孩子长大后，你会把他训练成跳水运动员吗？（众生笑）是游泳呀！（该生纠正道）

李（笑）：我刚好有一个小孩，1 岁 5 个月，去年我就把她放在水里让她自己游，在她 7 个月大的时候我就带她去游，那时不用教，她自己在水里就会游。

生：请问李涛叔叔，游泳对你的吸引力有多大？

李：现在对我的吸引力没有多大，因为我现在很少游泳。我现在的精力都放在教人学游泳了。

生：李涛叔叔，你能给我们介绍一下当时赛场上的情况吗？

李：那是我第一次参加奥运会，感觉好多东西都很新鲜。因为是第一次参加，所以一定要对自己负责，一定要全力把握这次机会，把自己的实力在赛场上体现出来。当时也没有时间让你想、让你玩，一到就要比，比完就要走。

生：李涛叔叔，奥运会比赛中你的心情怎样？

李：心情也很紧张，因为我参加的是一个集体项目。4 人游接力，当时希望能够打破亚洲纪录，但是最后还是差那么一点点。

生：李涛叔叔，你觉得参加那次奥运会，你精神上最大的鼓励和启发是什么？对你的人生有什么帮助？

李：参加奥运会是我一生的梦想，想起以前的付出，觉得自己的付出没有白费。因为我们在训练的时候是很辛苦的。我前面也说了，一年要游 2 千多公里。那么是什么在我们遇到困难或者训练很累的时候给予动力呢？奥运会就是动力。参加奥运会是一个运动员一辈子的愿望和目标，能参加，就是对自己付出努力的回报。

生：李涛叔叔，你是怎样克服生活和训练中的困难的？

李：干什么事、学什么东西，都会吃苦，但这吃苦要有目的性，每个人都不会无缘无故地吃苦。如果他知道吃苦有回报的时候，他会吃苦，就像我们每个同学学习的时候很辛苦，但他知道学习有回报，这样就会觉得这点苦不算苦。

生：如果可能，你是否愿意参加 2008 年的奥运会？为什么？

李：参加过奥运会后，第二次参加就没有第一次那么有吸引力，如果有可能，我当然愿意参加。因为在北京，感觉又会很不同。

生：李涛叔叔，你觉得体育是什么？

李：（想了一会儿）体育是什么？这个问题我想一想再答。

生：你参加奥运会是惊喜还是意料之中？

李：我是 88 年参加的。86 年是惊喜，86 年的水平还没达到，想都没想。87 年是意料之中，当时实力已经达到。

生：请问李涛叔叔，游泳项目最强的是哪个国家？中国的队员应该向他们学习什么？

李：游泳水平最高的是美国，范围最广的是澳大利亚。据我所知，在澳洲，如果不会游泳，你在学校会成为同学耻笑的对象。

生：2008年奥运会申办成功的消息传来的时候，你的感受是什么？

李：刚才已经说了，跟大家一样。

（生笑）

生：李涛叔叔，你为什么选择游泳？

李：刚才也已经说了。

（生笑）

生：请问李涛叔叔，失败对你来说意味着什么？是打击还是鼓励？

李：失败是成功之母，当然每个人都失败过。失败了，要总结经验教训，比赛失败肯定是有原因的，找出原因争取下次取得好成绩，这是关键。

生：李涛叔叔，你在奥运会上最精彩的那一瞬间是什么时候？

李：精彩的一瞬间，当然是游到边儿的一刹那，就是手到边儿的一刹那。

生：李涛叔叔，请问你怎样鼓励队员去努力奋斗？

李：怎样鼓励他们去努力奋斗？首先给他们提一个目标，这个目标不要太大，也不要太高，而是通过自己的努力能够达到的。这个目标的高度要合适，如果这个目标我怎样努力也达不到，就会觉得遥不可及；太低了，他随随便便就能达到，这也不行。我举个例子，如果我举手就能碰到墙，目标定为这个高度就不合适；如果我用力跳起来才能碰到，这个目标刚刚合适；但是你怎么跳也碰不到，这个目标就定得不太合适。而且目标一开始不要定太大，要一个小目标、一个小目标地去完成、实现，不可能一开始学游泳就要拿冠军，也不可能刚学会游泳就去参加奥运会，也不可能一参加奥运会就要拿冠军。

主持人：因为时间关系，下面只给同学们提问5个问题的时间，希望大家努力争取。

生：李涛叔叔，在奥运会上比赛是非常公平的，就如你所说的，就差一点点，你希望因为奥运会的不公平而让你们胜利吗？

李：不希望。游泳比赛很公平，为什么呢？因为它是电子计时的，不存在裁判打分，也不存在人为因素。

生：你在第一次参加奥运会时是怎样克服当时紧张的心情的？

李：当时还是紧张，因为场面很大。

生：你活着是为了游泳吗？

李：当然不是。

主持人：下面有请李涛叔叔给我们讲一讲他在游泳生涯中的甜酸苦辣。

李：其实我刚才已经讲了，从4岁到20岁，中间有16年，让我现在去回忆，也不完整。我也不用耽误大家时间，刚才已经说的很多了。

主持人：谢谢李涛叔叔。

（生热烈鼓掌）

主持人：李涛叔叔，刚才有个同学问你“体育是什么”的时候，你还没有回答呢。

李：你们知道体育是什么吗？

（生议论）

生：人们常说竞技体育是一种艺术，因为竞技体育含有艺术的成分，比如，它的力与美，速度与造型，区别在于紧张激烈的程度。但体育比赛中的锱铢必较，在零点零几秒和在零点零几厘米中决胜负，才具有难得的公正性、公开性、公平性和客观性。

李：我还要补充一点，就是它的残酷性。比赛中永远只有一个“第一”，鲜花和掌声都只属于冠军。

主持人：今天，我们和奥运会运动员李涛叔叔一起了解了奥运会，更深刻地理解了奥运精神，明确了奥运会维系的是我们人类对理想和梦想的追求。特别是2008年北京举办奥运会，让我们为自己是一个中国人而自豪、骄傲。下面，让我们用热烈的掌声感谢李涛叔叔。

老师：同学们，今天我们通过和李涛叔叔面对面的交流，应该对课文《向往奥运》的描写体会得更深了一些；知道了体育运动体现了人类对世界上存在的种种强权、种族歧视和不平的抗争和寄托；知道了奥运会上的更高、更快、更强就是人类克服自我、战胜自我、超越自我的过程。

北京能够承办一次这样的体育盛会，是因为我们的祖国强大了。我们自豪，我们骄傲。2001年7月13日，萨马兰奇主席在俄罗斯宣布中国胜出的时候，你们还是三年级的学生，到了2008年，你们就是高中的学生了。你们可以去北京，去奥运会的现场。那时你们会强烈地体会到：中国，了不起；中国人，了不起！因此，我们要努力学习，长大了做一个了不起的中国人。

让我们再一次对李涛叔叔的到来表示感谢！

（案例整理：高美慧）

（二）范文欣赏

我与奥运明星面对面

林婉仪

今天下午，我们六年级的每一位同学都怀着紧张的心情走进了电教室。因为今天下午我们将要与奥运明星面对面，对他进行采访，他就是全国跳水冠军——李涛叔叔。

“扑通、扑通……”我的心剧烈地跳着，握着相机的手在抖着，脸发红，我紧张得几乎把采访李叔叔的问题忘得一干二净了。

这时，一个差不多两米高的男子走进了电教室，他面带微笑地望着我们。“他是李叔叔吗？”“他好高哦！”“他游泳一定很厉害！”……教室里响起了一阵议论声。李叔叔坐在了我们旁边，这时，陈毅雨同学走到李叔叔面前，嬉皮笑脸地跟李叔叔握手，还让李叔叔帮他签名，大家也纷纷跑过来请李叔叔签名。李叔叔微笑着为我们签名。

接下来，他接受我们的采访，各种各样的问题体现了我们那好奇的心就像无边的大海。李叔叔畅谈了他的童年，畅谈了他学游泳的酸甜苦辣，畅谈了奥运会上的风风雨雨……

李叔叔是个能者，虽然他在奥运会上没能取得名次，但我们知道他能取得今天的成绩，背后经历了不少辛酸，付出了不少汗水。当有同学问他为什么会有今天的成绩时，他仅仅只回答了两个字——“吃苦”。是的，没有人愿意白白吃苦，因为大家都知道有吃苦就有收获。

李涛叔叔的一番话，为我的人生点亮了一盏明灯……

（三）案例评析

我们把这堂课列为综合实践课，这是中小学阶段比较常见的一种课型。老师利用身边的资源，结合课本学习内容和热点问题，开展了这次活动，和学生一起策划、组织并实施。整个活动由学生主持、学生提问、学生小结，然后根据活动内容写成文章。在教师的指导下，学生写活动方案、确定采访主题及采访问题，每一个环节的设计，学生都动脑、动笔，学习交往，学会合作，学会制订计划、列采访提纲、整理采访记录、撰写采访稿件，写作能力体现在活动的每一个环节。整个活动，为学生提供了多样的写作素材和表达方式。学生写作可以报道李涛叔叔的游泳人生；可以写游泳的故事；可以写李涛叔叔参加奥运会的心路历程等。案例所附范文是学生写的一篇记叙文，文章写了整个活动的情况，写出了自己的感受、体会和收获，对于小学生来说，已非常不错。

第三节 科学课写作教学流程及案例评析

一、科学课写作教学流程

科学课堂需要学生观察、讨论、交流、体验、发现、整理，科学课讲授的内容和学生的日常生活密切相关。科学探究和写文章是对日常生活的两种不同方式的体验和感悟，前者多是观察、体验、分析、发现，后者则是记录、整理、明确、提升。科学作文把科学探究和写作结合起来，既能提高探究的质量，又能训练语言表达能力、提高写作水平。

科学作文课作为一种新型的作文教学课，和一般的作文指导课存在着一定的区别。从指导者来看，一般作文课都是由语文老师结合单元作文训练进行，而科学课作文的指导者既可以是语文老师，也可以是科学老师。语文老师可以结合年级作文训练要求和阶段作文训练点，以科学课堂上的制作、实验、考察、讨论等内容为素材，指导学生组织材料，完成作文训练；科学老师可以结合课堂上的实验、制作及科学知识，指导学生观察、记录、整理、表达，写成科学作文。

科学作文的教学流程为：实验——观察——记录——整理——指导——作业（作文）——评讲。在这个流程中，实验、观察、记录、整理是科学课堂上的具体的教学任务，必须在课堂上高效完成。指导学生整理实验、观察所得，写成实验报告、实验观察记录、课堂记录、学习日记等，学科教师关注的是学科知识的掌握情况、课堂学习的效果以及学生在观察记录中应掌握的基本科学方法；而语文教师则应在科学教师完成基本的课堂教学后，了解学生的课堂学习情况，结合作文教学的具体要求，指导学生写观察日记和实验报告，记录课堂观察情况和实验现象及数据，语文教师的关注点主要是文章的结构、语言的表达和文采。可见，在最后的评讲环节，学科教师和语文教师的关注点是不一样的，学科教师主要就学生的观察是否准确、是否科学进行评述，关注学生对知识的表述是否正确、标准，关联知识是否对应等；语文教师主要从运用语言的能力、情感的表达及结构的新颖性等方面引导学生进行写作。

二、科学课写作教学案例评析

（一）案例概况

1. 学习目标

学习观察的方法和描述的方式。能根据天空中云量的多少，判断天气情况。通过这一活动过程，体验探究学习的快乐。练习观察景物的方法，发现平凡事物的美。

2. 学习内容

天空中漂浮的白云实际上是由千千万万的小水滴或冰晶组成的，而云的形状和云量的多少能告诉我们许多有关天气的信息。根据云量的多少，天气可分为晴天、多云天和阴天。云在天空中是会变化的，不同的云预示着不同天气的来临。如果把天空当成一个圆面，平均分成四份，把看到的云量填充到这个圆面内，如果云量不超过圆面的1/4，就是晴天；如果云量在1/4与3/4之间，就是多云；如果云量超过3/4或覆盖了整个圆面，就是阴天。在观察天空中的云时，应按照这个标准将观察到的结果记录在“天气日历”上。学习区分积云、层云和卷云的方法，思考气象学家是根据什么标准对云进行分类的。

3. 课堂笔记

（1）老师提出的观察要求是什么？请记录下来。

（2）我们的观察行动——在哪里观察，什么时候观察，怎么观察的。

（3）云的观察记录

观察地点	观察时间	云的位置	形　状	色　彩	变　化	联　想

(4) 哪位同学观察得最仔细？他是怎么观察的？他观察到了什么？老师是怎么表扬他的？

（二）习作指导

这次作文训练，我们重点练习景物幻化法。什么是景物幻化呢？景物幻化就是把看到的景物幻化为另一种事物。

我们先看一段文章：

一会儿，天空出现一匹马，马头向南，马尾向西。马是跪着的，像是在等着有人骑到它背上，它才站起来似的。过了两三秒，那匹马大起来了，马腿伸开了，马脖子也长了，一条马尾巴可不见了。看的人正在寻找马尾巴，那匹马就变模糊了。

这篇文字写火烧云的变化，“天空出现了一匹马”，这不是真的马，是像马一样的云，“马头向南，马尾向西”，而且“跪着”，详细描写了云的形状，很逼真。这就是一种幻化的方法，把大自然的云幻化成动物中的马，非常生动。这篇文字还写出了云的变化，“马腿伸开了，马脖子长了，马尾巴不见了，马变模糊了”。这样，我们读着有整体感，容易想象出作者所描绘的新情景。

运用景物幻化法要注意：

1. 首先要对原来的景物作必要的交代，这样读者才能知道新情景是由什么景物幻化出来的；

2. 要抓住景物的特点，描写的景物和幻化的景物要有相似之处，不可随意幻化。

（三）范文欣赏

我们看云去

唐智珩

早上，蔚蓝的天空中隐隐约约地出现了几片风帆，不久天空又披上了云纱，天空就像和我们捉迷藏一样，让我们找不到，只见白茫茫的一片。

快到中午了，天空渐渐地把云纱脱了，露出了身子。天空把云纱撕碎抛向高空，云纱变成了无数只长了翅膀飞在空中的绵羊，接着又变成包子和饺子的形状，可能是天空饿了，正在吃午饭呢！

到了傍晚，热气压和冷气压构成了风，云儿们正在空中参加化装舞会，它们的衣服有红色、黄色、黑色等许多颜色，衣服的形状更不用说有多少种了，马、狮子、狗……不久，云儿们就退下了。

到了晚上，云儿们就变成了灰色，衬着同样是灰色的天空一起休息，还有一些云随着风到处去旅游。

别看这些云平时看起来很温柔，它们发起火来实在无法想象，它们把脸胀得鼓鼓的，呈黑色，接着就开始疯狂地降雨，造成洪水、泥石流、山体滑坡，这都是它们干的。

这就是平时很温柔，发火时又很疯狂的云。

（四）案例评析

科学是一门解释生活现象的学科，科学课堂贴近自然、贴近经验、贴近生活。为了让学生们动起来，让课堂活起来，让学生在朴素的课堂生活中品味自然科学，教师往往将教学活动置于真实的生活背景之中，为学生提供接触生活、感受生活、深入生活的机会，达到科学教学生活化、生活情境科学化、生活实践科学化的融合。正因为如此，科学课堂为学生提供了丰富的写作素材。同时，学生对生活的观察、积累、探究，又总能引发对各种问题的思考，观察风、云、雨，了解它们是怎样形成、怎么变化的，观察植物、动物，了解它们各有什么特点。可以说，正是科学教育让学生观察得更细致了，对事物了解得更深入，对生活的把握更透彻，基于此，学生写起文章来更容易。而学生的写作，又让学生进一步体验了生活中的奥秘，了解了生活现象所包含的科学道理，促使学生更好地观察生活，思考生活现象背后的本质，挖掘其蕴含的科学道理。

科学课程的学习以探究为核心，科学课往往创设探究情境，提供科学探究的机会，让学生深入其中，像科学家一样提出假设、动手实验、细心观察、认真记录，逐步形成良好的科学态度。科学和作文的关系十分密切，学生观察云的变化，认真做好观察记录，根据观察记录，进行初步的分析和整理，然后写成文章，从而取得提高写作能力和科学学习效率的双重效果。

从这个案例中，我们可以发现以下几点。

1. 科学探究提供了写作素材

我们发现，科学课研究的对象正是小学生作文的描写对象。科学课要求学生接触生动活泼的生命世界，去田野树林、山川湖泊，看花草树木、虫鱼鸟兽，感受生命的丰富多彩。小学生在作文中写景状物就是要着眼田野树林、山川湖泊、花草树木、虫鱼鸟兽。

2. **科学探究训练了学生的观察能力**

科学探究是离不开观察的。观察是人们认识世界的开始，科学始于好奇，发现始于观察。科学观察包括直接观察和间接观察。直接观察是指凭借人们的感官直接对研究对象进行感知和描述。间接观察是指借助仪器设备对研究对象进行观察。进行观察时，首先要注意观察顺序，如从上到下、从左到右、从东到西、由近及远、由整体到部分、由表及里等，依循一定的空间顺序，从不同的角度有步骤地观察研究对象，获得完整清晰的观察印象。其次要学会观察的方法，认真观察和研究，找出事物之间的异同，并分析它们之间的关系。

3. **探究交流引导学生学会表达**

学生在进行观察的过程中，都有表达的欲望，他们迫切想把自己的观察所得告诉他人，这是由孩子好奇、好胜的天性决定的。因此，作为科学老师，应该及时地给学生表达的机会，让他们描述自己观察和发现的事物，满足他们好奇、好胜的心理需求。

4. **写作有助于学生掌握科学概念**

学生掌握一个科学概念，实质上就是掌握同类事物的共同特征。学生参与科学探究活动，认真记录探究过程，思考现象和结果之间的关系，由此了解科学概念的提出、理解概念的内涵，并在作文中进行简要的说明。学生只有理解了新概念，并把它和已有的认知结构联系起来，才能准确无误地理解现象和新概念之间的关系，从而进一步掌握新概念。

5. **写作有助于梳理学习知识**

写作是思维条理化、清晰化的过程。当我们确定了写作的内容，我们需要进一步了解所写内容的前因后果、发展情况、相关细节、意义等，我们要对写作的内容作必要的筛选、整理，以使文章更有条理性、新颖性、可读性。当我们要把科学探究的内容和过程转换成文字，我们必须重新整理、筛选，使其条理化、清晰化，只有这样，我们才能写出一篇规矩的科学作文。写作的过程也是复习整理的过程，是一种精细的复述过程，学生借此重新阐述学习要点，回顾学习内容，明确学习重点，提出学习问题，总结和反思课程学习的方法和技巧，以便更好地理解新的学习内容。

6. **写作能够促进教师有效教学**

科学作文是教师与学生进行双向沟通交流的重要工具和平台。当学生完成科学作文，语文老师评讲文章的语言、结构，科学老师则可以从文章的内容中看出学生的学习情况，包括听讲的效果、实验的态度、观察方法和技巧的特点、相关概念的掌握情况、对科学课的兴趣和看法、对老师的建议和要求等。如果再细致分析，还可以了解到来自不同成长和学习背景的学生，他们原有的知识和学习经验各不相同，其学习的特点、方法、策略、进度也是不一样的。老师从学生的文章中得到第一手信息，自然对下一步教学具有重要的引导作用。

第四节 体育课写作教学流程及案例评析

一、体育课写作教学流程

体育课是一门以身体练习为主要手段，以增进中小学学生健康为主要目的的必修课程。体育课的学习内容包括运动参与、运动技能、身体健康、心理健康和社会适应等五个学习领域，它们相互联系、相互影响。

体育作文是指学生围绕身体锻炼、技能学习、营养保健、心态调整、竞争合作等体育课程，运用语言文字记录体育课程的学习过程、感受、见闻、收获等。体育作文课一般由教师结合体育课的学习内容，指导学生完成作文训练，提高学生的表达能力和学习体育的积极性。体育作文课的实施主体可以是体育教师，也可以是语文教师。

体育教师是体育课的实施者，在指导学生参与运动、训练技能、开展游戏的活动中，不断训练学生的观察能力，培养学生良好的观察习惯，教给学生基本的观察方法，便于学生通过观察学习体育动作，参与体育活动，提高运动技能，从而在各项体育活动中获得良好体验。可以说，没有观察，体育课是很难进行相关训练的。

体育课形式多样、内容丰富，包括游戏、比赛、技能学习等，学生全身心参与，获得丰富的情感体验，适合表达，适合写成文章。体育课游戏多种多样，每一项动作训练都结合一项游戏活动进行，如抢劫空中球、打龙尾、滚球接力、跳进去拍人、黄河长江、斗鸡、高人矮人、救护战友等。体育比赛，无论参与者还是旁观者，都情绪高昂，因而比赛场面热闹，赛后话题不断。动作学习时，教师讲解动作要领，分解动作，示范动作，纠正学生不规范的动作，教师的这些课堂行为对学生观察和描写人物的动作有很大帮助。学生只要认真听课，记录老师的讲解，就可以写成一篇不错的文章。体育教师在课堂上开展的丰富多样的活动为学生提供了喜爱的作文材料。

体育作文的写作能够提高学生参与体育活动的兴趣，方便体育老师及时了解学生的课堂学习情况，诊断课堂，改进课堂，提高课堂教学效率。

运用作文这一作业形式促进体育课堂教学效率的提高，促进学生身心健康的发展，携手语文教师，共同提高学生的学习能力和写作能力，一举两得，值得体育老师尝试。

体育老师指导体育作文课，可以从“动作——游戏——练写——小结”四个环节入手。动作的训练和学习，要注意讲解的规范性和条理性，描述时要突出重点、细节，可以结合自身示范，让学生重复动作要领，课后布置作业，让学生描述动作名称、动作要领、练习的感受等，以便更好地掌握所学动作。课堂游戏要组织有序、讲清规则、明晰流程，课后布置作业，让学生和父母交流游戏体验，说一说游戏名称、游戏规则、游戏过程等，然后写下来。学生练写只是作为一项课后作业，体育老师可以和语文老师商量，共同布置，确保完成的质量，并根据学生作文中反映的问题及时改进课堂。

语文老师利用体育教学资源指导学生写作，首先要了解体育课的教学内容，根据学生的课堂活动情况，结合学期作文训练重点，开展写作教学，帮助学生提高语言表达能力。此外，语文老师还可以深入课堂拍一些精彩照片和视频，借助照片和视频指导学生完成作文。

二、体育课写作教学案例评析

（一）课堂实录

第一课时[①]

（“嘟——嘟——”，老师一吹哨，一比手势，学生成四列横队集合，做到了“快、静、齐”）

生：立正！向右看齐！各小队报数！

（学生依次报数）

生：报告老师，四（1）班 52 人全部到齐。

师：今天，我们先玩一个抓“尾巴”的游戏。

（众生欢呼雀跃，个个兴趣高涨）

① 执教者：福田区新洲小学吴鹏。

师：抓“尾巴”前，同学们解下脖子上的红领巾，把红领巾一头塞进裤腰后，露出另一头当“尾巴”。大家看地上整齐地摆放着两排垫子，游戏时，两人一小组绕着垫子互相抢对方身后的“尾巴”。谁先抢到谁就是胜利者。

师：“预备——开始——”

（众生两人一小组各自围着一张垫子一前一后争抢对方的尾巴，场面很热闹，有的先发制人，猛地扑向对方；有的临阵不慌，你攻我退；有的互相对峙……大部分学生反应敏捷，躲闪灵活）

师：“嘟——嘟——”

（学生很快排好队，成四列横队集合）

师：抓“尾巴”游戏到此结束，请大家跟着老师做放松练习。

（学生喊着口令随老师做放松练习）

师：这节课我们学习新动作——“后滚翻”。做这个动作时，我们要背对垫子，双脚并拢，半蹲，手撑地。（老师做示范）往后滚时，身体稍向前移，随即两手推地，身体后倒，低头，团身向后滚动，同时屈臂夹肘，两手放于肩上，手指向后，臀、腰、背、肩、颈、头依次着垫。（老师做示范）当肩、头着垫时，臀部上翻，两手撑垫，臂撑直成，蹲撑起立。（举图示范）

图 1

（大家一丝不苟地学做“后滚翻”）

师：老师讲解时，很多同学全神贯注，认真听讲，自己练习时也很认真，大部分同学动作完成得不错！谁愿意当众示范？

（学生争先恐后地举起小手，跃跃欲试。一学生走到垫上准备做示范，老师走到学生旁边充当保护者）

师：大家注意观察，老师两只手放在哪？

生：一手放在我背上，另一手放在臀部。

师：观察得真仔细，不愧为观察小能手，我想你肯定是个合格的教练。

师：教练蹲在同学体侧，同学后倒时，一手拨肩，一手托臀，帮助后翻，也可两手扶腰，稍向上提，帮助同学完成动作。

(学生完成动作)

师：这位同学动作完成得多流畅，一气呵成！我们以掌声鼓励这位四（1)班的小能人。

(师生齐鼓掌)

师：在日常生活中什么东西最容易滚动?

生：圆球。(异口同声地回答)

师：四（1）班的同学反应最快！对，做后滚翻动作时，团身要紧，两膝贴胸前，两肘夹紧，及时推垫。接下来，两人一小组练习，轮流做教练。

(学生练习，老师巡回辅导)

师：大部分同学做后滚翻能抱成一团，像滚球一样往后一滚。（众生大笑）有几个同学刚开始动作完成得不太好，但他们不畏困难，一次、两次……一丝不苟地做着，我们为他们鼓鼓劲儿。

(掌声四起)

师：(举图）图上画的是什么?

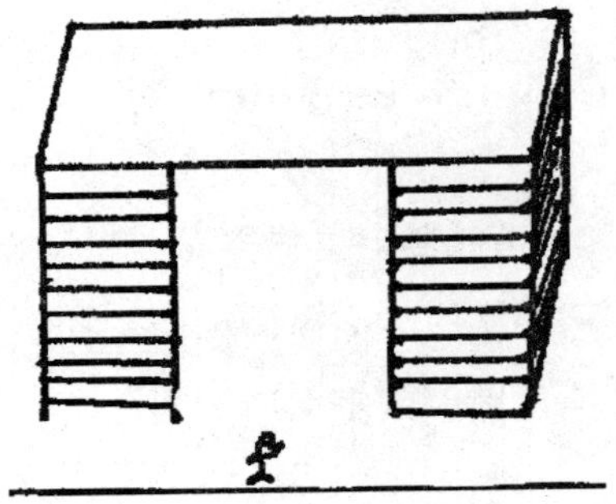

图 2

生：(齐喊）山洞。

师：下面我们玩“搭山洞”游戏。

师：全班分成男女各两队，老师哨声一响，排头的第一个同学手提着垫子向操场另一头跑，把垫子放在指定的方框内，迅速往回返，以击掌形式示意下一个同学继续，最后一个同学把垫子打开做成山洞样。

（学生跃跃欲试，手舞足蹈）

师："预备——开始——"

生：加油！加油！

（大家互不相让，几个队员争先恐后地把垫子放好，又往回跑……同学们挥拳跺脚为队员加油）

师：第一回合比赛结果是，男队第一组获男子第一名，女队第二组获女子第一名。

（获胜者比划着胜利的手势，很兴奋）

师：刚才输的两队别像泄了气的皮球，跺几下脚，为自己鼓劲儿助威！第二回合比赛，各小队分别跑向已搭好的山洞，爬过山洞，再返回。

生：第一队必胜！第三队必胜……

（学生各自的队友加油助威，操场上的欢呼声、加油声此起彼伏，气氛十分热烈）

师：第二轮比赛女子冠军得主为女子第一组，该组吸取了第一轮比赛的教训，在队长带动下，个个不畏困难，勇往直前。俗话说："人心齐，泰山移。"男子第一组以他们的出色表现再次夺得冠军。

（获胜队蹦呀跳呀，那股高兴劲儿没法形容，另两队也很有风度地鼓起掌来）

师：这节课，我们赛出了水平，赛出了风格。大家手拉着手和老师一起做舞蹈放松动作。

（学生兴高采烈地和着节拍随老师做舞蹈放松动作）

师：同学们，我们初步学习了后滚翻动作，还玩了几个有趣的游戏。大家意犹未尽，能不能把体育课的情景写出来呢？

生：能！

师：看来大家充满信心，下节课我们就用笔再现体育课的情景！下课！

第二课时①

上课铃响过，一学生（李明）匆匆赶到教室门口喊"报告"，老师示意

① 执教者：福田区新洲小学邱奕琴。

他进来，他却因为在新教室上课找不到座位而不知所措，只见他在讲台旁焦虑不安，不时用手挠头……直到老师指定一个座位让他坐下。

师：同学们，你们觉得此时李明同学心情如何？

生：李明很紧张。

师：你怎么知道？

生：我看他不时用手挠头，眼睛四处张望，还向老师投去求救的目光，他为自己没找到位置而紧张。

师：你不愧为观察小能手，他的动作、眼神都观察到了！其他同学呢？

生：第一，他因为迟到了，看到那么多老师、同学已就座，所以他很紧张。第二，他为找不到位置而紧张，你看，他额头都冒汗了。

师：说得真好，很有条理性！李明，你自己说一下，你刚才紧张吗？

生（李明）：我刚才的确像同学们说的那样，很紧张，心里像揣了一只小兔子，七蹦八跳的。

师：刚才同学们能猜出李明的心情，是因为注意到他的神态、动作。在平时，我们也要留心观察周围的人和事。

上一节课，我们上了体育课，同学们玩得很投入，请大家回忆一下，上次体育课我们学了什么内容？

生：学了后滚翻，玩了游戏抓“尾巴”、搭山洞、钻山洞。

（幻灯片放映）

师：大家想不想把刚才上课的情景写出来？

生：想！（大家异口同声地说）

师：这节课我们就用笔来写写在体育课中听到的、看到的、想到的、所感受到的。同桌之间互相说说，你准备写什么？怎么写？

（学生津津有味地互相交流，教师巡视指点）

师：这次作文可以写后滚翻，也可以写玩的游戏，要把自己做后滚翻或玩游戏的动作、感受写清楚，不但要写自己，还要注意描写其他同学。

同学们刚才谈得很兴奋，恨不得马上动笔。大家动笔前，我有个要求：大家争取一气呵成，不要看已经写过的文字，不要涂改，不要问别人，不会写的字空着，或用拼音代替。现在开始，时间 15 分钟。实在有困难的，老师准备了一些“锦囊妙计”，举手获取。

（“锦囊妙计”发给部分举手的同学）

好句：

1. 一听说要做游戏，我就像干枯的禾苗受到了微雨的滋润，陡然来了精神。

2. 我的心犹如一面小鼓“咚咚咚”地敲个不停。

3. 队员们挥拳跺脚地给我们喊“加油”。

4. 操场上，欢呼声、“加油”声此起彼伏，气氛十分热烈。

词语：

全力以赴、先发制人、临阵不慌、小心翼翼、急得直跺脚、忽左忽右、并拢、蹲、撑、推、翻、对峙……

（学生埋头作文，教师巡视）

（二）习作讲评

1. **学生习作（一）**

有趣的一节课

王韵扬

伴随着悠扬的上课音乐铃，四（1）班的同学迅速排成四队，整整齐齐地站在操场中央，因为今天四（1）班要上一节别开生面的体育课。

老师突然从我们身后走过来，一脸神秘地笑着，我们不知道老师“葫芦里卖的是什么药”。原来，老师故作神秘，是要让我们做几个小游戏，我们就像干枯的禾苗受到了微雨的滋润，陡然来了精神。

老师说了要先学会这节课的主要内容——后滚翻。要做好这个动作，必须双脚并拢、下蹲、手着地。用力一推，屁股先着地，跟着是腰、背等，到头着地时，双手用力一撑。哈，你就翻过来了！对了，老师说学会了后滚翻，还可以做几个小游戏呢！学完了后滚翻，我们做了“搭山洞”“钻山洞”和“抓尾巴”的游戏，现在单讲“抓尾巴”。

“开始——”老师一声令下，我的心犹如一面小鼓“咚咚咚”地响个不停。我的对手是杨诚，我俩你追我躲，你躲我追，就这样忽左忽右地躲着对方，同时也想拽下对方的“尾巴”。后来，我和杨诚玩得不分胜负，终于在那千钧一发的时刻，杨诚一把拽住了我的“尾巴”，使劲一拉。“哎呀，你把我的尾巴拽掉了！”“哈哈，王韵扬，你的‘尾巴’被我拽下来了！太棒了，我终于把你的‘尾巴’拽下来了！”杨诚兴高采烈地说道。老师喊“停止”，游戏结束了，我没能抓到别人的“尾巴”，再看看别人开心的样子，我有点失落。但是我们不能灰心，因为战斗还未结束。

我们队玩“搭山洞”的游戏，输了，但在两次“钻山洞”时，胜利了！直到今天，大家还沉浸在快乐的时光中。

师：为什么老师要展示你的习作?

生：我写得棒!

师：蛮自信的，我也觉得，大家给点掌声。

(学生热烈鼓掌)

师：你能不能说具体点?

生：我写后滚翻能把有关的动作写出来；写抓“尾巴”，能把我被抓时两人的不同表现写得具体。

师：你想不想知道有多少人喜欢你这篇文章？你自己问问大家。

生：喜欢我文章的同学请举手!

(约有 30 人举手)

生：谢谢大家对我的支持！请同学们评点我的文章。

(学生自己依次点同学评文章)

生：我觉得她文章有不少好词，如整整齐齐、你追我躲、你躲我追、拽下、不分胜负、兴高采烈，用得恰当。

生：写抓“尾巴”，两人的神态、动作、语言写得具体生动。

生：她能把上课时自己怎么做、怎么说的写下来。

师：其实写作文就是把怎么做、怎么说的如实写下来。下面我们再欣赏一篇习作。

2. **学生习作（二）**

抓“尾巴”

许邦铭

“抓到你啦！”“看你往哪儿逃！”咦，这些是什么声音呢？原来是四（1）班的同学正在玩“抓尾巴”这个游戏呢！

今天上体育课时，老师笑着对我们说：“同学们，我们来做一个游戏好吗?”我们异口同声地说：“好！”于是老师拿了几十个垫子放在操场上，再把它们两个两个地叠在一起。然后，老师说了游戏规则：两人一组，把红领巾夹在裤子中间当“尾巴”。接着，两个同学在垫子间追对方，直到把对方的“尾巴”拿下来为止。在五分钟内谁被对方捉到“尾巴”次数越多，谁就输，反之就赢。老师讲完规则，同学们已跃跃欲试，一个个摩拳擦掌，做好了充分的准备。

老师一声令下，游戏便开始了。我和周易霄都戴上了“尾巴”，在一块软垫之间互相追逐着。过了一会儿，我趁他不注意，突然改变了方向来追，他迟疑了一下，马上以百米冲刺的速度跑了，我跟在后面穷追不舍。终于，他在一个转弯处朵闪不及，一把被我揪住了，他的“尾巴”也被我顺手拽了下来。我哈哈大笑，得意洋洋地对他说：“你看，我把你的‘尾巴’拿下来啦！”高兴之余，我又看了一下其他同学，发现大家的神态各不相同。有的同学正在忽左忽右地捉同学的“尾巴”。有的同学已跑得气喘吁吁了，还指着另一个对着他做鬼脸的同学说：“你逃不了啦！”还有的被别人拉下了“尾巴”，像个泄了气的皮球，垂头丧气地站在那儿。而拉下别人“尾巴”的人则叫着：“我捉到了，我捉到了！”全班同学都沉浸在欢乐的气氛中。

突然，一阵优美动听的音乐声传入了我的耳中，我才恍然大悟，原来是下课了。同学们只好依依不舍地回到了教室。可是那欢乐的情景深深地印在我的脑海中，久久不散，久久不散……

生：我觉得这次文章很好写，因为我喜欢上体育课，玩得又有趣，有东西可写。

师：你给自己打多少分？

生：我觉得可以打 90 分。喜欢我文章的同学请举手。

（全班同学几乎都举手）

师：看来你的支持率蛮高的嘛！

生：请同学们指出我文章的优缺点。

生：许邦铭很擅长用词，文中用了异口同声、跃跃欲试、摩拳擦掌、穷追不舍、得意洋洋、气喘吁吁、垂头丧气、恍然大悟、依依不舍这些词。

师：要想文章写得好，平时要注意积累。

生：这篇文章开头以声音引入，这样写比较新颖。

生：“躲闪不及”的“躲”写成了“朵”。

生：许邦铭写抓“尾巴”，不但写自己怎么抓，还写了其他同学的表现。

师：写活动场面，要注意点面结合。下面我们再欣赏一篇习作。

3. **学生习作（三）**

钻“山洞”

田小北

今天，同学们上了一节别开生面的体育课。在课上，老师教了同学们一个有趣的游戏，这个游戏叫作“钻山洞”。

开始做游戏了，同学们个个精神抖擞，站到了自己的位置上，一个个摩拳擦掌。只听老师一声哨响，排在第一排的同学像是接到了命令的军人，立即飞快地跑起来。由于我队排在前面的同学跑得比较慢，所以我们三小队落后了，我急得直跺脚。但是李明却说：“不怕，我会追回来的！”我听了他的话，也有了勇气，高声喊起来：“加油，加油，努力加油！”慢慢地，在三小队全部队员的努力下，我们把差距一点一点缩小了。

到我了。我的手与另一位同学的手一碰，就飞快地跑了出去，这样我就超过了其他队的队员。我心里一直在想：不要输，不能输。我是最棒的，我绝不会输的。我跑到了“山洞”前面，我弯下腰，弓下腿，钻进了“山洞”里。钻出“山洞”时，我差点儿摔了一跤。这时，其他三队的三名队员也冲了过来。我的心又开始跳快了。我想起体育老师教过我们，踮起脚尖会更快。我钻出山洞，马上踮起脚尖，飞快地跑了回去。我终于以第一名的成绩回来了。

这节课可真有意思啊！上完了这节课，我更觉得身体好很重要。

生：我觉得自己写出了上课的情景，特别是写“我”怎么钻“山洞”。请同学们多多支持我，喜欢我文章的同学请举手。

（约有 40 人举手）

生：请同学多多指教。

（学生在笑）

师：你说话还挺幽默的！

生：这篇文章条理很清楚，句子很通顺，比较符合这次作文的要求。

师：你评得真好！

生：这篇文章在心理描写方面写得好。

生：写“看到自己队的队员落后了，急得直跺脚”，写得生动。上课时我也这么做，但我没能写出来。

师：要想提高写作水平，除了多读多练，还要多评他人的文章，取他人之长，补己之短。

（三）案例评析

小学生都喜欢体育课，孩子好动、活泼的天性在体育课上表现得淋漓尽致，他们快乐地做游戏、兴奋得大叫、积极地比拼，一切都是那么自由。体育课的活动空间很大，活动形式多样，活动内容精彩，学生想动就动，想叫就叫，和在教室里听课完全不一样，没有拘谨，没有约束，没有害怕。运动是孩子生活中的主旋律，应该成为学生习作的主要关注点。

体育课不仅锻炼学生的观察能力，而且为学生写作提供丰富的素材。运动作为大脑最好的营养，也能全方位地开发学生的智力。同时，体育教学与写作教学的结合，能促进学生更好地参与运动，提高动作训练的效果，两者相辅相成，相互促进，共同提高。

从目标来看，体育教学要求学生了解原地起跳的技术方法，学生在各种跳跃练习中，增强下肢的力量，并结合游戏，提高上肢的运动素质，做到身体素质的全面发展。作文训练要求学生逐步养成在课堂中观察体验的习惯，学习写一项活动，写出自己的感受。体育训练需要观察的参与，学生了解原地起跳的方法，需要认真听老师讲解动作要领，认真观察老师的示范动作，认真分析动作细节。体育活动中的情感体验，为作文提供了鲜活的素材。课堂的游戏活动，既是课堂动作训练的延续，也是强化学生体验的催化剂。学生练习原地起跳，做传球接力的游戏，只要留心观察，精彩镜头非常多。而写文章的过程，既巩固了体育课的学习内容，提高了学生的动作学习能力，又强化了积极的情感体验，两者的终极目标是一致的。

从课堂内容来看，体育课上练习的各种跳跃动作和开展的游戏，非常适合学生的年龄特点和心理需求。先是准备活动，绕操场慢跑一圈，再做徒手操——腕踝关节、头部运动、腰部运动、弓步压腿、侧步压腿、下蹲运动。接着，练习跳，第一跳是原地向上纵跳，动作要领包括下蹲、屈膝、手臂摆动与蹬地起跳一致；第二跳是原地向前屈身跳，动作要领有双脚前脚掌用力蹬地，手臂协调摆动，向前上方跃起，落地缓冲；第三跳是原地两脚相交跳，动作要领有前脚掌用力蹬地起跳，两臂用力向前上方提起，上下肢配合动作有力协调。

在这些活动中，处处都有素材，处处都可以成文。

课堂上老师展示的三篇学生习作，就是从各自不同的角度写体育课的，都是叙事的文章，这和四年级的作文训练重点相关。其实，从题材的角度讲，记叙文可以写人，也可以写事。

写人，可以描写同学练习动作、参与活动、进行比赛等环节中体现的合作、团结、刻苦、坚毅、顽强的精神。每一个同学都可以成为自己认真观察的对象和写作的对象，他们在体育课上的表现，一举一动、一言一行都可以认真记录下来。

写事，可以写活动，写游戏，写比赛，写测验，写合作，写竞争……语文教材中要求的写事习作训练我们都可以在这节体育课中找到素材，比如：玩中的乐趣或收获、动脑筋解决问题、观察日记等。

可以说，只要学生有心，每一个教学环节都可以写成文章，而且能够写成各种题材的文章。当这种整合性的训练成为一种教学常态，势必能引导学生养成良好的听课习惯：注意倾听，及时记录，提高效率。

总之，体育和作文的关系非常密切，正确处理好两者的关系，让孩子动起来，尽情抒写课堂的精彩，这既解决了作文的素材问题，让学生有话可说、有话愿说，同时又能提高学生参与体育活动的积极性，提高动作训练的效果，从而实现双赢。

上面的案例充分体现了两者的和谐关系，从课后的调查来看，学生兴趣浓厚，90%的学生喜欢这种教学形式。从课后的效果看，作文优秀率将近30%，远远高于平时。

第五节　美术课写作教学流程及案例评析

一、美术课写作教学流程

美术课围绕“造型·表现”“设计·应用”“欣赏·评述”“综合·探索”四个学习模块，引导学生以个人或集体合作的方式参与各种美术活动，学习美术欣赏和评述的方法，丰富视觉、触觉和审美经验，体验美术活动的乐趣，提高欣赏美、创造美的能力。

美术作文则围绕着学生的学习、体验、活动、交流、收获，以文字形式记录学习美术的见闻、心得。美术课写作教学是指老师指导学生根据美术课的内容和有关美术活动进行文章的写作。美术作文课的指导者，可以是美术老师，也可以是语文老师。

和语文老师一样，美术老师同样肩负培养学生写作能力的职责。学习美术同样离不开观察能力，美术课堂上教学生写生——画一棵树、一朵花、一片草地或是画人物速写，老师首先要培养学生良好的观察能力，教学生运用观察方法，学会按顺序、抓特点地观察物体。而且，美术课也要训练学生的表达能力，引导学生欣赏、评述美术作品，需要学生具有良好的语言表达能力。此外，还要训练学生的想象力。没有想象力，学生的美术作品也就没有了活力。这些能力的培养是美术课教学的重要任务，无形中也为写作教学奠定了基础。美术老师布置学生写美术作文，引导学生完成美术写作的任务，也是美术教学的需要。美术写作可以唤起学生重温美术学习的快乐，提高美术课堂的学习效率，提高学生的审美能力。尤其是学生为自己的作品配上一段文字，介绍一下自己的构思过程和创作内容，使整个作品图中有文，文中有画，图文结合，相互见证。

美术老师指导学生写美术作文，一般可以从“绘画——制作——欣赏——体验——练写——评讲”等一系列环节入手。“绘画、制作、欣赏”

作为美术课的教学内容，和平常的美术教学没有区别，美术老师只需要按照基本的教学程序来完成教学任务。同时，结合“绘画、制作、欣赏”等美术活动，引导学生交流心得体会，写一写绘画的想法、制作的过程、欣赏作品的看法，以此强化学生的体验。然后，针对学习内容布置拓展性作业：看图作文，为自己的图画配文字，写美术作品的介绍等。对学生美术作品的评讲主要围绕学生对美术知识的掌握情况以及学生欣赏美、创造美的能力进行点评，并结合学生的作文，诊断课堂，改进课堂，进一步提高课堂教学效率。

语文老师要善于结合美术课开展作文教学，要了解美术课的学习内容，善于发现美术课学习内容和学生作文训练的联系，充分利用美术课丰富的学习活动及其内容进行作文训练。一般来说，语文老师可以从“回顾——交流——指导——评讲”等一系列环节入手。先回顾美术课堂的学习内容，引导学生说一说美术课是怎么上的、学了什么内容、自己对哪些内容最感兴趣，然后选择一个训练重点，指导学生完成作文训练，作文评讲也要围绕着作文训练的目标进行。

二、美术课写作教学案例评析

（一）案例概况

1. 学习目标

学科目标：学习用彩色纸制作各种花的花瓣，把花瓣组合成一朵朵美丽的花，提高学生的动手能力，让学生体验设计、制作的乐趣。

作文目标：学习写一个活动，能把活动的过程写清楚，写出自己的真情实感。

2. 课堂情景

（1）出示范例，引起兴趣

让学生观察老师制作的花朵：一张张彩纸可以变成美丽的花朵，一朵朵美丽的花朵可以表达我们对老师的爱。马上就到教师节了，让我们自己动手制作一朵美丽的花送给老师。

（2）解剖范例，了解制作过程

①准备工具：彩色纸、胶水、剪刀。

②设计花瓣：鲜花由一片片花瓣组成，先设计花瓣的形状——一个花瓣设计好，其他花瓣与第一片一样。每个人动动脑筋，想想平时看到的花都有怎样的花瓣，把它画出来，再重叠剪出若干片。

③组合成花：了解自然界中花的造型特点，同时充分发挥想象力，有创意地组合花瓣，再用胶水、双面胶、彩色纸做一个花托，使花可以放在桌上。

（二）习作指导

美术课上有很多制作活动，这些都可以成为学生的写作素材，而通过写作，学生不仅重温了美术课的精彩趣事，而且把握了课堂的过程，提高了学习的效率。那么，怎么把这些精彩的制作活动写下来呢？

1. **写清制作过程**

做事要有先后顺序——先做什么、再做什么、最后做什么。要有条不紊，这样才能把事情做好。制作一样东西，也是有步骤的，第一步完成了，才能做第二步，每一步都完成好了，才能把东西制作好。小小的一朵花，看似简单，但要用纸把它制作出来，还是要费一番心思的，尤其要把它制作得精美一些，必须下功夫。制作步骤是什么样的呢？先准备工具，然后制作一个个花瓣，再把花瓣组合起来，最后制作花托，让花立起来，一朵花就完成了。制作时，我们按老师的要求一步一步完成了；写作时，我们要回顾一下当时的制作情景，先交代我们为什么要制作花，接着，我们准备好制作工具，开始设计花瓣，然后就是组合成花了。过程清楚了，写起来就很有条理，就不会乱。

2. **把动作写具体**

制作活动就是要训练大家的动手能力，要想把制作活动写具体，就要把大家在这个活动中的具体动作写清楚，要学会“分解动作”。“制作花”这是一个大动作，这个动作可以分解为：准备工具、制作花瓣、制作花朵、制作花托。而制作花瓣又可以分解成：选纸、叠纸、画花瓣、剪花瓣。我们还可以继续细分，比如，画花瓣可以分解成思考、拿笔、选点、画线、修改、成形等具体动作。这样，我们就能把动作写具体、写细致。

（三）范文欣赏

“鲜花”送老师

马上就是教师节了，怎么表达对老师的敬意呢？以往都是买卡片，写上祝福语，今年总不能又重复一次，浪费钱、浪费纸，一点创意都没有。正着急，没想到美术老师替我解了燃眉之急——老师教我们用彩纸制作“鲜花”。把这作为教师节的礼物，真是太好了。

老师拿出自己制作的紫玫瑰，一个个花瓣簇拥在一起，若不是老师提醒，我还以为是真的呢。接着，老师告诉我们：“制作花朵的工具都已经准备好了，大家检查一下，看齐全吗？彩色纸、剪刀、胶水。好了，大家想想准备制作什么花呢？想好了，就开始制作花瓣，挑选好合适的彩纸，在纸上画好图形，再剪下来，然后把花瓣组合起来，最后做一个花托把花立起来。”

听清老师的要求，我已按捺不住。我决定制作一朵百合。我喜欢百合，大方纯洁，芳香宜人，就像我的语文老师，她用高贵的品质影响着我，让我爱上学习，爱上作文。我挑选了一张白纸，仔细地把它抚平。纸很大，分别对折两次后就和课本差不多大小了。我小心地把纸压平，拿起铅笔，开始画花瓣的轮廓。柳叶般，但宽大些，流线型的外表，一切近乎完美。再用剪刀沿着画好的线小心地剪出花瓣。

现在开始做花了，我把四个花瓣小心地按对称的方式粘好，用碎纸卷成一支支花心，插在花瓣中心，然后用白纸在花瓣底部做了一个花托，一朵百合就完成了。

捧着这朵百合，我高兴极了。我恨不得马上就给老师送去，把我的祝福送去，把我对老师的深深敬意送去。

下课了，我捧着百合，来到老师的办公室。钟老师正埋头批改作业。

“钟老师，教师节快乐！这是我特意为你制作的百合花，希望你喜欢。”

钟老师放下手头的作业，满脸笑容，认真地接过我送的花，把它插在书桌的笔筒里。

百合亭亭玉立，多像我们敬爱的老师！

（四）案例评析

《义务教育小学美术课程标准》指出：教师应鼓励学生进行综合性与探

究性学习，加强美术与其他学科的联系、与学生生活经验的联系，培养学生的综合思维和综合探究能力。

美术和写作都属于艺术，都需要表现作者对现实世界的观点、看法、感受，都需要深入生活、了解生活，需要善于观察的眼睛。两者唯一的区别是表现的方式不同：前者用线条、色彩，再现艺术家的图画世界；后者用文字，带给我们神奇的文学天地。两者还时时融合：《达·芬奇密码》是一部小说，却同时告诉了我们很多美术知识和欣赏作品的方法；我们的美术教材，尽管一切都围绕着美术作品，但基本上还是用文字来表现对美的独特体验和欣赏的不同角度；我们现今流行的绘本阅读，其图文结合的形式更说明了两者的关系。

基于以上认识，美术作文课应从两者的共同目标出发，开展活动，强化体验，提高学生的动手能力、观察能力和表达能力。

上述案例中，老师立足于发展学生的感知能力和形象思维能力，让学生首先学会观察。老师一上课就出示彩纸做成的花朵，让学生观察。在这个环节中，教师可以引导学生掌握一些基本的观察方法，训练学生的观察能力以提高课堂效率。美术教材的编排也特别强调观察，每一个单元的学习都和观察密不可分。

小小的纸花，千姿百态。教师可以引导学生从不同的角度观察——正面看，侧面看，从上往下看，从下往上看。同时，说说看到的花色，及心中的影像，展开联想。教师可以做适当的示范，提醒学生如何更好地观察。另外，老师还设计了展示成果和交流体会的环节，让学生能根据制作的美术作品，交流自己的想法，并对作品进行评述。

"欣赏·评述"是美术学习的四个模块之一，小学美术课程标准指出，学生应学会对自然美和美术作品等视觉世界进行欣赏和评述，逐步形成审美趣味，提高美术欣赏能力。除了通过欣赏获得审美感受之外，还能应用语言、文字等表述自己对自然美和美术作品等视觉世界的感受、认识和理解。同时，应结合不同的年级，提出不同的欣赏和评述的要求。比如，对三四年级的要求是：观赏自然景物和各种美术作品的形、色与质感，能用口头语言或书面语言对欣赏对象进行描述，说出其特色，并表达自己的感受。于此进一步建议：欣赏画家创作的、学生感兴趣的和易于理解的美术作品，对作品进行简单的分析；以调查、汇报的方式，欣赏所在地区有特色的建筑，了解其艺术形式的特点和功能；欣赏情节性较强的中外美术作品，认识该类美术作品的特点；举办小型的展览活动，向同学们介绍自己收集的美术作品或印刷品。同时，对学生提出评介要求，即能否用恰当的词语、短句等表达自己对美术作品的感受。

显然，学生能够交流并评述作品，既是美术课程标准的要求，也是语文写作能力训练的一项重要内容。学生学会用规范、准确的语言，完整地描述所看到的作品，是美术学习的要求，也是语文学科的要求。学生在介绍自己的花托时，应交代制作的过程，如每一步是如何做的，其间遇到了什么困难，是如何解决的等，用完整的话将这些内容说清楚。学生在评述别人的作品时，可以从制作者、制作的过程、制作的结果等方面发表看法。通过这种方式，不断训练学生的欣赏、评述能力。

美术是一门与生活联系十分密切的学科，生活中处处有美术。美术教学应贴近学生生活，引导学生从生活中认识美术，走进美术世界。美术教育主要是引导学生参与各种美术活动，体验用各种工具、材料进行制作的过程，学习美术欣赏和评述的方法，丰富视觉、触觉和审美经验，享受美术活动的乐趣。生活中的豆子、纸杯、报纸、沙子、螺丝钉、铝管、灯泡等各种物品，经过“艺术家”的简单加工，都能变成精美的艺术品。

案例中的美术课是手工制作。小学美术课中有很多关于手工制作的内容，要求学生能尝试用身边容易找到的各种材料进行简单组合和装饰；能了解一些简单的创意和手工制作的方法，进行简单的设计和装饰。利用各种彩纸制作花托，并加以装饰，成为一件艺术作品，并作为节日礼物送给教师，这更体现了美术和生活的关系，且能够教育学生做生活的有心人，提高学生的审美情趣和审美能力。

语文教师可以结合美术课堂内容进行作文训练，整合美术课的学习资源，结合作文训练的要点，指导学生学会写活动，能够写清活动的过程，写清活动的细微动作，从而把活动写具体。

本节美术作文课就是根据手工制作活动，指导学生写作。美术老师教会学生制作花托，然后教学生写制作过程、制作活动，学生由此进一步回顾教学内容，精细准确地表述活动的每一个环节，这就相当于进一步温习所学内容，而且使写出来的内容能长久留存在大脑的记忆中。其实，美术老师也可以借助这一形式的作业，检查学生听课的效率和课堂教学的效果。语文教师的指导，也是在帮助美术老师，即强化学生学习美术的兴趣，提高美术课的学习效率。

第六节　音乐课写作教学流程及案例评析

一、音乐课写作教学流程

音乐课写作教学，以音乐课堂、音乐活动为素材，引导学生表达学习音乐过程中的见闻、感受、收获。音乐写作教学是一种新型的作文教学形式，也是一种新型的音乐教学形式。音乐作文课的指导者可以是音乐老师，也可以是语文老师。如果语文老师兼任音乐老师，这一课型的实施就更容易，效果也会更好。

作为音乐老师，是否有必要进行音乐作文的指导？这是否增加了音乐老师教学的困难？正如科学老师指导写科学作文，美术老师指导写美术作文，体育老师指导写体育作文一样，都存在这一困惑。首先，必须重申作文教学不仅仅是语文老师的职责，语文老师要训练学生的语言表达能力、表达技巧、表达方法，而学生的观察能力、思维能力、想象力以及对事物的认识、感受，则需要各学科教学的训练和指导。没有学过音乐，学生写不好声音，文章有色无声，同样没有生趣。音乐教学不仅要引导学生热爱生活，培养学生做生活的有心人，而且要不断丰富学生的想象力、创造力、思维能力。课堂上，音乐动作化，动作音乐化，在音乐的旋律中师生互动、生生互动，学生独立思考，交流情感，提高审美能力，为学生写作提供了多样化的素材。

同时，音乐作文的写作能够帮助学生梳理音乐学习内容，能够丰富音乐形象，强化学生的音乐感受，提高音乐课的学习效率，为学生进一步学习音乐打好基础。学生欣赏《月光曲》，听音乐后脑中形成一定的影像，然后根据教师的讲解，展开联想和想象，写出内心的感受，用文字来描写音乐，把流动的旋律变成文字。这对音乐教学也很有帮助，便于教师了解课堂教学效果，诊断教学，改进教学。

音乐作文包括想象作文、听音作文、人物速写、音乐故事、音乐欣赏、创编歌词、歌词扩写等。音乐老师首先要基本掌握这些文体的写作，而对音乐作文课的指导可以从“音乐学习——交流——练写——评讲”等环节入手。音乐学习按正常的教学设计进行，该唱的时候放声唱，该跳的时候尽情跳，该听的时候静心听，根据教材要求和训练目标，有条不紊地进行。然后结合音乐学习，引导学生交流心得体会，并根据所学内容，设计作文练写内容，布置学生写一篇相关的音乐作文。最后，根据音乐学习目标、学习内容及学习结果来评讲音乐作文，了解学生音乐学习情况，并根据学生作文中反映出的问题，改进教学、提高效率。

音乐教学架设了音乐和生活的桥梁：结合学生的生活，让学生回想快乐的时光并交流、分享听觉体验，或用语言和动作分别再现快乐的感觉，这一教学情境本身除了为体会音乐服务，也对学生描写人物心理的写作进行了观察、体验、表达的训练。在学生充分体验、感受、交流的基础上，老师可以引导学生写一件开心的事情，或者写一节开心的音乐课，如实记录音乐课的上课情景及同学们的活动、交流、感受，作为音乐课的延伸、拓展；还可以引导学生强化音乐的情绪体验，提高学习音乐的兴趣，并且从学生的文章中了解课堂教学效果，诊断课堂，改进课堂。学生则能够在这种学科写作中学会学习，学会表达音乐感受，学会多种表达技巧。

语文老师在作文教学中首先要引导学生选材，引导学生挖掘生活素材。语文老师要关注学科生活，深入学科生活——这一点既容易把握，又利于教学相长。教师“容易把握”是指：学科生活就在身边，就发生在校园，教师容易了解也方便了解。学生共同相处、经历相似，但感受各异；生活情境大致一样，但表述的角度千差万别，因而内容的呈现也就会丰富多彩。同时，关注学生的学科课堂表现和学习状态，引导学生描述学科生活，语文老师由此反观自身的教学状况，改善教学方式，促进学生学习，提高教学效率，从而使教与学在相互关联中共同提高。

二、音乐课写作教学案例评析

（一）案例概况

1. 学习目标

学科目标：通过欣赏管弦乐组曲《动物狂欢节》，听辨不同乐器的音色，感受乐曲所表现的不同音乐形象。

作文目标：了解和学习观察的方法，学习记叙一件事，写出自己的感受。

2. 课堂情景

（1）听老师说

①动物是人类的朋友，我们大家都很喜欢。你们听：一个风和日丽的早上，在一片茂密的森林里，这些可爱的动物欢聚一堂，尽情嬉戏，后来，一只威严的狮子缓缓从森林深处走来，顿时，动物们……

下面请大家欣赏《引子与狮王进行曲》，大家尽情发挥想象，仔细体会一下引子部分表现了怎样的一个场面。

②乐曲中出现了好几次狮王主题曲。大家一起唱一唱。

③请大家根据图谱，边听音乐边表演。

（处模仿狮王走路的样子，“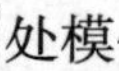”处模仿狮子吼叫声）

④描述一下你对狮子的印象，运用肢体动作表现狮子的威严。

⑤谁能描述狮子出现时的情景变化？

⑥我们大家一起来想象一下迎接狮王的场面。小动物们列队两旁，毕恭毕敬，迎接狮王的出场。（同学们戴头饰表演）

⑦同学们在听、想、说、演中体会了《引子与狮王进行曲》所描绘的情景，大家能不能把这一情景写出来呢？

⑧欣赏《动物狂欢曲》，想一想音乐表现了哪些动物，分别是怎么表现的？

（2）看我们做

掠影一：某生走到讲台上，先伸了个懒腰，然后抬头挺胸，双手叉腰，瞪大眼睛威严地扫视大家。

掠影二：一同学戴上头饰，昂着头，张着大嘴。老师指着黑板上的弧线，一比划，该生晃动着脑袋夸张地大吼一声。

掠影三：黎明同学戴上头饰，并拿来一根绳子绑在腰后当尾巴。同学们一阵大笑，手指着他的大尾巴。黎明同学大摇大摆地走上讲台，尾巴拖地，两只手缩在胸前，好像想着随时捕捉猎物。同学们笑得更厉害了。老师一放音乐，黎明同学就极有节奏地扭动着腰肢，还不时用手握着绳子用力甩动着“尾巴”，同时和着音乐，大吼几声。前面的同学赶紧往后缩，双手抱紧头，生怕受到狮子的攻击。教室里又是一阵哄笑声，这下更热闹了。

掠影四：演狮王的同学戴上头饰，身披斗篷，手握手杖。其他同学纷纷戴上自己喜欢的动物头饰和着音乐跳舞。狮王主题曲一响，狮王出场了，演小动物的学生立刻停止了跳舞，迅速排成两队，高呼“狮王万岁，狮王万岁！”场面非常热闹。

掠影五：某位同学平静地听着音乐，好像要和音乐融为一体。他似乎在看着黑板，又好像没有看着黑板，眼睛一会儿闭着，一会儿睁开，他一下摸着头，一下摇晃着脑袋。突然身子一哆嗦，好像受到惊吓……

（3）精彩描述

生：我喜欢大笨象，走路很笨重的样子。它有一根灵巧的鼻子和一条灵活的尾巴，耳朵可大啦！

生：我喜欢小鸟，它有一对漂亮的翅膀，能自由自在地在天空中飞翔。

生：我喜欢孔雀，美丽的尾巴一抖动，像一把五彩洒金的大扇子。

生：我仿佛看到一轮红日普照着大地，森林里一片欢乐。

生：小鸟儿早早起床，站在树梢上快活地唱着歌。

生：鸟妈妈非常勤劳，飞来飞去给出生不久的小鸟捉来又肥又嫩的虫。

生：在不远处的一棵高大、挺拔的松树上，有一群猴子在玩耍，你看那只母猴子在给小猴子喂奶，有几只小猴子正在玩荡秋千，玩得可欢了。

生：狮子昂着头，张着脸盆似的大嘴，打了一个哈欠。

生：狮子打了一个哈欠，全身一抖，便迈开大步往前走。

生：一声狮吼，一只矫健的狮子从树丛中窜了出来。

生：狮子威严地走来走去，可真像个神气的大将军。

生：狮子不停地甩着大尾巴，一声怒吼，山石也会颤抖。

生：狮子伸了一个懒腰，大摇大摆地走出来，边走边吼叫。

生：在草地上做游戏的小白兔怕得躲起来不敢出来。

生：狮王大摇大摆地走来了，大吼一声，那些胆小的动物吓得腿直打哆嗦。狮王大笑，又吼了一声，小动物吓得魂飞魄散，狮王又哈哈大笑，又连续吼了几声。因为吼得太大声了，最后它累得倒下了，还一个劲儿地喘着粗气。

（二）习作指导

这是一堂精彩的音乐课，同学们先听音乐，再交流感受，然后上台表演。课堂时而安静，大家沉浸在音乐流动的旋律中；时而热闹，大家仿佛在和音乐中的动物一起狂欢。课后，你是否还在回味这堂有趣的课？是否还记得课堂上发生的精彩细节？是否记下了同学的精彩描述？在课堂上，我们要做一个高明的观察者，用我们的眼睛、用我们的心来记录课堂情景。

我们先听一个故事：

有一次，高尔基、安德烈耶夫、布宁三位苏联作家在意大利那不勒斯城的一家饭馆里，举行过一次观察比赛：当一个顾客走进来后，限定观察3分钟，然后把自己的印象说出来，比一比谁描述得更具体、细致。

门开后，走进一个人。

3分钟后，高尔基说："这是一个脸色苍白的人，穿着灰色的西服，一双细长发红的手……"

安德烈耶夫看了看高尔基，皱了皱眉头。他实在没有看清来人的模样，只好随便说了几句，结果都没说对。

轮到布宁发言了，他从那人服装的颜色、式样，说到打着小花点的领带，还详细描述了那人的身材、姿态，甚至连那人小指上的指甲有点不正常、身上有一个小瘢痕也说得清清楚楚，最后布宁说："这个人可能是个国际骗子。"

刚巧服务员过来了。他们就向服务员打听那个人的情况，服务员说："这个人，谁都弄不清他是从哪里来的，经常在街头行骗，名声坏得很。"

你们看，布宁的观察多仔细——一个人走进酒店，穿着什么样的衣服，打着什么样的领带，身材、姿态有什么特点，甚至小指的指甲都留意到了。在认真观察的基础上，布宁判断这人是"一个骗子"，后经核实，果然如此。

课堂上，我们可以观察老师，也可以观察身边的同学，观察他们在课堂上说了什么，做了什么。比如，大家谈音乐的感受，一位同学说："狮子真威风，它一出场的音乐让人紧张、害怕。"我们记下这位同学说的话，同时也要留意他说话时的声音、语气、姿态甚至动作。他说得大声还是小声，是抬头挺胸、充满自信地说，还是结结巴巴边想边说，和他平时的发言有什么区别，等等。谈到“紧张、害怕”，你当时有这种感觉吗？如果有，你当时有什么反应，脑中有什么影像……这样，我们对课堂的把握才深入细致，我们描写课堂，才会有话可写。

再看课堂的几个热闹的场景，如描写课堂表演，哪几个同学上台，分别演什么角色，他们怎么演的，谁演得好，这些都可以写出来。比如，演狮子的同学出场了，他昂起头，大声吼叫，身子大摇大摆，尾巴有力地挥动着，他的表演获得同学们的热烈掌声。那么，同学们是怎么观看表演的，每个同学笑得有什么不同，都是描写的重要内容，这课堂的狂欢我们可以这样来描述，我们要“看在眼里，记在心里”。

听了《动物狂欢节》这组乐曲，我们眼前一定会出现一个个鲜活的场景，我们可以大胆地想象，在头脑中再现动物世界的生活故事，每一个故事都有自己对音乐的独特感受。实际上，只要大家认真观察，用心体验，我们总是会有自己独特的东西，而这正是文章的生命力。

这堂音乐课让同学们在音乐中进入动物王国，认识了威武的狮子、笨重的大象、聪明的猴子、机灵的松鼠，等等。课堂上热闹非凡，同学们兴致勃勃。当我们用笔再现课堂的精彩时，不仅重温了上课的内容，加强了对音乐的理解，巩固了所学知识，还能积累更多的写作素材。

（三）案例评析

音乐是用来表达人们思想感情、反映现实生活的一种艺术。文学是以语言为手段塑造形象来反映社会生活、表达作者思想感情的一种艺术。显然，两者关系密切。同样是表达思想感情、反映现实生活，作文用的是文字，而音乐用的则是声音。小学音乐课程标准特别强调学科综合，并指出音乐教学的综合包括音乐教学不同领域之间的综合，音乐与舞蹈、戏剧、影视、美术等姊妹艺术的综合，音乐与艺术之外的其他学科的综合。音乐知识的传授、音乐灵感的表达、音乐形象的刻画、音乐理论的传播都离不开写作，只有通过文字，才能传达音乐创作的思想、经验，才能更好地促进音乐理论的传播。而音乐优美的旋律、明快的节奏、深邃的思想、起伏的感情，又能极大地丰富学生思想，陶冶学生性情，引起学生联想，从而促进学生更好地写作。

1. 音乐让作文有了声音

我们生活在一个充满声音的世界里，我们的耳朵，无时不在聆听着各种各样的声音；我们的作文，也要经常写到声音。作文中的声音描写是需要用心去感受的。老师经常要求学生的作文要有声有色，描写事物要全面细致，但很多学生写作时既不会描写色彩，更不会描写声音，结果文章无声无息，非常沉闷。作家鲁彦用声音写出了大海的独特："战鼓声，金锣声，呐喊声，叫号声，啼哭声，马蹄声，车轮声，机翼声，掺杂在一起，像千军万马混战了起来。银光消失了。海水疯狂地汹涌着，吞没了远近大小的岛屿。它从我们的脚下扑了过来，响雷般地怒吼着，一阵阵地将满含着血腥的浪花泼溅在我们的身上。"白居易的《琵琶行》堪称描写音乐的经典之作，写出了琵琶声的复杂多变："大弦嘈嘈如急雨，小弦切切如私语。嘈嘈切切错杂弹，大珠小珠落玉盘……银瓶乍破水浆迸，铁骑突出刀枪鸣。曲终收拨当心画，四弦一声如裂帛。"

音乐训练我们耳朵的灵敏性，而音乐教学则要求学生能感受自然界和生活中的各种声音，能够感受并描述音乐中力度、速度的变化，能够初步辨别节拍的不同，能够听辨旋律的高低、快慢、强弱，能够感知音乐主题的变化，并能够运用体态或线条、色彩作出相应的反应，能够用自己的声音进行模仿。音乐课让学生学会细心聆听，仔细揣摩，并学会用文字恰当地表达声音蕴含的情感，在此基础上，学生如能自觉进行"绘声"练习，其文章将会充满动感的乐音，将流淌着美妙的旋律。

2. 音乐培养学生的想象力

音乐家创作音乐的过程就需要想象力，他们从生活中萌发创作的灵感，用音乐的语言和表现技巧创作作品。欣赏音乐时，学生在老师带领下进入声音王国，回溯作曲家的创作路线，探寻作曲家的创作原型，感受音乐的魅力。学生欣赏《动物狂欢节》，进入法国名作曲家圣桑用音乐表现的动物世界。一开始是双钢琴颤音的序奏，接着出现雄伟庄严的进行曲——狮子登场，这只万兽之王，耀武扬威地迈着堂皇的步子，由远而近。然后是一段美妙出色的描写音乐，"母鸡"用单簧管表示，"公鸡"则以最高音的钢琴奏出。天鹅的出现是全组曲中最精美、最著名的音乐，也是一首大提琴独奏的乐曲。每首乐曲都是一个精美的童话场景，都是一个精彩的动物故事。课堂上，学生感受音乐，并扮演角色，大胆想象音乐中的形象和音乐中讲述的故事——清晨的森林，节日的气氛，动物的集会，狂欢的场景，公鸡、母鸡、大象、袋鼠和长耳人一一登场了，最后汇集成一股欢乐的巨浪，在火花般灿烂的高潮中结束。学生在音乐中想象，在想象中表演，在表演中交流，想象力得到充分地训练。

3. **音乐丰富了学生情感**

音乐是一门情感的艺术。黑格尔说："音乐是心情的艺术，它直接针对着人的心情。"一首歌（乐）曲中往往蕴含着丰富的思想情感。如听《十里埋伏》，人们会骤然产生千军万马、慷慨悲歌的豪情；《二泉映月》能使人进入如泣如诉的境界。教学时，老师要创设充满美感的情境，让学生在轻松、和谐、愉快的环境中，形成良好的审美情趣，产生学习期待。同时，老师要深入挖掘乐曲中内在的思想情感因素，引导学生用心去感受不同速度、不同力度与不同唱法对于表现乐曲的不同作用，感受各种题材和风格的音乐作品在程度、力度、音色运用上有什么不同，使音乐教学变单调为丰富多彩，变刻板为生动活泼，变机械为愉快灵活。老师采用"输液灌滴""潜移默化"的方法，充分揭示音乐作品蕴含的思想情感，让学生更好地感受和体会。

贝多芬说："音乐能使人的道德高尚起来。"高尚的道德提升了文章的深度，学生只有具备丰富的情感、敏锐的心灵、高尚的情操，其书写的文字才能够更有感染力，更能打动人。

4. **写作强化了音乐鉴赏能力**

美国作曲家科普兰在他的名著《怎样欣赏音乐》一书中提到，"一般人听音乐的方式，可以根据他投入的深度分成三个层次：一是从音乐的感觉面来听，二是从音乐的情感面来听，三是从音乐的理论面来听"。每一个层次的"听"都是在接受信息，这些信息如果仅停留在接受的角度，则缺乏必要的强化和迁移，当时的音乐感受将很快消失，一段时间过去后，自己听到了什么，有什么想法和情感体验，都将不复存在。而写作就是最好的强化和迁移方式，把我们欣赏音乐的感受告诉别人，让大家知道自己听到了什么，有什么收获，在分享中进一步理解音乐。

学生欣赏《蓝色的多瑙河》，首先安静地倾听音乐，真正进入施特劳斯的音乐世界中，和着时而安静柔和、时而欢快活泼的音乐，进而学会听辨、理解音乐的不同性质以及音乐所表达的内容与情感，甚至相互交流音乐感受，用图谱、线条来表示听到的音乐，用图画、文字等多种形式表达自己的感受，用我们的身体来再现音乐的律动。显然，把音乐学习和动作、舞蹈、语言、绘画紧密结合在一起，在学生积极主动的参与中，提高他们的音乐感受力和表现力，是非常必要的。在写作过程中，学生重温音乐的美妙旋律，展开丰富的联想，不断深入声音所表现的情感世界，不断净化心灵，这充分体现了音乐的教育功能。

5. **写作丰富了音乐形象**

音乐是有形象的，音的高低、长短、强弱、疾缓，可以使听者产生明亮、开阔、暗淡、悲愁、沉重、轻快等不同的感觉。音乐形象是可以为人们所理解的，也是可以用语言描述的。贝多芬的《升C小调钢琴奏鸣曲》当时并无“月光”的标题，德国音乐批评家雷斯塔把它的第一乐章比作瑞士琉森湖上的月光，因此该作得名《月光曲》。后来，人们根据旋律进一步联想：“月光正从水天相接的地方升起来。微波粼粼的海面上，霎时间洒遍了银光。月亮越升越高，穿过一缕一缕轻纱似的微云。忽然，海面上刮起了大风，卷起了巨浪。被月光照得雪亮的浪花，一个连一个朝着岸边涌过来……”正是通过这种联想和想象，从而能够用视觉形象来理解音乐，把流动的旋律变成细细品味的文字。

音乐形象和欣赏者的生活经历、情感体验是密切相关的，不同的人在不同的情景中，所体味的音乐形象是不同的。每一个欣赏音乐的人，都会从自己的角度重新诠释音乐的内涵。阿炳的《二泉映月》本来和泉水、月没有直接关系，但乐曲中那凄凉的气氛，那如泣如诉的旋律，让人感受到一个饱经生活苦难的人心中的悲愤和哀怨，那一声声深沉的叹息之声，将人引入夜阑人静、泉清月冷的意境，所以得名《二泉映月》。尽管音乐的感情基调是凄冷的，但呈现的形象是多样的。每一个聆听音乐的人都有自己的独特体验，相同的人在不同的时间听同一首乐曲，也会呈现不同的影像。当每一个欣赏者如实记录脑中出现的音乐形象，并相互交流时，我们能进一步感受到音乐的巨大魅力。

第七节 数学课写作教学流程及案例评析

一、数学课写作教学流程

数学是研究数量关系和空间形式的科学。数学课程的学习是学生在教师的引导下获得数学的基础知识、基本技能、基本思想、基本活动经验的过程。数学是生活的抽象，数学教学要还原生活、对接生活、走入生活，从生活中来，回到生活中去。数学教学要激活学生的生活经验和生活常识，从学生已有的知识背景出发，创设生动有趣的情境，激发学生的求知欲，引导学生亲自探索、发现，成为学习数学的主人。

数学作文是指学生所写的和数学学习生活有关的文章，包括数学课堂实录、数学知识讲解、数学故事、数学童话等。数学作文课是指学生在老师指导下围绕着数学学习情景、内容、体验、感受、收获、见闻而进行写作的过程。数学作文课的设计、指导、评讲者，可以是数学老师，也可以是语文老师。

数学老师为什么要指导学生写数学作文呢？这是数学老师设计、指导、评讲作文首先要弄清楚的问题。小学数学课程标准指出，“教师应该充分利用学生已有的生活经验，指导学生把所学的数学知识应用到现实中去，以体会数学在现实生活中的应用价值”。写数学作文能帮助学生记录自己在数学学习过程中所发现的问题和思考后的心得等，激发学生的学习兴趣，还可以拓展学生的视野、提高学生的能力，给学生带来成功的体验，增进了学生对数学的理解和学好数学的信心。数学老师设计、指导、评讲数学作文，不是为语文教师服务，而是自身教学的需要，通过数学作文教学提高学生学习数学的兴趣和能力，使学生优化数学学习的方式，提高数学学习的效率。

数学老师如何设计、指导、评讲数学作文呢？一般来说，数学老师要从“架桥——指导——练写——评讲”四个环节入手。

第一步：架桥。数学老师需架起数学和生活的桥梁，创设生动有趣的课堂情境，结合学生已有的生活经验，引导学生联系生活学习数学。如“认识图形”，教师可以结合学生的日常生活引出课题，对照生活中的具体物体认识各种图形的特点，或在课堂上画图形、剪图形、折图形，归纳图形特点，再回到生活中寻找各种图形，做到从生活中来，又回到生活中去。数学教师要善于从生活入手，找准生活和所学数学知识点的联系，开展形式多样的数学活动，引导学生观察、实验、猜测、验证、计算、推理、验证，使学生获得丰富的数学体验并能享受到学习的乐趣，以使学生有话可说，有话要说。

第二步：指导。数学老师的指导主要是帮助学生确定写作内容，指导学生运用写作技巧。数学老师根据课堂学习内容和学习情景，结合学生的生活实际，确定学生“有内容可写，有内容能写”，并且这种写作能更好地促进本课内容的学习，就可以布置数学作文。

第三步：练写。可以布置课堂数学作文，让学生在课堂上完成，也可以布置家庭作文，完成的时间可长可短。同时，教师也可以提供适当的范例。

第四步：评讲。数学教师讲评学生作文需关注知识表达的准确性，以及文中体现的知识的关联是否恰当，了解学生作文中所反映的学习状态及对知识的掌握、运用情况。对于文章结构、语言表述等讲评内容可以交由语文老师负责。

那么，语文老师如何设计、指导、评讲数学学科作文呢？一般来说，可以从“关注——设计——指导——评讲”四个环节入手。

第一步：关注。了解学生数学学习的内容与情景，结合语文学科单元作文训练点和学段作文训练要求，找到作文训练的结合点。比如，数学课上学习时分秒的认识——“时间滴滴答”，课堂上学生观察时钟、认识时钟，并交流1分钟内能写多少个字，体会1分钟的可贵；数学老师还讲了有关时分秒三兄弟的故事。语文老师可以根据这一教学内容，结合三年级作文训练中“描写静物”的要求，进一步训练学生学会观察静物，抓住静物的特点，有条理地写出来；或者指导学生记录课堂学习内容，学会有条理地写一件事等。

第二步：设计。找到数学学习内容和作文的结合点，确定训练内容和训练目标，制订训练计划，明确训练流程。

第三步：指导。一般从数学课堂的学习内容切入，引导学生说一说学习过程、学习情况以及最感兴趣的内容，指导学生选择合适的素材写作文；同时，结合作文训练点，指导学生掌握写作技法。比如，结合数学课堂的观察内容，训练学生分解静物，引导学生把静物分解成一个个小物件，再一一观察，写清楚小物件，这样就把静物写具体了。

第四步：评讲。语文老师的评讲主要根据本次作文的训练目标进行，关注的是作文表达形式，作文的立意、构思、结构、语言，以及句子是否通顺，表达是否具体、准确，书写是否工整等。

语文老师训练学生的语言能力是为了帮助学生更好地学习各学科知识，善于总结各学科的学习内容。从数学课切入，帮助学生进一步复习课堂学习内容，提高语言表达技巧，既完成了作文训练，又巩固了数学知识，还能培养综合素质，一举三得。

二、数学课写作教学案例评析

（一）案例概况

1. 学习目标

学科目标：结合生活中的问题，通过动手操作的实践活动能利用规律来解决简单的植树问题。培养学生从实际问题中发现规律以及应用规律解决问题的能力。

作文目标：能认真记录在学习植树问题的过程中，自己的发现、思考、疑惑等，或能够再现课堂情景，理清写作思路，提高学习效率。

2. 课堂情景

（1）提出问题

南教学楼到操场处有一段 20 米的小路，学校打算在小路一侧种树。请按照每隔 5 米种一棵树的要求设计一份植树方案，并说明设计理由。

（2）发现规律

讨论交流，关注课堂气氛如何以及最后得出了什么结论。

（3）应用规律

①基础练习

如果在我校操场的一侧种树，且要求每隔 8 米种一棵，需要种多少棵树？

②联系生活

其实我们的生活中类似植树的“分段问题”有很多，你能举例吗？

③分层练习

A组：一根10米长的木头，把它平均分成5段，每锯下一段需要8分钟，锯完这根木头需要多少分钟？

B组：同学们布置教室，挂了6只红灯笼，在每两只红灯笼中间挂了2只黄灯笼，一共挂了几只黄灯笼？

（二）习作指导

这是一节有趣的数学课，也是一节很实用的数学课。我们为什么要学习数学？这节课给了我们一个很好的答案：学数学不是玩数字游戏，每一个数字都是有意义的，我们学数学是为了解决生活中的问题。比如，这节课解决的是植树问题，即把抽象的数学还原为真实的生活，同时也为我们的写作提供了丰富的素材。那么，我们怎么来写这次的数学作文呢？

首先，我们要确定写作的内容。每一个同学在这节数学课上的关注点都不同，收获也不一样，感兴趣的内容也不可能相同。有的学生关注老师的讲解，关注老师怎么引出问题，关注课堂上老师的语言、动作及对同学的指导和帮助；有的学生则心思不在课堂上，只想着自己到公园，看见一棵棵翠绿的树，用自己幼小的手抚摸它们，并亲自种上几棵树；还有的一直记住和同桌讨论的情景，围绕植树棵数，争论得面红耳赤；也有不少同学对设计植树方案情有独钟，如植什么树，要植多少，怎么开展植树活动等，他们乐于当家做主，热情高涨；还有的同学由植树问题想到楼梯问题、排队问题等。除了上述写作内容外，我们还可以就一个植树问题的具体解答步骤，一一再现我们的思考过程，理清我们的解题思路，这也是不错的作文内容。

其次，要理清写作思路。先写什么，后写什么，重点写什么，心中要清楚。比如，我们写植树问题的解题过程。先交代一下今天的学习内容：老师是怎么讲解植树问题的，这类问题的解题要点是什么，老师出了一道什么样的题，自己是怎么思考的。遇到了什么困难，是怎么解决的，这是重点。最后问题解决了，自己又有什么样的感受。

最后，可以动笔写文章了，要注意一气呵成，不要“写一句，看一句”，

“看一句，改一句”，这样影响我们的整体思路。先要一口气写完，很有成就感，这时，我们再认真通读修改，相信一定能写出好的文章。

（三）案例评析

数学是研究数量关系和空间形式的科学，它与学生的生活密切相关。《全日制义务教育数学课程标准（修改稿）》指出：“课程内容的选择要贴近学生的实际生活，有利于学生体验、思考与探索。”“我们去植树”就是结合生活学数学的最好案例。学生在植树活动中动手实践、自主探索、合作交流，经历观察、实验、猜测、计算、推理、验证等活动过程。这些完全可以成为作文的素材，写成数学作文。

数学作文就是以与数学相关的活动为内容的作文，它记录学生在数学学习过程中的思考、疑惑、感受、理解、评价、意见，描写数学课堂上发生的趣闻轶事以及和数学相关的故事。数学作文不仅能够拓宽学生数学学习的视野，理清学习思路，提高学习效率，而且能帮助教师了解学生学习数学的情况，提高教学效率。所以，国内外关于数学作文的研究有很多，尤其在美国。1991 年，美国数学全国委员会在制定的《教师规范》中倡议，将“数学日记”作为加强数学教学的手段，并在全美范围推广，① 可见数学作文意义重大，数学和写作两者之间关系密切，相互促进，共同服务于学生素质的全面、和谐发展。

植树是日常生活的一部分，通过这个数学作文的案例，我们可以好好理一理数学和作文的关系，并在今后的学习中自觉地写好数学作文。

1. **数学学习为写作提供了丰富的素材**

传统的作文往往局限于记人、叙事、写景、状物，写同桌，写老师，写我敬佩的人，写一件有意义的事，等等，而这些和数学的学习丝毫没有联系。写数学作文，把写作和数学的学习联系起来，大大拓宽了作文的素材范围。写数学作文，学生可以描述课堂现象，可以发表对数学问题的看法，可以表述对数学内涵的认识和探索。比如，可以写一堂课的学习过程，一个知识点的探究过程，课堂活动的情景，学习中的趣闻，合作交流的经历，知识点背后的故事，甚至可以用童话的形式来记叙相关的数学内容，可写的内容

① 孙旭花．美国数学教育中的“数学日记”[J]．广州师院学报（社会科学版），1997，(2)．

很多，涉及各种表达方式。老师在习作指导时，首先指导学生选材：可以是课堂学习情景；可以是植树的方案、植树的活动；也可以是植树问题的生活运用、植树问题的解决过程等。

2. 写作使数学和生活对接

作文和生活紧密相连，没有生活的体验也就没有作文，而数学知识也来源于生活，是对生活现象的抽象，数学知识最后还是要运用到生活中去。“植树”问题来自生活，像一条路植多少棵树，种多少花，树多少路灯，插多少面红旗等，都是把一条路分成若干段，最终明确段数和树的棵数之间存在的关系。问题来自生活，因而要从生活中找出规律，然后利用这些规律解决生活中的问题，包括楼梯问题、排队问题、钟面分割问题等。每一个问题的解决都要经历一个过程，在这个过程中，有观察、体验、分析、思考、求证，这些经历对学习本身非常有价值，而将这些经历写成文字，更能促进学生进一步理解数学和生活的关系，学会在生活中学习数学，在生活中运用数学解决问题。

3. 写作使数学思维条理化

写作的过程就是思维清晰化、条理化的过程，数学作文的完成是学生通过对自己数学学习过程的回忆、梳理、反思，对已学数学知识进行理解、领悟、内化，进而再发现、再加工、再创造的过程。当我们的数学学习只是一个模糊的印象，你是不可能写出数学作文来的，当我们的学习思路杂乱，你的数学作文也只能条理混乱。反过来，我们要把数学作文写通畅，写得条理清楚，就必须把学习的内容理清楚，我们学了什么内容，怎么学的，这些知识在生活中有什么作用，这些知识的具体内涵是什么，我们该选择什么内容来写，怎么组织材料，先写什么，再写什么，重点写什么。学生写植树问题的解题过程，可以先交代学习内容：老师是怎么教的，这类问题的解题要点是什么。老师出了什么题？我们读题，理解的题意是什么？你是怎么思考的，遇到了什么困难，又是如何想办法解决的，这是重点。如果错了，错在哪里，你是怎么想的，又是如何处理的，一一写出来，完整记录巩固知识、转化知识、运用知识的全过程，促进思维的条理性、敏捷性和深刻性。

4. 写作让数学学习更高效

平时的数学学习，不注重强化学生在学习活动中的内在方式和情感体验，学生对为什么学、怎样学、学了有什么用等问题无意识涉及，数学作文则要求学生从元认知的角度认识自己的数学智能活动过程。显然，数学作文能够促使人反省，而反省能够开启新的思维或经验。数学的学习成为一种自在自觉的行为，学生既有了学习的原动力，又有了对学习的深层领悟和把握。学生学习观察物体，了解到角度不同则观察的结果不同，进而联系日常生活，学会从不同的角度看事物，而悟性更高者，能再引申出去，从生活哲理的角度明确对事物的看法。因为角度不同，观点也是各种各样的，正所谓“横看成岭侧成峰，远近高低各不同”。学生以此写作文，其意义已超出数学学习本身，其学习效率也远远超出教学目标。同样，学生写作“我们去植树”，进一步体验学习数学的快乐，运用数学解决日常生活问题，获得更深一层的成功体验，学生就会更喜欢数学，学习数学也会更有效率。

第五章

学科写作教学的实施模式

学科写作教学，把作文作为跨学科教学的手段和工具，以挖掘学生学习生活中的素材，关注学生心灵成长的历程。它作为突破传统作文教学模式的新方向，倡导学生把作文当作学科学习的伙伴。为了提高学科写作教学的效率，充分发挥各学科教师的指导作用，形成作文教学的合力，我们有必要对学科写作教学中的各个角色进行恰当的定位。同时，教师若仍沿用传统的作文评价标准去评价学科作文，必定出现诸多问题，因此，建立学科作文的评价体系势在必行。

第一节 学科写作教学中的角色定位

学科写作教学是一种全新的作文教学理念，从大语文、大学科、大作文的角度统筹思考，倡导所有的学科教师密切配合，共同参与到学生的作文训练中。但长期以来，我们习惯于将作文教学看作语文老师的责任田，没有从培养学生的整体素质出发，形成集团作战的优势，尽管也取得了一些小范围的成功，但一些根本性的问题总是难以突破。对作文的指导更是成为语文老师的专利，由此导致作文教学的先天不足。为了提高学科写作教学的效率，充分发挥教师的指导作用，形成作文教学的合力，确保学科写作教学的顺利开展，我们有必要对学科写作教学中的各个角色进行恰当的定位。

一、语文教师

（一）学科写作教学的主导者

主导，即教师要对学科写作教学进行整体把握，以提高学生的写作兴趣为出发点，践行学科作文理念、学会挖掘学科作文素材，掌握各类学科作文的写作方法，确保学科写作教学落到实处。

1. 关心学科学习，训练学生积累素材的能力

语文教师要善于引导学生做一个收集和积累素材的有心人：上完一堂课，要回忆一下学习内容以及学习过程中有什么精彩的镜头；而课堂上的学习带来了怎样的体验、感受、收获等；所学内容有什么特点，和现实生活有什么联系；想一想老师是怎么讲课的，在关键的问题上，老师是怎么强调的，应该注意什么问题，和学过的知识有什么联系等。比如，学习“种植豆子”，我们了解了豆子的生长过程，我们可以站在豆子的立场写一篇“自述”；我们学了图形，了解了三角形的有关知识，可以写一篇三角形的自述，以三角形的名义作一番自我介绍。

2. **体验学习快乐，提高学生的写作兴趣**

数学课中也要有阅读、表达、观察、习作，音乐课上也要学会品赏歌词和体验生活，同理，学生的学习应该以一科为主，多学科融合，使之相互影响、共同提高。学科之间存在着千丝万缕的联系，语文教师要有大学科、大教育、大整合的观念，关注学生各科的学习生活，了解学生的学习情况，从而在写作指导中能够结合学生的学习生活，拓展学生的学习思路，激发学生的学习兴趣。学习《威尼斯的小艇》，让学生计算一下小艇的面积，画一画小艇的样子，了解一下威尼斯人的音乐爱好以及他们喜欢喜剧的原因，分析一下船夫驾驶小艇的练习历程等，全方位拓展学生的思维空间，让各科的学习经验在语文课中得以升华，进而延伸到学生的作文，让他们写写“小艇的历史”“小艇和游客的故事”“小艇的制作”“小艇的赏析”“我设计的小艇”等，学生由此广泛收集资料，大胆发挥想象，全面提升阅读效果，真正做到愿学、会学、学好。

3. **训练写作能力，提升写作技巧**

首先是观察技巧，学会抓住特点，按照一定顺序，突出重点，反复比较，积极动脑，及时记录；其次，要掌握植物、动物、建筑物、景物的基本描写方法；再次，应学会审题、立意、选材的基本技巧，知道怎样收集作文材料，怎么列提纲，怎么把文章写具体，怎样开头、过渡、结尾，怎样叙事、写人、状物。语文教师可以从单项训练入手进行写作指导，只有各单项能力训练落到实处，让学生不断掌握各种表达技巧，学生才能真正地学会写作文。

4. **形成良好的写作习惯**

(1) 说真话，诉真情

文章贵在真情，要想写好文章，一定要养成“说真话，诉真情”的写作习惯。只有敢说真话、肯吐心声，才能让读者产生共鸣，才能使文章有说服力和感染力。写学科作文，围绕着学习生活中快乐、迷茫、激动、焦虑、轻松、紧张等体验，真实记录我们的学习场景和感受，我们就一定能体验到学习的无穷乐趣，领悟到学习的真谛，做到学以致用。

(2) 捕捉初始意念，快速成文

美国女作家纳塔莉·戈德堡在《再活一次：用写作来调心》中写道：

“初始的意念藏有巨大的能量，呈现心灵对某件事物灵光一闪的最初反应。”初始的意念牵涉到清新的气息和灵感。学生写作往往养成“写一句，改一句”的坏毛病，一边写一边改，不仅打断了流畅的思路，破坏了初始的意念，而且严重挫伤了学生写作的成功感。写就是单纯的写，要不断地把心中的影像、脑中的思考形成文字，要一气呵成。

学生学会快速成文，想到自己很快就可以完成一篇像模像样的文章，而不是写一两句话，这是一件多么好的事情。学生不断体验写作的成功感，彻底克服写作的恐惧感。每一次布置作文都要求限定时间、快速成文，要求写作时不要停顿，不要思考写出来的东西好不好、合不合理、有没有错误等，要不停地写，直至完成。

（3）观察感知，体验积累

热爱生活，才能感受生活的美；热爱学习，才能领悟学习的无穷乐趣。观察生活，体验学习，把学习和生活紧密联系起来，用学得的知识、方法、技巧、能力去发现生活中的真善美与假恶丑，在生活中积累、思考，养成观察感知的习惯，养成随时记录的习惯，把平时看到的现象、读到的好素材、感受到的思想火花，都记录下来，这样才不至于“随读随忘，随见随忘”。平时的语文教学中，语文教师要引导学生注重字、词、句、篇的积累，注重生活观察的积累，注重写作练笔的积累，注重写作素材和技巧的积累，注重对个人事、身边事、家庭事、社会事、天下事的积累。

（4）多阅读，多思考

读书是吸收、积累的过程，在这一过程中思想、感受以及写作素材在不断积累，观察能力、分析能力、思维能力以及语言的表达能力都在不知不觉中提高。写作时，读书积累的效果会自然显露笔端，学生能够随手拈来，不费思索，顺理成章，推陈出新，能够把自己的情意表达得生动、完美。多读，的确是一条提高写作能力的便捷途径。学习需要多动脑筋，学习总是伴随着思考，课堂上我们要对各种情景、问题发表自己的看法，同样，对生活中看到和听到的内容也要多加思考，要有自己的看法和见解，只有这样，我们才能有更多的体验、想法、感受写进文章。

（二）学科写作教学的组织者

1. 了解学生的写作心态和写作能力

写作是一项复杂的心智技能，写作的过程涉及吸收、提炼、输出等一系列高级思维活动，需要智力因素和非智力因素的共同参与。学生写作水平的高低，除了取决于写作技巧和能力外，其写作心态也是一个非常重要的因素。一个学生喜欢写作，视每一次作文训练为快乐的事，每一次作文训练他都积极主动、全情投入，充分利用平时的积累去大胆表达，最终都能获得积极评价，这就使学生进一步获得成功的体验，进一步形成积极的写作心态："我愿意写作文""我能写好作文""我知道怎么写好作文"。相反，一个不喜欢写作的学生，视每一次作文训练为痛苦的心灵煎熬，其视野狭窄、思路闭塞，丝毫没有成功的体验，每一次作文训练都持负面心态，这将严重影响作文教学的效果和学生的作文训练情况。语文老师一定要清楚：学生对作文的态度如何？有什么积极的评价或负面的看法？学生喜欢写什么类型的文章？他们对什么内容感兴趣？学生写作的真正困难在哪里？学生到底需要什么样的帮助、引导和点拨？如果老师心中不清楚这些，作文训练也就"无的放矢"，只能虚晃一枪，装模作样走过场，学生真正的困惑没有涉及，眼前的迷雾没有拨开，心里的疙瘩没有解开，结果老师和学生双双感到无奈。

同样，对学生写作能力的了解也是开展学科写作教学的一个重要前提。学生各年段作文训练的情况如何，还存在哪些问题，老师要心中有数。观察能力的训练一直伴随着作文教学，可以说，没有观察能力，没有对社会生活（包括学习生活）的认知和了解，就没有作文。观察能力天天都在训练，在各科的学习中，学生的观察能力得到一步步的提高。学生的写作能力提高到了什么程度，存在什么缺陷，需要怎样弥补，老师对这些方面了解得越清楚，训练的针对性就越强，训练的效果也就越好。学生的语言表达能力更是作文训练的一个重点，学生掌握了多少词汇、积累了多少词语、了解了多少表达方式，这些都直接影响学生行文的质量。当学生词语贫乏时，老师可以提供一些精彩的词语让学生参考，提醒学生可以运用学过的好词好句，鼓励学生大胆使用更多的成语，对文章进行修饰打扮，把写文章的过程当作词语运用的过程，当作记忆好词好句的过程，当作练习表达方式的过程，让学生从中体会到乐趣和成功。当学生的词汇量有了一定的提高，词语的运用已经成为一种自觉，运用的效果有了一定的评价标准，在此基础上，教师要着手训练学生用词的准确性、恰当性，提升表达的质量。这样，只有遵循语言学习的规律，一步一个台阶，才不至于让学生害怕写作，作文训练才能达到好的效果。

2. **制订恰当的写作训练计划**

对学生的写作心态和写作能力有了清楚的把握后，针对学生作文中的问题和作文训练的要点，提出有效的训练方式，开展多样的训练活动，制订恰当有效的训练计划。作文训练计划的制订，首先要对小学阶段应学到的写作知识，应形成的写作能力和写作习惯，以及各年段作文训练的重点、要求、目标有清晰的把握，结合语文课本提供的写作练习内容，对照各学科的学习内容，考虑学生的写作心态和已有的写作能力，确定训练项目、内容、方式，并按由低到高、由易到难、由说到写、由单项到综合的训练顺序，让学生经历从模仿到独立成文的发展阶段，从写一句话、几句话、一段话再到写一篇短文。作文训练计划的制订应立足小学生作文素养的全面提高，分年段、分步骤、分层次地展开训练，实行分段教学、分段把关，逐项训练、逐项落实，使教学活动有条不紊地发展。因此，作文训练计划应包括阶段训练计划、年度训练计划、学期训练计划，计划内容包括训练目标、训练重点、训练方式、检查评改及具体的训练程序。

3. **选择恰当的写作训练策略**

作文训练的策略是教师在进行作文训练指导时采用的方法、原则，作文训练的策略很多，特别适合小学生的有以下几种。

（1）兴趣策略

根据心理学理论和写作理论分析，完整的写作应包含写作素养和写作心理两大要素。而写作心理就是指人对写作的需求、兴趣、动机和欲望等，其核心是写作动机。什么是动机？动机是一种指向性和集中性的心理动因，它决定着主体的意念、行为，以至情感的倾向和发展趋势。只有当学生有了写作动机，对写作产生积极的认同感，从而调动有关心理因素，形成写作的心理机制，并将思维循环往复地定向在某一写作对象上，才能有目的地积极主动地提笔为文。目前，我们小学作文的一个重大障碍就是学生没有兴趣写文章、害怕写文章，很多学生一听到写作文就头痛，就脑袋一片空白，写作成了学习的拦路虎。为什么会这样？这其中一个重要的原因就是教师没有从学生的写作动机出发，没有关注学生的兴奋点，没有给学生架设作文成功的阶梯。

运用兴趣策略一定要从学生的写作动机出发，关注学生的学习生活，把学生的学习生活定格到课堂，让大家对熟悉的场景重新咀嚼、提炼，从而激发学生的表达欲望，让学生在一次次作文训练中体验成功，使学生清楚地意识到写作对学习的帮助，意识到写作是一种更好的学习工具。运用兴趣策略，一定要把学生学习生活中最精彩、最热闹的情景挖掘出来。老师经常深入课堂，深入到学生当中，能够了解学生课堂的兴奋点，通过恰当的训练，帮助学生更好地表达学习的体验、感受、收获，促使学生通过元认知自觉记载学习内容，反思学习效果，提高学习效率。

（2）情境策略

情境策略就是根据学生的学习、生活实际以及作文教学的目标，挖掘学生生活中丰富多彩、生动活泼的游戏情境、讨论情境、表演情境、比赛情境、思考情境、练习情境等，把学习的场景和作文训练紧密结合起来，引导学生发现学习的乐趣，复习学习的内容，梳理学习的过程，提高学习的效率，融学习于情境中，充分体验学习的快乐。一般来说，运用情境策略，首先要引导学生感知情境。比如，上完体育课，学生玩得很开心，练得很辛苦，老师把学生游戏的镜头、练习的镜头拍下来，呈现在作文课堂上，让学生在体育课之外再来观照体育活动，以此触及学生的动情点、兴奋点，使学生唤醒模糊的影像和更多的独特体验，想一吐为快。

（3）分解—综合策略

所谓分解，是指把写作中所要涉及的人、事、景、物，从不同的侧面、不同的方向、不同的角度、不同的特点出发，人为地分解出若干个类似于体操和舞蹈中的“分解动作”，然后再分别对这些经过分解的方面、部分、特点进行逐一、详细的观察和研究。所谓综合，是指把原来将人、事、景、物按其自身的规律和特点人为地分解之后所进行的教学和训练，在实现了基本目标之后再进行组装、协调、整合，使之形成一个多侧面、多部分、多特点的有机整体。

从分解到综合的策略体现了起步作文训练的规律。小学生处于写作起步阶段，企图一下子就让他们写出一篇篇像样的文章来是不大可能的，而通过分解的方式化复杂为简单，待完成基本的训练任务后再进行综合，则可以保证他们能够循着由浅入深的规律实现写作目标。这种策略是解决小学中年级写作教学问题的有效途径，中年级写作教学可谓是难中之难，而一旦运用从分解到综合的策略，学生就会感到观察也不是那么难了，完成分解训练任务之后再进行综合组装，写作的难度就变小了。这种策略还有利于为学生今后的写作奠定良好的基础：把事物分解之后进行观察和研究，再进行综合和协调，这种能力在以后的写作中不可或缺。奠定了这方面的基础，对于提高今后的写作教学质量和效果也是有好处的。

分解—综合策略有其内部的规律性，在具体的操作过程中需要根据小学生特定的心理特点和他们观察和研究事物的规律，因势利导，采用相应的教学和训练方案。

（4）多鼓励策略

小学生处于作文起步阶段，其认识不够成熟、思维比较幼稚、表达能力有所欠缺、语言积累不够丰厚，他们的作文总是存在各种不足。这就像刚学走路的孩子，摇摇晃晃、跌跌撞撞，而父母总是想方设法诱使孩子迈动脚步，一米、两米、三米……不断地为孩子鼓掌，不断地给孩子拥抱，正因为这样，每个孩子都学会了走路。如果家长一开始就和孩子较真儿，用训练模特的要求，一步一步规范孩子的姿势，孩子还没有学会走路就已经胆怯害怕了，即便学会了走路，也会整天担心自己走得不正确，走得不规范。作文教学也是如此，会说话、会思考就应该会写作，每个身体正常的人都会走路，每个智力正常的人都应该会写作文。好比会走路的人不可能个个成为模特，而会写作的人也只有很少的一部分以文字为生，成为作家、编辑；但学会走路、能够走路是最基本的要求，而学会写作、不害怕写作也是最基本的要求。对照学步的训练过程，我们在作文教学中也应该多使用鼓励的策略，尤其对写作能力欠缺的学生、害怕写作的学生，要着眼于他们取得的进步，看到他们的努力。不会动笔、次次不交作文的学生，现在交了，应该表扬；以前写三两行而这次写了五行的，要及时肯定。每一次作文评讲，要尽量挖掘学生作文中的闪光点，多表扬，多鼓励，争取使每一个学生都有被表扬的机会，让学生不断积累写作的成就感，增强自信、减轻压力，真正觉得写作不是一件难事，并能爱上作文这个不说话的朋友，每天都想和作文打打交道。

（5）多读多写策略

读是吸收，写是输出，只有广泛的阅读，才能有丰厚的积累，而只有有了丰厚的积累，才能源源不断地输出。多读，熟悉各种表达方式，领会不同笔调的短长轻重，融会贯通，还可以推陈出新，把意思表达得更圆通，更生动。多读，更是语言的不断积累——很多新鲜的词汇变成熟悉的词汇，很多消极的词汇变成了积极的词汇，很多死的词汇变成活的词汇。正如张中行所说，“一种意思要用什么样的词句来表达，意思复杂些，句与句要怎样联系，这说是有规律可循自然也不错，但是拿起笔，实际去写，你就不能先去请教规律，而要听从你熟悉的常用的表达习惯。这习惯是由多次重复的‘熟’养成的，而‘熟’则来自多读多写”。

只要读到了一定程度，积累到了一定层次，写作也就变得顺理成章。这就好比水库的水，枯雨时节水库见底，你想开闸放水这是不现实的，而春天到了，雨水多了，水库汇聚了山林小溪的水，这时开闸放水，水奔涌而出，欢快跳跃，气势宏大。有了阅读的积累，学生写起来就不会感觉困难重重。但要能够写好作文，还是需要多写，不断地激活积累的词汇、句子，为自己的思维所用，为自己的文章所用，用得多了，词汇和句子就成了头脑中的一部分，用多了，写起来自然得心应手。如果不写，或写得很少，积累的东西没有及时应用，就好像从商场采购了大量的东西，往储物柜一放就不管了，总觉得自己有很多东西，可是一段时间后，发现很多都不能用了。因而，我们要经常练笔，尽可能地把学过的词语用上，把觉得有趣的句子用上，刚开始可能觉得别扭，慢慢地，自然就用词恰当了，就能用好了，积累的词语、句子也就掌握了。练笔可以帮助我们更好地学习语言、运用语言，提高表达能力。

4. 开展形式多样的学科作文训练活动

（1）学科童话作文训练

小学生想象力丰富，喜欢读童话，也愿意写童话，天马行空，无拘无束。因此，多进行学科童话作文训练可以进一步激发学生的想象力，还可以对学科学习内容进一步复习整理，用夸张、拟人的手法让学科知识变得可爱、亲切、有趣。可由此训练学生从童话的视角来观照课本，或者让学生真正进入课本编织的美妙世界，或者让教材的内容具有童话色彩。

（2）课堂实录作文训练

课堂是师生共同参与活动的舞台。老师是导演，学生是表演者和学习者，一堂课总要经历引入、发展、高潮、余波等几个阶段，总是有一些精彩的镜头和难忘的情景，当学生自觉回忆课堂经过，拿起笔记录课堂讲课的内容，哪怕只记录老师的讲话和同学的发言，也是一种很有意思的记录，也是一次高效率的复习。

（3）知识点说明文训练

美术、科学、数学、体育等教材的篇章中多是说明文，通过分类别、举例子、打比方、列数据、作比较、下定义、作诠释、摹状貌、画图表等方法，介绍一个个需要掌握的知识点。学生学习后，让他们用自己的语言表述知识点的内涵，可以帮助学生更好地掌握知识。比如，学习《在阳光下》，通过上网查阅资料、咨询父母、看书等渠道了解了有关太阳的知识，课堂上和同学交流有关太阳的知识，写一写“我知道的太阳”，介绍自己了解的太阳知识：太阳的年龄、大小、温度、质量等，甚至是有关太阳的故事。这样的文章训练，能够帮助学生梳理资料，提升学习效率，为初中的说明文训练奠定扎实的基础。

（4）实用文体训练

小学阶段应掌握的实用文体有书信、建议书、申请书、倡议书、感谢信、留言条、请假条、演讲稿、调查报告、毕业赠言等。实用文体训练主要围绕着文体格式及其语言表达的准确性进行，可以结合学生的学科学习进行。例如，上完体育课，针对体育课中自己的感受、体验，向老师提出建议，进一步改进教学；针对同学上课散漫、害怕吃苦的现象，在全班倡议一下，希望每一个同学都能遵守体育课的规矩，穿好运动衣、运动鞋，认真参加训练，提高训练效率，锻炼身体。这样，把实用文体训练渗入各学科学习中，真正体现了实用文体的实用性。

（三）学科写作教学的指导者

1. 指导选材

同一个主题，在不同的学科中会以不同的方式出现。比如，关于时间，数学课本让我们了解时间的计量和表述方法，形成良好的时间概念，课堂上我们观察了时钟，做了一些关于时钟的游戏，还进行了时间的测量，统计了一分钟能做的事情，并了解了各时间单位之间的关系，交流了时间在日常生活中的运用，从数学的角度对时间有了初步的认识；而音乐课上有日历歌，歌词表述简洁，“有四季，有大月小月，有闰年”，在音乐中一唱全明白了，我们还欣赏有关时间的名曲，如《钟表店》；美术课，我们画时钟、制作时钟、装饰时钟，时间变成一件可爱的“物件”，我们尽情展示我们的想象力和动手能力；体育课做有关时间的游戏，如“与时间赛跑”——同学们围成一圈作为“钟表面”，一个同学拿着竹竿站在中央作为“指针”，指针滴答滴答地转动，顺时针扫过，围成圈的同学依次跳起，脚触到竹竿的同学淘汰出局。只要有心，可写的内容有很多，那么，要选择什么内容来写呢？

指导学生把握两条选材标准，一是真实，二是新颖。选择的材料是实实在在的真事，最好是自己亲眼看到的或亲身经历的事情，这就是真实。有的同学写作文，往往依葫芦画瓢，将范文改头换面，拼凑一件事，甚至有些同学，上网搜索一番，下载一篇，稍作修改。“作文”变成了“抄文”，作文训练变成了抄写训练，学生的观察能力、分析能力和语言表达能力难以得到提高。材料不真实，感情也就不真实，而没有真情实感，就无法打动读者。只有材料不落俗套，才能增强文章的表现力和感染力，使读者赏心悦目。别人没有写过的内容，我们可以写，别人没有写过的角度，我们可以选择，这就是新，新鲜、新奇、新颖的题材总是吸引人的。

2. **指导构思**

建房子首先要有设计蓝图，建多高、多大，门开在哪里，窗户什么朝向，周围景观如何布置等，都要通盘考虑。一切设计好了，才能动工建房。房子的设计蓝图就相当于文章的构思。文章要写好，首先要构思好，没有构思、没有具体的写作框架就动笔成文，想到哪写到哪，没有清晰的思路，缺乏明确的主题，就会使文章一盘散沙，严重影响文章的质量。所以，指导学生写作，一定要训练学生的构思技能，让学生掌握必要的构思技巧和方法。

这里特别指出的是“列提纲”，先确定文章写什么内容，怎么写，对文章的每一个部分进行周密的思考，清楚先写什么、后写什么，哪些内容详写、哪些内容略写，什么地方要过渡，各处怎么照应等，对这些做到心中有数，文章的质量才有保障。

一般来说，初学写作时，提纲宜细不宜粗，关于文章的点点滴滴，想得越清楚越好，思路清晰，写起来就得心应手。写作的路子走顺了，形成良好的作文习惯，一看见作文题目，就能考虑好怎么写，这是作文成功者的必经之路。提纲列好后，要对整个构思做全面的考虑：选材是否新颖、切题？立意是否明确、深刻？材料的组织安排是否严密、合理，能否突出中心？经仔细思考，对提纲做必要的修改，自己满意了，才可以动笔行文。

提纲并没有固定的规范，但一定要体现自己的写作思路。一般来说，常见的提纲范式有以下三种。

（1）标题式提纲

标题式作文提纲的关键，在于用简洁的文字标出各段的写作要点。它的特点是简洁、方便，适合于对写作内容较熟悉或时间较紧的情况。但对初学写作的人来说，很难起到指导行文的作用。

例：窗外的“小邻居”

关键词：“小邻居”

主题：爱护小动物，让小动物自由生活。

思路：

1. 发现“小邻居”。

2. 和“小邻居”成了朋友。

3. 照顾“小邻居”。

4. 和“小邻居”告别。

（2）要点式提纲

这种提纲比较详细，既要表明作文的中心思想，又要写出作文的大致内容，交代出文章的详略，同时，开头、结尾、过渡等重要段落都要考虑清楚并一一列明。初学者应该经常进行这种训练。

例：打蟑螂

关键词：打

中心思想：通过记叙“打蟑螂”一波三折的过程，告诉人们要灵活运用所学知识，充分利用生活工具，用智慧战胜蟑螂。

具体思路：

开头：交代事件发生的时间、地点和起因。开门见山。

初次交战：蟑螂逃脱。重点写明交战的动作和失败的心理，为后面战胜蟑螂做好铺垫。略写。

再次交战：再次失手，自己还受伤了。写清打蟑螂的动作，做好三战蟑螂的准备。认真总结两次失败的经历。详写。

三战蟑螂：关键时刻战胜蟑螂。确定打蟑螂的方案，充分利用家里的日常用具，采用声东击西的办法，把蟑螂引到开阔地，一举打死蟑螂。详写。

结尾：照应开头，点明中心。

（3）图表式提纲

用思维图的形式直观地表现作文的思路。下面的图表式提纲利用思维导图，从童话故事和课堂学习情景两个方面着手，都可以写成精彩的文章。从童话故事的角度，我们欣赏了乐曲《动物狂欢节》，在脑中想象动物狂欢的画面，一一记录下来，如出现的动物、它们的样子和动作、狂欢的场面等。或者编写一个精彩的童话故事，确定好故事发生的时间、地点、经过，再现动物狂欢的热闹场面。

例：动物狂欢节

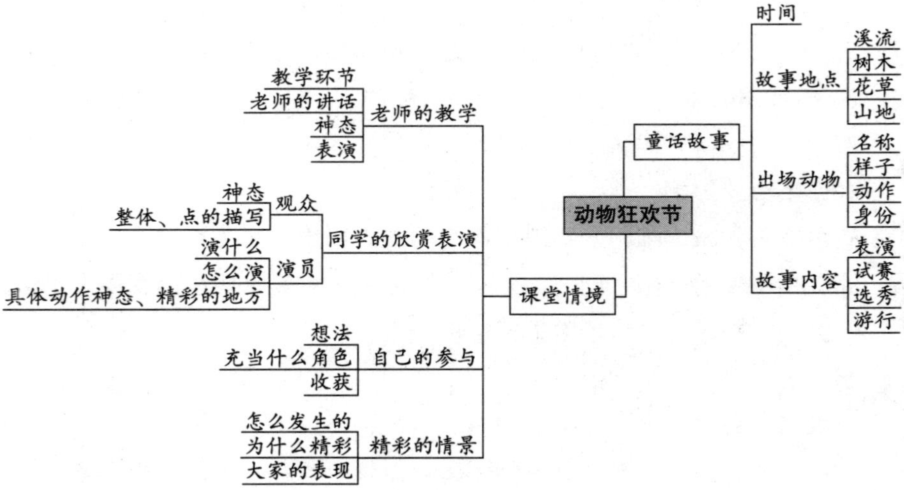

二、非语文教师

（一）学科写作教学的参与者

学生在实地考察或旅行之后，在看到示范或录像带之后，在聆听完来宾有趣的演讲之后，都可能产生特殊的表达冲动。这些冲动经过教师的引导就可以成为一篇篇文章。教师为学生提供多种可选择的写作训练，这与传统的写作任务不同，学生可以选用自己喜欢的主题和形式，有效地使用写作技能，用个别学生提供的例子突出核心思想的细节。可供学生选择的写作训练包括戏剧、电视剧本、广播稿、布告栏、研究成果、画卷、诉状、广告、教室内的时事通讯、说明书或方法指南、诗歌、自传材料、民间故事或神话、小册子或宣传手册、歌曲、书信、自我评价、裁决书、核查表、海报、访问记录、建议书、目录单、自由写作的范例、社论文章，等等。

跨学科写作是教与学的一种策略，学科教师参与跨学科写作，将其作为教学的策略，首先要明确自己的角色，自觉参与到学科写作教学中来。

作文是学习的工具，是研究的工具，是创新的工具。和语文教师一样，其他学科教师通过课堂教学，也在训练学生的观察能力、认知能力、思维能力以及想象力。同时，作为学科教师，应该具备基本的写作常识和一定的文字表达能力。在学科教学实践中，学科教师需要撰写教案，记录和反省日常教学现象，不断总结教学经验，提高教学水平，把写作作为教学研究和教学创新的工具，推动教学研究的不断深入。从自身需要来看，写作是学科教师教学研究的助推器。一个不断成长的教师，一定是善于反思、善于总结的老师，一定具备较好的语言组织能力。

学科教师把作文作为学习、研究、创新的工具，这不仅是学科教学本身的要求，也是教师自身发展的需求。数学老师指导学生写数学日记，要求学生记录课堂所学知识在日常生活中的运用，提高学生学习数学的兴趣，引导学生在生活中学数学。学习了三角形、四边形，让学生编写图形世界的童话，借以整理相关图形的概念，构建清晰、稳固的学习框架，这对于习惯了习题演算的学生来说，这一创新的作业形式为他们打开了学习数学的一扇新门。美术教师要求学生为自己所画的作品配上一段文字，为自己的手工作品写一段介绍，为欣赏的名画写一段心得。

（二）学生写作能力的训练者

1. 训练学生的观察能力

观察，是人类认识世界、了解自然、搜集科学事实的基本途径。“能通过对身边自然事物的观察，发现和提出问题”，“能通过观察、实验、制作等活动进行探究”，是小学科学课的目标。具体到实验制作项目的观察，则要求学生“能用各种感官直接感知自然事物并用语言或图画描述所观察的事物的形态特征”，“能用简单的工具（放大镜、显微镜等）对物体进行较细致的观察，并能用图画或文字进行表达”，“能用简单的测量工具（尺、测力计、天平、量筒、温度计、秒表等）对物体进行定量观察，采集数据，并作简单记录”，“能用简单器材做简单的观察实验，并进行实验记录”。

观察无处不在，它对于促进儿童智力发展，提高儿童的思维素质，具有十分重要的作用。小学科学课中的观察，大体可以分为两种情况：一种是为发现问题而收集事实的观察，它的目的在于发现比较特别而又值得研究的东西，它要求以原有的生活经验作参照物，通过与观察到的现象作比较来不断地选择新的观察对象；另一种是为验证假设或否定假设而收集资料的观察，它的目的是寻找能够肯定假设或否定假设的事实，这种观察不必理会观察对象的其他特点，而只看这些事实是肯定还是否定假设。

培养学生的观察能力是学科教学的首要任务。

第一，要培养学生良好的观察习惯：①制订计划，明确目标。只有制订详细的观察计划，才能保证观察有系统、有步骤地进行。②观察过程中要积极思考。要求学生在观察过程中开动脑筋，这样才能取得更完整、更深刻的观察效果。③做好观察笔记。观察时，要求学生做好观察笔记，以便进一步归纳、概括、分析和总结。做观察笔记应注意实事求是、准确无误，不能根据自己的想象去记；要注意记录的完整性。

第二，教给学生科学观察的方法。科学观察是通过人的感觉器官或借助仪器对自然发生的现象或变化进行考察、记录和分析，以解决科学问题或验证科学假说，对观察对象所包含的丰富信息进行准确观测并进行客观记录的综合活动。科学观察的方法有验证观察法、比较观察法、全面观察法、顺序观察法等。

2. 训练学生的想象力

想象力是指在头脑中对已有的表象进行加工、改造、重新组合而形成新形象的能力。想象力的丰富取决于表象的丰富，只有头脑中储存了丰富的表象，学生对表象的加工、改造、组合才有可能实现；如果表象贫乏或者根本没有表象，学生的想象力也就无从谈起。那么，学生头脑中的已有表象从哪里来？一是和社会的接触，从各种社会现象中获得，二是学校的学习，在各科教学中，学生获得视觉的、听觉的以及触觉的表象。后者是获得表象的重要途径，这是因为学生大部分时间在校学习，课堂都伴随着学生的听、看、说等活动，学生课堂上的一切活动都有可能形成表象，这些表象成为学生想象力的基础。可以说，各科教学都肩负着培养想象力的任务。

数学在提高人的推理能力、抽象能力、想象力和创造力等方面有着独特的作用，数学学习的内容应当是现实的、有意义的、富有挑战性的，这些内容要有利于学生主动地进行观察、实验、猜测。数学是生活的抽象，学习数学需要还原真实的生活，需要学生具有一定的想象力，数学教师也应该注重培养学生的想象力。如学习“观察物体”，老师应该尽量创造条件，让学生把从课堂上学到的知识和方法应用于生活实际中，使学生能从看到的物体的一个面，联想到整个物体的形状，从而培养了学生观察立体实物的能力和空间想象能力。

音乐是美育的重要组成部分，它陶冶学生的情操，促进学生身心健康的发展，而且对学生的智力开发，特别是提高学生的想象力和创造力，有着深远的影响。音乐教学特别注重欣赏和联想，音乐老师经常让学生从一段旋律展开联想，让学生尽情地想象。在欣赏中联想，加深对歌词、对乐曲的理解。

美术课作为审美教育的重要载体，应多给学生感悟艺术作品的机会，引导学生展开想象，进行比较，教师应以各种生动有趣的教学手段，如电影、电视、录像、范画、参观、访问、旅游等方式，引导学生增强对形象的感受能力，激发学生学习美术的兴趣。美术教学中的造型游戏，要求学生根据材料特征或具体情境设计形象，在这种制作行为中，学生既创造出丰富多彩的作品，又能表达自己的感受。选一个童话或科幻故事为脚本（或由学生自己编写），学生自己选择角色设计形象，利用各种材料制作简易木偶、服饰或必要的道具，这些活动都能够培养学生的想象力。

3. 训练学生的思维能力

作文是思维的一种外在表现形式，思维是作文的基础，思维贯穿于写作的整个过程。没有思维活动就没有作文活动，没有思维的敏捷就没有作文的流畅，没有思维的深度就没有作文的深度，没有思维的创新也就没有作文的新颖。思维活动伴随着选材、立意、构思、行文、修改等写作活动，各种思维方法促进了写作活动的高效进行。学生思维能力的训练正是各学科训练的重要内容。学生解题的过程就伴随着演绎思维、发散思维、聚合思维，学生科学探究的过程需要演绎思维、逆向思维的参与，学生画画、唱歌、参加文娱表演、参与体育活动也都伴有各种思维活动。任何学科的初学内容都是简单的，相应的思维也是浅层次的，不需要太多的思维技巧和方法，随着学习内容的复杂化、学习难度的不断增强，对思维能力的要求也越来越高。

4. 训练学生的表达能力

表达能力，是指运用语言文字阐明自己的观点、意见或抒发思想感情的能力，它包括口头表达能力、文字表达能力、数字表达能力、图示表达能力等。课堂是教与学的互动过程，师生互动往往借助语言来实现。教师讲授的内容、训练的要点、开展的活动，基本上是通过语言来传达的。学生对内容的理解、训练的感受以及参与活动的情况也是通过语言来沟通的。课堂上师生对话更是一种十分常见的情况。对学生的表达能力的训练不仅是语文教师的任务，也是其他学科教师的职责。课堂上学生之间或学生与教师之间，通过讨论交流信息、提出建议、表达看法或共同致力于解决某一问题，是学生学习知识的主要方法，也是提高口头表达能力的主要途径。

新课改要求学生在数学学习过程中能有自我发展的空间，提倡探究、交流式学习，让学生成为学习的主人。但从课堂实施的情况来看，往往会出现一种怪现象：学生在课堂上回答问题时，往往只是用一两个字词或公式来干巴巴地回答，并且总是不能紧扣题目本身。这样的回答缺乏最起码的完整性，更谈不上应有的条理性和内容的准确性。课堂表达的随意、不清晰、不规范，导致学生平时思考也不严谨。由于数学教师忽视了课堂上对数学语言准确性和规范性的训练，影响了学生学习数学的效率。在数学教学中，教师必须以身作则，在课堂教学中使用标准的数学语言，注意数学语言的严谨性和科学性，让学生自己去研究、去探索、去表达，鼓励学生大胆地向其他同学展示自己的解题过程，培养学生语言表达的条理性、清晰性、准确性。让学生清楚地表达数学的解题程序，让学生有条理地叙述思考过程，不断提高学生的说理能力、表达能力和思维能力。数学语言的形成是一种渐进的过程，作为数学教师，要重视发展学生的数学表达能力，这对学生未来的发展具有重要的意义。

科学探究涉及提出问题、猜想结果、制订计划、观察与实验、表达与交流等活动，学生要选择自己擅长的方式（语言、文字、图表、模型等）表述研究的过程和结果。新科学课程标准中明确提出要“发展表达和交流的能力，认识表达和交流对科学发展的意义，认识探究的成果可能对科学决策产生的积极影响”，要求学生“在与他人的交流过程中，能运用科学语言合乎逻辑地质疑和讨论问题”。长期以来，科学表达能力的培养在我们的教学中没有得到足够的重视，在课堂上，往往只有几个学生争相发言，绝大多数学生变成了光听不说的“机器”，即使被迫发言也是吞吞吐吐，表述自己意见时，语言啰嗦、词不达意、条理不清，有的干脆站立不语。教师在课堂教学中讲得过多，有的甚至是“满堂灌”，学生说话的机会少、表达的机会少，从而使课堂教学的“双边活动”变成了“单向活动”。科学思维的发展离不开科学表达能力的同步发展，唤起学生的交流、表达意识，使课堂的表达成为学生的主动行为，鼓励学生用恰当的语言、文字、图画表达自己的观点和看法，使课堂的交流更加顺畅。让学生在表达自己的观点的同时展示自己，并获得他人的尊重和肯定，以增加自信心，也学会尊重他人，获得积极的情感体验，这是科学课本身的要求，也是写作教学的目标。

艺术课程综合了音乐、美术、戏剧、舞蹈以及影视、书法、篆刻等艺术形式和表现手段，对学生的生活、情感、素养和认知产生直接或间接的影响。在美术、音乐教学中，教师应着重培养学生运用描述性语言进行表达的能力，学会陈述经典名画的表现内容，学会陈述欣赏音乐时脑海中出现的意象。观赏齐白石的《荷花》，能够描述看到的景象，表达细腻的观感；欣赏《动物狂欢节》，能够描摹音乐中的各种情景和各种动物的表现。同时，适当培养学生运用解释性语言的能力，教会学生根据自己对作品的了解，解释作品的主题、历史背景，探讨作者的表达意图。此外，还应该培养学生运用评价性语言的能力，根据自己初步形成的审美观点对艺术作品作出自己的评价，并和同学交流看法。

（三）学科作文素材的提供者

1. 开展形式多样的活动

课堂活动丰富多样，具有代表性的有表演、游戏、比赛、辩论等。

（1）表演

课堂表演指学生根据教材内容演绎一段故事或再现某种情景，以拓展教材广度，活跃课堂气氛，提高综合素质。

课堂表演有角色扮演、情景模拟、课本剧等形式。体育课练习蛙跳，同学们扮演青蛙，学习青蛙的样子；音乐课欣赏《动物狂欢节》，同学们扮演大象、狮子、公鸡，踏着音乐的节拍，感受音乐的魅力；品德课上，学生经常扮演生活中的各种角色，在角色扮演中接受教育，学会换位思考。情景模拟，即针对教材内容让学生表演，再现生活情境，增强学生的现场感。课本剧是学生根据课文内容进行改编，挑选角色进行演绎的小戏剧。

为了更好地发挥表演在课堂教学中的作用，教师要正确认识课堂表演的目的并不是为表演而表演，它也不是课堂的一种点缀。表演是为了更好地理解作品，帮助学生深入了解作品的内涵。因此，要保证表演的质量和效果，借表演提高课堂效率。

教师要引导学生反复阅读作品，把握作品的内涵，指导学生更好地理解作品，教师要准确地把握作品的内涵和作者的意图，不适合表演的作品不要强行安排表演，适合表演的也要恰到好处。教师要精心策划、认真组织、巧妙调控，既不能对学生期望过高，也不能听之任之。当学生表演到位时，应该及时给予认可和鼓励；当学生的表演出现问题时，教师要及时调控，并分析原因，给予正确的引导、评价，重新将学生带入情境。教师应该提高自身素质，学习一些表演知识，必要时进行示范。课堂表演时，要注意观看的纪律，学生表演后，请观看的同学进行评价，使课堂表演真正服务于课堂教学。

（2）游戏

德国教育家福禄培尔认为：“游戏是儿童活动的特点，通过游戏，儿童的内心活动和内心生活变为独立、自主的外部表现，从而获得愉快、自由和满足，并保持内在与外在的平衡。儿童游戏往往伴随着语言的表达，这有利于儿童语言的发展。”国内外的实践也表明，采用科学的游戏教学将大有裨益，小学课堂游戏是最好的一种教学方式。

小学各科教学都应该借助游戏，让学生在轻松、快乐的气氛中享受学习。在游戏教学中，教师应根据教学内容和学生的心理特点设计游戏，引导学生有序地开展活动，体现了“教学为主导，学生为主体”的教学规律，要巧妙地将教学目的和内容与游戏的内容和规则结合起来，保证全体学生参与，围绕教学目标完成教学任务，保证教学质量。游戏前，教师要讲清游戏规则，让学生理解并掌握游戏的玩法与规则，可以直接讲授，如果游戏比较复杂，学生不熟悉，靠讲授学生难以理解，教师可以选几个理解能力较强的学生与其演示游戏、示范游戏。在游戏过程中，小学生往往由于过度兴奋和对游戏规则的不熟悉而产生一些误会、争吵，教师要及时加以调控，确保游戏的顺利进行。针对小学生好奇好胜的心理，教师经常在课堂上玩竞猜游戏，吸引学生的注意力，让知识的学习变得魅力无穷。英语课，老师小声地读单词，让学生根据老师的唇形猜；老师出示一幅图，让学生猜一句话；让学生做一个动作，其他同学用学过的句型说出来等。

（3）比赛

每一个学生都是不服输的，课堂上，教师可以充分利用学生的这一特点，通过课堂比赛的方式，调动学生的学习积极性，强化学生对内容的学习，为学生提供强烈的情绪体验，让学生难以忘怀。比赛可以应用到教学的各个环节中，通过比赛可以把学生的注意力很快地集中到课堂上来。学习新内容时，小组比赛读书、抢答、完成任务的快慢等，学生全体参与，积极性特别高；复习时，比赛使学生不会觉得老师是在“炒旧饭”，教师可结合要复习的内容，设计“擂台赛”“淘汰赛”，比一比谁掌握的知识更多、更清楚、更扎实。科学课上观察能力的比赛，音乐课上的表演比赛，美术课的作品展览，不仅烘托课堂气氛，提高课堂效率，而且让学生不断体验成功的感觉，促进学生热爱课堂、热爱学习。

（4）辩论

是非越争越明，学生也喜欢在课堂上进行辩论，各自发表自己的意见和观点，在辩论中学会分析，学会综合，学会学习。传统的课堂上，学生总是被动地接受知识，教师是权威，优生是榜样，其他学生常常无疑可问甚至有疑不敢问，导致学生的个性被压抑、质疑能力得不到发展。新课改实施后，学生的主体意识在逐步增强，教学活动成了师生平等对话的过程，学生在和谐、安全的心理氛围中研读课文或畅所欲言，敢于质疑、敢于辩驳，充分发挥了自己的才华。这种智力的对抗和思维的撞击，使学生的个性得到张扬，创造性思维得以发展，这也是促使学生进一步探索和质疑的动力。

课堂辩论是各学科组织教学的常用方法，教师要善于发现可供辩论的话题，激起学生辩论的欲望，帮助学生收集素材，分析问题，在辩论中把握问题的实质，在充分提高学生的口头表达能力的同时，提高学习效率。

2. 注重学科教学的生活化

（1）各科教材的生活化

新课程要求教师必须对教材有一个全新的认识，那就是“用教材教，而不是教教材”。教材的内容是静止的、有限的，而学生的学习资源是丰富多样的、不断变化的。教师必须根据时代发展的要求，充分挖掘学生身边的教学资源，加强实用性教学。教师不仅是教材的执行者，更是教材的建设者。新课程强调回归学生生活，联系学生生活和社会实际，把学生视为生活世界中的人，而不仅仅是“书本世界”中的人。

各科教材都十分强调联系学生生活，让学生在生活中学习知识、运用知识，把书本和生活进行“无缝”对接，让学生学有用的知识。小学科学教材紧密结合生活实际，向生活开放。教师要牢固树立教材生活化的观念，在生活中引导学生学习教材，充分挖掘教材中的生活情境，让学生在生活中观察、探究、学习，形成“学科学，用科学”的体验。

《全日制义务教育数学课程标准（修改稿）》强调：“课程内容的选择要贴近学生的实际，有利于学生体验、思考与探索。”数学教学活动必须建立在学生的认知发展水平和已有知识经验的基础之上，数学教材应与学生的生活密切相关，能够使学生认识到许多实际问题可以借助数学方法来解决，体验数学问题的探索性和挑战性，感受数学思考过程的条理性和数学结论的确定性。

“品德与社会”课是以儿童的社会生活为基础，促进学生良好品德的形成和社会性发展的综合课程。它以儿童的社会生活为主线，将品德、行为规范和法制教育，爱国主义、集体主义和社会主义教育，国情、历史和文化教育，地理和环境教育等有机融合，引导学生通过与自己生活密切相关的社会环境、社会活动和社会关系的交互作用，不断丰富和发展自己的经验、情感、能力、知识，加深对自我、对他人、对社会的认识和理解。课程教学中，教育的内容和形式必须贴近儿童的生活，以儿童生活为基础，反映儿童的需要，让他们从自己的世界出发，用自己的眼睛观察社会，用自己的心灵感受社会，用自己的方式研究社会。在具体的教学实践中，教师要善于调动和利用学生的已有经验，结合学生在现实生活中存在的问题，共同探究学习主题，不断丰富和发展学生的生活经验，使学生在获得内心体验的过程中，形成符合社会规范的价值判断。

音乐和美术课程要求联系学生的成长环境，发展学生的艺术能力。艺术学习只有与学生个人成长环境联系起来，从其兴趣、需要、情感表达、人际交流出发，才能使学习变得丰富多彩、鲜活充实，并使学生获得持久的学习动力。艺术从生活中来，学习艺术是为了更好地美化生活，赋予生活更多的审美情趣。在艺术活动中加深对生活的认识，拓展生活经验，学会享受生活的乐趣，在生活经验和艺术经验的相互作用与转换中，提高用艺术方式表现生活的能力。

挖掘教材中的生活情景需要教师牢固树立生活观。教学，就其本身来说，具有很强的实践性和应用性，它来源于生产、生活实践，是生活的抽象，又始终服务于生活。

(2) 教学内容的生活化

教材是众多前人实践经验的结晶。对学生来说，它仍然是一种间接经验，具有很强的抽象性。处理直接经验和间接经验的矛盾，莫过于让学生自己去感知和实践，让他们再现“生活”。灵活处理教材与学生生活实际的关系，找准理论与实际的衔接点，将生活情节有机地渗入教材之中，最大限度地挖掘它的生活内涵，让课堂富有浓浓的生活气息，使学生透过教材联想到生活，并学会观察生活，通过生活的体验加深对教材的理解。教学“千克和克的认识”这一内容时，指导学生提前进行生活调查，课堂上，师生进行调查交流。教师将准备的一些生活用品带进课堂，让学生看一看、掂一掂、猜一猜、称一称。

（3）学习结果的生活化

学习不是简单的知识传授，而是心智的相互启迪与激发。用抽象的知识激发学生热爱生活与敬畏生命的强烈情感，这是教学生活化的直接目的。孩子的成长是一个不稳定的过程，需要通过生活化的演练让他们掌握生活的技巧。作为孩子成长的监护人，家长需要给予孩子明辨是非的能力；身为孩子知识的引领者，教师需要给予学生生活实践的方法。认识了时钟，让学生设计自己的作息时间表；了解了天气，让学生记录真实的天气变化；学了装饰，让学生美化一下自己的书本、文具，等等。

三、教育管理者

（一）借助学科作文诊断课堂

学科作文立足于学生的学习生活，着眼于学科知识、学科历史、学习情境、学习内容、学习感受、学习成果的描述，充分挖掘学科生活中的素材，用多种形式表达出学生在各科学习过程中的见闻、心得、体验、收获。这种表达围绕着学科教材、学科教学而展开，不仅反映出学生学习、思考的状态，而且真实记录了学生学习过程中的思维情况、遇到的困难、学习的感受等。通过学生的文字，教育管理者可以诊断教学目标的设定是否恰当，教学组织是否合理，教学方法的运用是否有效，教材处理是否得当，教学重难点的讲解是否落实，教学效率是否提高，等等。

一般来说，对课堂的观察和诊断都依赖于管理者深入课堂。他们根据一定的教学管理目标，凭借自身感官（如眼、耳等）及有关辅助工具（观察表、录音录像设备等），直接或间接地从课堂情境中收集资料，并依据资料作相应研究，从而形成对课堂的判断。

课堂观察与诊断首先需要描述学生的学科学习行为，这些行为一般涉及以下几点。

1. **准备**

（1）学生课前准备了什么？是怎样准备的？对课堂有什么样的心态？

（2）学优生、学困生的准备习惯各是什么样的？

2. **倾听**

（1）学生是怎么听老师讲课的？听课状态如何？是否做笔记？如何做

笔记？

（2）倾听的时间多长？倾听的学生有多少？

（3）听不同内容、不同学科时，学生的状态有什么不同？

3. **互动**

（1）有哪些互动行为？分别是怎么进行的？对比规则、要求及结果。

（2）参与“提问—回答”的人数、时间、对象、过程以及质量。精彩的发言是谁说的？为什么精彩？

（3）参与小组讨论的人数、时间、对象、过程以及质量。

（4）参与课堂活动的人数、时间、对象、过程以及质量。

4. **自主**

（1）学生可以自主学习的时间有多少？有多少人参与？学困生的参与情况怎样？

（2）学生自主学习形式有哪些？各有多少人？

（3）学生的自主学习是否有序？学生有无自主探究活动？学优生与学困生的情况有何不同？

（4）学生自主学习的质量如何？

5. **达成**

（1）学科学习的目标是什么？学生学会了什么？明白了什么？掌握了什么技能？

（2）课堂学习的意义以及在生活中的作用。

（3）课后作业完成的情况。

（二）借助学科作文规范管理

学校生活丰富多彩，学生作为学校生活的主体，开展各项活动，获得丰富的情感体验，汲取成长的营养。学科作文立足于学生的学习生活，记录学习生活中的见闻、感受，以学生的眼光、触觉、体验反映学校教育活动的效果，为教育管理者提供一定的教育变革信息，便于学校规范管理，提高管理效率。

1. **记录学校生活，方便家校沟通**

家长是孩子的第一任教师，学校是孩子学习知识、获得学习方法的主要场所。孩子的学习生活是家庭和学校联系的纽带，家长想了解孩子在校生活情况，学校想了解孩子在家的学习情况，只有就双方共同关注的问题达成一定的教育共识，家长和学校才能携手共进，做好孩子的教育工作。关注孩子的学习与生活，是双方沟通的前提。因此，让孩子认真记录学校生活，便于家长和学校共同配合，促进孩子健康成长。

下面一篇文章写了学生在学校生活中的烦恼，而这种烦恼具有普遍性：

我自认为是一个非常友好的人，在班级里有很多朋友，可最近，我特别烦。

星期一上午，刚好轮到我做值日生，我有一个很要好的朋友违反了规定，按照班规应该扣她1分。这可令我很烦恼的是：她是我的好朋友啊，记的话她能不能理解我、支持我呢？她会不会不理我呢？如果不记，老师就会批评我。到底记不记呢？思来想去，我还是如实地记录在案。

下午公布结果的时候，我低着头不敢看被我记名字的那个好朋友，她马上就传来一张纸条："真不够意思，以后再也不理你了。"我很伤心，这可怎么办啊？

我静下来想了又想：这又不是我的错，怕什么？不理我就不理我呗，有什么了不起的。可令我万万没想到的是，她居然背着我说我的坏话，说我"阴险"，说我是"小人"，弄得很多同学都不愿意搭理我了。以前热闹惯了，现在，一个人孤孤单单地进进出出，心里发虚，很不习惯。

日子一天一天过去了，她还是不肯原谅我。我觉得自己也没有什么对不起她的地方，所以也不打算去跟她解释什么，就等着她慢慢谅解吧。

学生在学校里难免会有各种矛盾、误会、冲突，从老师和家长的角度看，可能都是鸡毛蒜皮的小事，但对于成长中的孩子来说，如果困惑于这些日常小事而不能走出来，很可能会形成心理阴影。如上文所写，类似的事情每天都在发生，具有一定的代表性，学生处于矛盾的纠缠中。学生的表述为家长和教师提供了教育的切入点，也方便家长和教师形成教育合力，双方都清楚问题的症结，各自对孩子进行正面的疏导，孩子就能走出困惑，积极面对学习与生活。

2. **抒写活动感受，强化活动效果**

学校教育活动是指对学生进行培养和训练的活动，包括课堂教育、检查评估、学科竞赛、文体活动等。这些活动从形式看，有教学活动、课外活动、实践活动；从活动主体看，有管理者的活动、教师的活动、学生的活动；从内容上看，有德育、智育、体育、美育、劳动技术教育等各种活动。在这些形式多样的活动中，学生的感受与体验反映出教育的效果，也为活动的进一步开展提供丰富的教育信息。借助学生对教育活动的记录，反思教育活动的策划、组织、实施，总结教育活动中的得失，从而不断完善教育活动。

下面我们来看学生的文章：

让校园植物开口说话[①]

——记我校的植物挂牌活动

朱尔丹

我们学校像一个充满生机的大花园，到处都是美丽的花草树木，但我们很少知道这些植物的名字。大家都说，这么多的植物，要是都有它们自己的“身份证”就好了。在老师的指导下，我们科学社的同学就光荣地成为“挂牌”先锋队员。

为此，我们开展了一系列工作，我们要解决“我们学校到底有多少植物”“标牌上需要介绍什么”等问题。随着活动的深入，我们遇到的困难越来越多，可我们还是“奋勇作战”。我们邀请自己班的全体同学献计献策，别看我们年纪小，真正思考问题时还是挺机灵的。我们根据收集来的信息资料创作了初稿，常识办的老师则负责校对。为了发挥我们的最高水平，我们还邀请了校文学社和书画社的老师和同学来帮忙，帮我们在标志牌上添加名人诗句和植物画像等。比如，为松树配的诗句是：大雪压青松，青松挺且直。

我们请我班写字最好的同学给植物写文字介绍，请画画最好的同学美化植物标牌。初稿让老师审查，如果有错误的知识就要重新查实，植物的分类要求科学、准确。总之，我们尽了自己全部的力量把初稿变得生动有趣。给植物取名挂牌真不是一件简单的事，起先我们给“南天竹”挂了“纹竹”的牌，却给“纹竹”挂了“南天竹”的牌。这么糊涂，我们自己又觉得好笑，又责怪自己对植物太不了解了。

---

① 徐赛君，钟传祎．小学生学科作文［M］．太原：山西教育出版社，2010.

标牌“定稿”后，塑封防水，顿时变得更漂亮了。瞧，这一块标牌的设计：

我的大名：石榴。我的英文名：pomegranate。我的家乡：伊朗、阿富汗。我的好处：做药、观赏、品尝。我的要求：对土壤要求不高，以肥沃、疏松的土壤为好。我的样子：人们说我“多子多福”，红红的，肉一粒粒的，像球一样。小朋友，你能为我作首诗吗？

而且，每个班都有生物角，我们几乎让每一盆小花都贴着它的介绍。例如，吊兰的话是“我喜欢干，爱阳光，我的主人是四（3）班可爱的展涛”。仙人球的话是：“我叫仙人球，喜欢干，不喜欢潮湿，请让我多晒晒太阳，谢谢罗莎小朋友对我的照顾。”在生物角旁，贴着常识课代表想出来的标语——“来爱护我们的朋友吧！”

艰辛的设计，换来了丰收的喜悦。每当我们漫步校园，青松带来坚韧挺拔的感受，梅花悄悄地告诉我们“香自苦寒来”，翠竹呈现给我们高风亮节的情怀，我们仿佛走进了有趣、生动的常识书里。

每当看着随风飘扬的漂亮的标牌，我们特别高兴。我们看一眼就叫出它的名字，它已经是我们在寄宿学校朝夕相处的好朋友，这是我们为这些可爱的植物做的一件有意义的事。

开展“为植物挂牌”的活动，让学生了解校园的植物种类、名称、特点，为植物制作“身份证”，让学生进一步了解学校，爱护花草树木。学生是如何开展这一活动的，活动目标是否达成，今后开展类似的活动应如何组织，教育管理者除了认真总结、反思上述内容外，更需要了解活动者的活动情况、心理感受。而学生记录活动的文章便于教育管理者认真思考活动的全过程，从中发现问题，提高教育管理能力。

3. 见证活动情形，创建学校特色

学校特色就是学校独有的一种文化。这种文化的形成不是依赖于某一个单独的学科，也不是几个学科的简单堆积，它是一个综合体，是贯穿各种活动的主轴，是一种精神。学校特色好比一条河道，师生的行为如同河水，河道规范着河水，使河水沿河道奔流，而河水又加深、加宽了河道，使河道具有更高的规范力。从这个意义上说，学校特色是对育人方向的引领，是学校的办学灵魂。学校特色的形成是一个长期的文化积淀过程，是学校教育教学活动累积过程中一以贯之的主旋律。因此，学校特色体现在教育管理者围绕学校的育人方向、办学目标、办学理念而开展的形式多样的教育教学活动，活动的效果主要体现在学生思想、感受的变化。提倡让学生记录各项教育教学活动的见闻、体验，意在清晰地见证学校文化内涵和特色的积淀。

快乐的采摘节①

刘心宇

昨天下午，老师说明天要过“第一届采摘节”，学校全体师生去校内综合实践基地采摘柿子。听到这个消息，同学们都兴奋得手舞足蹈。围绕“怎样过好采摘节”，同学们分小组展开讨论，老师还指导我们制订详细的采摘方案。过节还订方案，还真是头一次，我还感觉不适应呢！老师说，这叫“未雨绸缪”。

好不容易盼到了今天下午，同学们带着采摘工具，有的还带了笔和本子，准时到操场集合。我们先是聆听了校长热情洋溢的讲话，接着听段老师讲了采摘方法、采摘要领和注意事项。说实话，我的心早已飞到了柿子树下。

我们班分到三棵树的采摘任务。来到柿子林，按事先分工，矮个子同学摘低处的。小穆亚同学，从来不自觉写家庭作业，可摘起柿子却非常认真，轻轻地拧动，生怕把宝贝柿子弄坏；有的同学是两个人抬一个人，摘比较高的柿子；蒋环同学书写认真，摘起柿子也同样细心，她往高处一跳，抓住树叶，才伸手向柿子抓去，把柿子一拧，就掉了。很高的地方我们都够不着，就用搭人梯这个好办法，一连摘了好几个柿子。我们班个子最高的吴艳秋同学摘较高处的柿子简直就是张飞吃豆芽——小菜一碟，矮的同学像只袋鼠又蹦又跳去够，都够不到。面对枝头的柿子，我们就只有眼巴巴地看着了。

看到这种情况，穆新举着长竿子过来了，竿头拴着一个布袋，袋里有个钩子，用铁丝固定着。可大家都不知怎么用，只有段长硕说他在家里帮爷爷摘过柿子，会用。他先给我们做示范，用布袋套住柿子，紧握长杆向左拧，或向右拧，或转圈拧，拧不动，就用力拉，柿子就能掉进布袋里。就这样，我们都学会了这种采摘方法。

① 徐赛君，钟传袆．小学生学科作文［M］．太原：山西教育出版社，2010.

我们摘完柿子统计一下，一共有156个柿子。

辛苦劳动后该品尝劳动果实了。我们围坐在一起，老师拿出半生不熟的柿子，用刀子切了几片，发给我们，我和蒋环吃了一口，先是感觉非常甜，但甜过后还稍有些涩。后来老师又拿出一个硬硬的柿子，分给男同学。马跃龙说："真涩啊！涩得张不开嘴。"有的男同学吃后，呲牙咧嘴，表示不好吃。

老师又拿出不熟的柿子，切了几片，我心想这个一定不好吃。但吃起却非常甜。同学们很困惑："为什么这个柿子这么甜，这么脆呢?"老师告诉我们这是漤柿子。"柿子怎么漤?"我们班有的同学说拿酒漤，有的说拿水漤，老师说也可以拿苹果漤。漤柿子的办法，我还是第一次听说。

这个节日我过得真开心！不知明年还能不能再过"第二届采摘节"！

学校的节日往往根据学校的办学理念、办学特色，立足学校的长远发展和学生的健康成长而设置。设置"采摘节"，让学生亲身实践并体验劳动的快乐，让学生的学习和社会实践紧密结合起来。上文写了同学们参加采摘节的心情及采摘的过程，详细记录了同学们采摘柿子的劳动情景。学生通过这次活动不仅学会了采摘柿子，还了解了很多生活常识，提高了对生活的认知。社会实践劳动为学生搭建了成长的平台，而学生的记录则把学校采摘节定格为一幅幅精彩的画面。

（三）借助学科作文整合课程

新课程改革在课程设置上强调综合，各科课程目标的表述中都体现了设立综合化课程的学习目标，力图体现人文与科学、课程与生活、课程与社会的相互作用，体现知识与能力、学习与应用相结合的教育取向。

语文学科着力强调丰富的人文内涵对学生精神领域的深刻影响，强调"拓宽语文学习和运用的领域，注重跨学科的学习和现代科技手段的运用，使学生在不同内容和方法的相互交叉、渗透和整合中开阔视野"。

数学学科要求学生"初步学会运用数学的思维方式去观察、分析现实社会，去解决日常生活中和其他学科学习中的问题，增强应用数学的意识"，"综合运用所学知识和技能解决问题"，"初步认识数学与人类生活的密切联系以及对人类历史发展的作用"。

物理学科要贴近学生的生活，"注意不同学科间知识与研究方法的联系与渗透，使学生关心科学技术的新进展和新思想，了解自然界事物的相互联系，逐步树立科学的世界观”，让学生认识“能源利用与环境保护的关系”，知道“物理学不仅指物理知识，还包含科学研究方法、科学态度和科学精神”。

化学学科强调要让学生“能从化学的视角去认识科学、技术、社会和生活的有关问题”，增强学生对自然和社会的责任感，使学生从化学的角度逐步认识自然与环境的关系，分析相关社会现象，在面临与化学有关的社会问题的挑战时，能做出更理智、更科学的决策。

从21世纪学科发展趋势出发，生物学与物理学、化学、数学等其他学科之间不断交叉、渗透和融合，对解决人口增长、资源危机、生态环境恶化、生物多样性等问题具有重要的作用，把渗透人文精神作为课程设计的基本内涵，强调“理解人与自然和谐发展的意义”。

地理学科强调要改变“学科中心”与“知识本位”的地方志式的课程，将课程定位在研究地理环境以及人类活动与地理环境相互关系的科学性质上，强调地理课程的综合性和地域性。由于地理环境是地球表层各种自然现象、人文现象有机组合而成的复杂系统，因此，“地理学是一门兼有自然科学性质和社会科学性质的综合性科学”。

历史学科强调形成正确的历史时空概念，培养知识迁移能力；能够对历史现象进行初步的归纳、比较和概括，加深对人类历史发展进程的理解；了解人类社会历史发展的多样性，形成面向世界、面向未来的国际意识。

综上所述，我们发现课程的综合首先要立足生活，不管是数学、物理、化学，还是历史、地理、生物，都要求结合生活进行学习。而思考和解决问题的过程，可以借助作文来联系生活，帮助学生更好地开展研究、进行探索。写作作为学习的工具、研究的工具、思考的工具，能有效强化学科的综合思维，有助于学科间的整合。

下面是一首生物诗：

爱到细胞深处

穿过纷繁复杂的生物圈
你来到我的面前
是否

有一条无形的碳链
冥冥中把你我相连

你的目光如水
浸润了我的每一个细胞
你的声音如糖
让我拥有了无尽的能量

每一刻
我都在想念你苏丹 III 般的容颜
我的思念已进入每一个核苷酸

我的 DNA 充斥着你的信息
你已经控制了我所有的蛋白质
我无法逃避

就算构成细胞膜的磷脂
你也可以轻易穿透
对你的爱在自由扩散
不需要任何的能量和载体

你是细胞核
控制了我的遗传和代谢
你是线粒体
没有你我便失去能量
你是叶绿体
让我拥有了新的养料
你是溶酶体
随时可以溶解我的一切

其实
你就是核糖体
把我像氨基酸一样的俘虏
你就是内质网
把我像蛋白质一样的加工
你就是高尔基体
包裹了我
又把我轻易地放弃

为什么
我还是那么爱你

因为我希望
我们像两个氨基酸一样
脱去那一分子无谓的水
相互连接成紧密的肽键
因为我感到
我们像两分子葡萄糖
条件成熟就能合并成麦芽糖
因为我清楚
我们就是配对的脱氧核苷酸链
必将形成美丽的双螺旋

显然，这首生物诗将生物学知识和诗歌的形式融为一体，将枯燥的生物知识化为鲜活的意象，我们能够体验诗人丰富的情感生活，同时又在学习生物知识。这种学习生动有趣，激发了学生学习的积极性，让学生以全新的角度学习生物。下面是学生的一篇化学文章：

铁与氧气的战争

金属王国和气体王国素来不和，两国之间冲突不断。终于有一天，战争爆发了。

金属王国依仗本国士兵数量众多，将气体王国的军队打得落花流水，节节败退，十分轻松地占领了气体王国的大片国土。仅仅三天，金属王国的先头部队在Fe上校的指挥下，已经攻到了气体王国的腹地——大草原。

气体王国的O_2国王愁眉不展，心想金属真的是太多了，而在常温下的气体却这么少，这场战斗怎样才能打赢呢？这时，Cl_2总参谋长向国王支了一招。

“国王陛下，金属都有熔点，只要到了熔点并继续加热，他们就会变为液态，只能在地上乱流，站都站不起来。我们消灭他们不就很容易吗？”国王听了，连声叫好。

交战的那一天，O_2国王命令士兵将己方阵地前方全部点燃，成了一片火海。“敌人想要用火吓住我们，”Fe上校说，“战士们，不要害怕！Na、Mg、K，给我上！”话音刚落，数千金属部队迈着整齐的步伐，走进火海。不过，他们一进去，就感到浑身不舒服，身体的每一部分都要向外扩散，没等他们逃出来，就全部熔化了。

“可恶……”Fe上校满脸怒火地说道，“我把熔点给疏忽了。我这次要亲自进攻！”Fe上校率领他的禁卫军（自然都是他的部下）步入火海。

O_2国王将Cl_2总参谋长封为公爵，以表彰他的高招。看到Fe上校来攻，O_2国王狂笑道：“他也想熔化吗？”老大臣Xe提醒他：“Fe的熔点很高，不会熔化。”O_2国王大惊失色，连忙召集自己的O_2骑士团，紧急反击。

两军人数3：2，Fe上校占优。在火中猛烈拼杀，Fe上校与O_2国王越打越奇怪，自己的士兵越来越少，反而出现了许多“大块头”废物。没过多长时间，O_2国王身边只剩下1个骑士，而Fe上校身边也只有2个铁甲战士了。

两个总指挥官碰到一起，顾不了身边的奇怪现象，便大打出手。可奇怪的是，这5个人也变成一个傻乎乎的“大块头”，在原地呆呆地发愣。气体王国阵地上的自然科学家Ar大叫一声：“那些是Fe_2O_3，国王的部队和Fe上校的部队在高温下产生了化学反应！”

正当两边部队惊惶失措的时候，一直在山顶观战的中立国C联合王国的石墨少将，带领部队骑马飞驰而来。大声说道：“我可以将你们还原，但要停止战争！”金属王国的Zn少校立即向皇帝拍了一份请示电报，得到批准；气体王国的O_2国王也借Fe_3O_4之口同意了。趁大火还没有熄灭，石墨少校率部进入火海，3 个 C 士兵治疗 1 个 Fe_2O_3，一阵浓浓的白烟滚动之后，所有的 Fe 士兵都被还原回来，可是 O_2 国王、石墨少校和他的部队不知去向了。

倡导学科写作教学，用写作打通各学科的联系，用文字记录各学科的知识、内容以及学生学习的体验、感受，把各学科知识融为一体，从而培养学生的综合素养和综合思维，真正实现课程的整合。

第二节　学科作文的评价研究

学科写作教学即把作文作为跨学科教学的手段和工具，以挖掘学生学习生活中的素材，关注学生心灵成长的历程。它作为突破传统作文教学模式的新方向，倡导在学习中写作，在写作中学习，把作文当作学习生活的伙伴。“学科作文”这一概念的提出为作文教学的改革打开了一扇新的窗户，其意义在于：第一，有效解决学生作文“无米之炊”的问题，使学生获得取之不尽、用之不竭的写作素材；第二，真正凸显作文的意义和价值，使作文成为交流、思考、探究、学习的工具；第三，完善学生的学习方式，提高学习效率。学科作文倡导每一位作者都用自己鲜活的语言来表达他们正在学习的东西，让写作练习成为学科学习的一种工具，以完善学科学习方式，提高学科学习效率；通过写作培养学生的学习兴趣，激发学生的创造潜能，从而使他们在不同领域思考更多，收获更多。

学科作文整合学科和作文，与传统的作文是有区别的。教师若仍沿用传统的作文评价标准去评价学科作文，必定出现诸多问题，因此，建立学科作文的评价体系势在必行。

一、学科作文评价的内涵与特点

（一）学科作文评价的内涵

1. 作文评价

作文评价是作文教学的重要环节，是作文指导的延续。一般而言，教师往往依据一定的评价标准来测定和区分学生的写作能力。

作文评价是一个世界性难题，因为它所测评的对象是学生的精神产品，同时也会因评价主体的不同而使评价结果产生较大的差异。1983 年，北京师范大学心理系郑日昌等人利用高考之便，在北京市随机抽取五份作文试卷，复印后发到全国除西藏、台湾以外的28个省市自治区，由各地阅卷组评分。当年作文共两题，说明文满分为15分，议论文满分为30分。同一篇说明文，有的评阅者给13分，有的给4分；同一篇议论文，给分从8分到26分不等。误差率高达满分的60%。这些数字，表明作文评分教师的个体差异大。同时广东省高招办、江西师大、河南大学进行了关于高考作文教师评分群体差异的调查。评分摆动幅度惊人，最高值与最低值竟相差26分，为平均分的1.33倍。① 这使得对学生写作水平的评估变得几乎没有意义。

尽管作文评价标准难以统一，作文测评有很多的不确定性，但研究者还是对此做了很多努力，为作文评价编制了不少量表。近年来，美国常用的标准化作文测评量表，包括美国教育测验服务社编制的《STEP短文测验》和《戴里奇服务社作文量表》。

2. **学科作文评价**

学科写作是指学生用作文的形式表达他们在各学科学习过程中的心得体会，学科作文的内容可以是对学科知识、学科思想、学科策略的认识、理解、领悟，也可以是关于学科现象和学科价值的认识和陈述，可以是探索或研究学科问题的愿望或畅想，也可以是学生对自己学科素质的评价或学习体验等。学科作文的评价不局限于写作的技巧与呈现方式，它是以学生的学科作文及各学科学习活动为对象，根据一定的目标要求，通过多样化的评价手段和方法，具体而有针对性地对学生在学科作文及其活动中所反映的信息进行筛选、分析、评估，并根据这些有意义的信息指导学生学习，进一步完善教学。

（二）学科作文评价的特点

1. **指向多元**

学科作文评价的对象是学生的学习活动及作文本身。学习活动包括独立的探究活动、师生互动、交流讨论、课外拓展等，而作文则是写作过程与写作水平的具体呈现。对学生学习活动的评价不只是对活动本身的评价，还包括对学生在活动中的认识、态度、体验与感悟等的评价。对学科作文本身及其反映出来的信息进行评价，除了要评价学生在学科作文中反映出来的对学

① 黄峰．作文评价心理及其调控策略研究［D］．湖南师范大学学位论文，2009．

科知识的理解与掌握程度外，还要评价学生的学科素养、创新能力、探索精神以及情感与态度等。简而言之，评价的内容为：对学科知识与技能的理解与掌握程度；发现问题、提出问题和解决问题的能力；情感、态度、价值观的形成与发展，学科写作的水平与能力等。

2. **注重发展**

学科作文评价关注学科学习和写作的互融，立足于促进学生思维的不断完善和心灵的不断成长，其表现为：一是注重学科学习评价的发展；二是注重学生能力的发展。学科作文评价不仅就学生对学科知识的理解和技能的掌握进行评价，而且对学生的情感与态度、感悟和体会以及学科文化对他们的影响等主观性知识进行评价。学科作文评价关注学生作文中知识的不断积累、能力的不断提高、情感的不断丰富、心智的不断成熟、写作技巧的不断完善，这无疑弥补了传统作文评价方式的诸多不足。

3. **目标明确**

学科作文评价有明确的目标和要求。学科作文评价除了具有检查、甄别、选拔和筛选的功能外，还有诊测、反馈、调控、激励、反思、导向和记录成长等功能。学科作文评价是以学生的学习生活为出发点，通过合理的评价促进学生的全面、持续、和谐的发展。教师通过学科作文能够了解学生对本学科的态度、看法和认识，以及学科探究和创新的能力等。所以，教师在评价学生作文时要根据目标要求，分析作文中各种有意义的信息，确保收集的信息能真实反映学生的学习状态、学习效果，并判断出学生的学习情况，了解学生学习过程中存在的问题和困惑，从而改进教学、提高教学效率。

4. **评价多维**

学科作文评价除了关注作文的表达技巧外，还包括对知识、技能、情感、态度、价值观的评价等；评价方式既有定量的评价又有定性的评价，既有结果评价又有过程评价；既要评价教师的“教”，也要评价学生的“学”，更要评价两者的互动提高，将评价贯穿于学科作文教与学的整个过程之中。同时，学科作文评价主体多元，可以教师评，也可以是学生评和家长评。教师的评价包括语文老师、非语文老师以及教育管理者；学生评价包括自评、他评、互评。多维的学科作文评价体系拓展了教育工作者的评价思维，更好地突出了评价的有效性、全面性和准确性。

二、学科作文评价的原则与方式

采用恰当的评价方法对学科作文进行评价，可以为我们的教学反馈很多有用的信息，并以此促进学生的学习。

（一）学科作文评价的原则

原则是说话或行事所依据的法则或标准。学科作文的评价原则是指在对学科作文进行评价的过程中，评价主体必须遵循的基本要求和准则。对学生的学科作文进行评价应遵循以下原则：

1. 鼓励性原则

评价的鼓励性原则立足于发现学生作文中的闪光点、进步点、变化点、辛苦点，关注学生积极的情感体验和向上的动力，引导学生从点滴进步开始，逐步形成浓厚的兴趣和需要，激发学生学习和写作的极大热情。学生在学科学习过程中，会遇到各种问题，出现各种错误，产生消极情绪，这是可以理解的，也应该包容；学生学习写作，起步艰难，不会动笔，害怕动笔，写不好文章，这也是正常的。教师应该正视这些问题，更应该看到学生的努力、投入、灵性及闪光点，要善于抓住学生在作文中所表现出来的思维、语言表达、解题策略和手段、合作意识等方面的优点，不吝惜自己的鼓励，真诚地告诉学生，让学生看到自己的优点和进步，不断体验成功的快乐。鼓励并不是一味地表扬，批评有时也是另一种激励，但一定要真诚、充满善意，要用发展的、全面的眼光看待学生，使学生客观地认识自己，提高自我评价能力，从关切和期望的角度指出学生的不足，并帮助学生改正缺点、完善能力、不断进步。

学生在科学课上学习“植物的一生”，老师让学生观察花朵，并依据每天的观察所得写观察作文。学生在文章中写道：

花骨朵的薄膜裂开了，里面又四处伸出四五个细细的花茎，头上一个小小的白色的花苞。花苞张开了，水仙终于开花了！水仙的花是白色的，由六片洁白的花瓣组成，里面还有一圈金黄色的花心，最里面是一簇黄色的小花蕊，每个头上都尖尖的，上面“插”着一个红色的“小点”，可美了！水仙花还散发着阵阵清香！

教师评价道：这般丰富的内容，简直和作家写出来的差不多呀。水仙开花啦！多有意思！因为有意思，所以你观察得特别仔细，每一点细微之处都逃不过你的眼睛，正因为这样，文章才更吸引人。

学生通过细致的观察，用自己生动传神的文字表达观察所得，教师抓住这一点，大力夸奖学生，将学生的文章说成是“简直和作家写出来的差不多”。这不仅仅是针对文本本身的表扬，也是一种导向。把写作要求和指导融入评价中，从而更好地激发学生的潜能。

2. **自主性原则**

评价的自主性原则要求教师在评价学生的学科作文时，要处理好主体与客体的关系，以取得评价的最优效果。教育评价本质上是一种以事实判断为基础的价值判断。价值反映主客体之间的关系，是客体对主体需要的满足。教师对学生学科作文的评价，只有能为学生所接受，才能生成有效的资源。想方设法让每一位学生最大程度地接受评价结果，才能实现评价的最优效果。

学科作文描述学科知识、学科生活、学习心得等内容，描述的大多是发生在学生身边的事情，观察点、思考点大多是由课堂引发的。学生参与其中，经历了整个过程，了解当时发生的故事，清楚学科学习状况，这有助于学生主观上接受评价结果。学科作文的评价贵在自主参与，给每个学生机会。教育的目的是让受教育者学会做人、学会求知、学会做事、学会共处，教育的艺术和技巧在于使自我教育的愿望成为每一个学生的精神需要。对学生学科作文的评价，不光是老师单方面对学生做出评定，给予赏识和激励，更重要的是调动学生参与评价的自主性和积极性，让他们在参与评价中发现自我、教育自我、提升自我，学会点亮心中的明灯，从而完成对自我的激励与超越。

3. **全面性原则**

素质教育要求学生全面发展，这本身就对教育评价提出了一个基本要求：评价要全面，不仅包括对基础知识和基本技能的评价，还应包括对情感态度与价值观的评价，注重三维目标的相互融合。它们之间没有主次之分，对任何一方面的忽视都可能造成学生全面发展的偏颇。全面性原则就是对学生在学科作文中的三维表现进行评价，既要看到其特长、特色和优势，又不能过分地强调某一个方面。在作文教学中我们惯用“语言通顺、结构完整、中心突出”之类的评语对学生的作文进行评价，这种格式化的评语让学生不知道自己的作品到底好在哪里。如果把他们的进步、人生观、价值观等具体内容加入评语之中：“母亲对你的爱是伟大的，你应该好好地爱你的母亲”，“你对老人动作的描写足见你对他的同情心，足见你有一颗‘天使’般的心；对老人衣着的描写使老人跃然纸上，足见你有一双善于观察的眼睛”。这些话语对孩子不仅是一种鼓舞，而且会让孩子体会到教师对他“作文”之外其他方面的一种肯定。

值得注意的是，全面性原则并不是不分主次地把影响学生发展的各个方面都等量齐观，造成评价的平均化。这就要求我们在对学生进行评价前，结合作文与学科整合的训练目标，弄清每节课的重点与难点，以便在评价时能够根据基础目标和发展目标进行重点关注。只有这样，才能在促进学生全面、和谐发展的同时，兼顾梯度、个性、健康的发展。

4. **个性化原则**

评价当以人为本，这也是素质教育的基本要求。以人为本就是要求教师在评价过程中不要以固有的教条与模式裁判学生，而应以尊重每位学生在学科作文中流露的真诚情感、真实思想、真切个性为原则，切切实实地为学生的兴趣、热情以及个性的发展服务，使每个学生都能在评价中享受快乐并得到相应的发展。

对学生学科作文的评价要根据学生不同的个性、气质、特点和学习水平进行；评价要因人、因时、因境而异；根据学生的最近发展区，分层推进、分类指导，进行有针对性和艺术性的评价。这样才有利于学生对评价的认同，使学生从多方面把握自己的现状，使不同层次的学生全力投入、尽情发挥、获得发展。评定要走出甄别的误区，转而重视学生在评定中的个性化表现，尊重学生的个别差异和个性特点。通过评价来反馈信息，让优秀生看到自己的弱点，让中等生既看到自己的长处又看到自己的不足，让“临界生”看到自己的希望。

5. **定量与定性结合的原则**

简单地说，定量评价是指对学生在学科作文中表述的某一知识或某一技能的准确程度与恰当性给以分数评价；定性评价指的是用等级或评语对学生的学习和活动行为进行评价。量化的评价方式是目前我国基础教育评价普遍采用的，这种评价方法具有很多优点，如相对准确、评价结果便于在管理中运用等。但是，量化的评价方法也有其局限性，如对学生的学科兴趣、情感、态度等不便于评价。若量化指标不准确，或单纯强调量化的评价方式，学生有时候会出现消极应付评价的现象。因此，在作文评改过程中，注意定量与定性相结合，各取所长，让评价变得清清楚楚、明明白白。

值得一提的是，我们对学生学科作文的评价不仅仅是终结性评价，也不仅仅是对学生的作文进行分等鉴定以确定优劣、进行奖惩，更重要的是，通过评价对学生在学科学习中存在的问题进行诊断，以调整教学目标，获得改进工作的依据。这种思想必须始终贯穿评价的全过程，不搞仓促评价，不报人情评价，防止评价失真。在评价结论的处理上，既要有定性的分析，又要有定量的分析，定量和定性评价相结合有利于科学地反映学生作文的实际情况，避免单独采用定性或定量评价带来的副作用。

（二）学科作文评价的方式

评价的本质是价值判断，而价值是由客体满足主体需要的程度来决定的。因此，任何评价都是主体根据自身的需要和利益，对主客体价值关系的判断。按照评价主体的不同，学科作文评价的方式可分为自评和他评两种。所谓评价主体，是指那些参与教育评价活动的组织与实施，并按照一定的标准对评价客体进行价值判断的个人或团体。他们在评价中控制活动的方向与进程，对确定评价问题、选择评价方法、使用评价结果等都起决定作用。因此，合理确立评价主体并有效发挥其功能，是教育评价取得成功的根本保证。

1. **自评**

自评就是学生根据一定的评价标准，自己作为学科作文的评价主体对自己的作文进行的评价。在传统的作业评价中，评价的主体往往是教师，由教师告知学生是否把题目做对了，能打多少分等。而学生对自己的学习情况往往是懵懵懂懂，自己对自己没有准确的评价。显然，这种主要由教师担任学生学业评价主体的方式，不利于培养学生的自我意识，不利于培养学生的独立性、自主性，也不利于学生学习能力和学习成绩的提高。要改变这种状况，就必须让学生成为自己学业状况的评价主体。在自评过程中，学生再次回顾学习场景、学习内容，这无疑是对所学知识的进一步梳理和巩固，是学习体验的进一步强化，是学习成就感的进一步激发，学生的学习兴趣也在评改中越发浓厚。不仅如此，学生还以读者的身份，以欣赏的眼光阅读自己辛苦劳作的结晶，一定会获得成功的体验。而多次积极的体验、成功的激励、习作的感觉定会从心底突破写作的畏难情绪。同时，自评的过程也是自己对所学知识的重新审视，是对表达方法的运用的再次认识，这能够促进学生在不断的审视和认识中增强表达的科学性、准确性和文学性。因此，让学生成为作文的评价主体，一方面可以调动学生进行作文评价的积极性，主动地参与和配合评价工作，有利于学科作文评价工作的开展；另一方面可以增强学生的自我评价意识和能力，有利于自我反馈、自我调节、自我教育和自我提高。从这个意义上说，重视学生对学科作文的自我评价显得尤为重要。

2. **他评**

他评，即他人评价，是指评价对象之外的他人作为评价主体进行的评价。他评分为教师评价、学生评价、家长评价等多种形式。他人评价一般较为严格，也较为客观，可信度较高。

教师评价是指由教师担当评价主体对学科作文进行的评价。教师评强调教师对学生个体的处境和需要的关注，强调对学生的尊重与信任、与学生的沟通和交流。教师以朋友的身份，根据学生近期的表现，结合学生的学科作文所反映的情况，对学生的发展和所取得的成绩表示认同与肯定，同时还要善意地指出其中的不足，并给予指导性建议。教师评价的主体分语文老师和非语文老师，在评价过程中各有侧重：语文老师主要关注作文的形式，即学生作文中的表达问题，涉及遣词造句、布局谋篇、表达技巧、叙述方式、描写特点、说明形式、行文策略等，围绕语言文字的运用引导学生准确、恰当、形象地表述自己的认识、想法、感受、心得、体会等；非语文老师主要关注表达的内容，如文章涉及的学科内容是否正确，认识是否恰当，想法是否吻合常识，心得是否体现所学内容，文章表达的内容和所学知识间是否存在矛盾、缺陷等。

学生评价一般在教师的指导下，依据一定的评价标准，遵守一定的评价程序，对同伴的作文进行打分、评改。

家长评价主要根据孩子的态度、兴趣、写作过程以及写作内容进行综合性认定，以此与孩子建立良好的互通关系，让孩子理解作文的意义和价值。

3. 互评

互评是同学之间相互作为彼此作文的评价主体进行的评价。学生互评不仅可以提高其批判性思维能力，使其学会客观公正地评价他人；还有利于学生之间取长补短、交流合作，建立良好的生生互动关系。学生参与评价活动是非常重要的，它不仅体现了学生的主体地位，更重要的是通过评价，学生了解了评价的标准，同时也从别人的作文中了解自己发展的方向和状况，从而提高自己的学习积极性和学习能力。评价一篇文章，是一个把自己和别人的作文对照、比较的提高过程。指出了别人的优点就会尝试去学习他人的长处；发现了他人的不足，就对所学的学科知识进行了一次梳理和巩固，在比较中进步，在评论中提高。

学生评价他人的过程也是学习与交流的过程，从中能够更清楚地认识自己的优势和不足，但要注意两点：一是淡化等级和分数，强调关注学生的优点和长处，淡化学生之间相互攀比的风气；二是合理分工，区别对待。让优等生评价中等生的学科作文，这样既能为中等生提供必要的“援助”，又能使优等生从中汲取长处；中等生评价学困生，重在从情感、态度和方法上评价。学生之间互评，在评改中不断完善自己，并提示、建议他人，从而实现评价角色的互换和共同提高。

学生互评不仅仅是对教师评价的补充，它也使评价更趋全面。让学生直接参与评价，更体现了学生的主体地位。给学生更多的自主权，有助于他们在评价中学习，在学习中评价，真正成为学习的主人。但应注意，教师对学生之间的互评要进行积极引导，而不是学生想评什么就评什么、想怎么评就怎么评。教师应根据学情，在学生互评之前进行指导，要求学生以欣赏的眼光发现同伴的优点，并在指出闪光点的基础上，谈谈建议。对学生学科作文的评价，要以学生自评为基础，鼓励互评，教师更要发挥评价的主导作用，做好学科作文评价的指导与总结工作。

三、学科作文的评价标准与评分等级

（一）学科作文的评价标准

学科作文倡导“在学习中写作，在写作中学习”，把写作和学习紧密联系起来，突出作文的实用性和工具性。因此，在确定学科作文的评价标准时，不仅要考虑作文评价的一般指标，还要考虑学科作文的特殊指标，要兼顾学生作文中所反映的学科学习情况、学习特点及创造性活动等内容。

1. **学科素养是评价的核心内容**

学科基本素养是指学生在本学科学习过程中所具备的基本专业素质，包括学科基础知识、基本技能、基本经验、基本品质、基本态度等。学生通过长时间的专业训练形成一定的专业思维，通过这种思维促成基础知识的积累，并增强基本的专业技能，形成基本的专业经验。比如，学生的数学素养，即学生在学习数学的过程中所表现出来的兴趣、能力、直觉、思维品质和情感态度等；科学素养，一般包括科学知识、科学研究方法及探究精神和创新能力。基本学科素养是学科作文所体现的最为基础的内容。写作时，不管以什么形式呈现内容，都要保证基本内容叙述的正确性、逻辑性和层次感。假若一篇文章构思精巧，文采斐然，但其内容错漏百出，这也不能算是一篇好的文章，因为它连最基本的正确传递信息的要求都没能达到。因此，我们必须重视作文中反映出来的学科素养，对于学科作文而言，这是评价的核心内容。

2. **创新精神和实践能力是评价的重点**

学科作文记录了学生的学习生活，反映了学生的学习体验和感悟，体现了学习过程中的创新意识和实践精神。在学科作文的评价中，创新精神和实践能力是重点。教师要重点关注学生在探究活动中的创意，学生在发现问题、提出假设、制订计划、实施计划、得出结论、表达和交流等方面表现出来的探究能力，并通过评价引导学生发展实践能力、培养创新意识。

学了圆周率后，有位学生写了一篇文章，题目是《我是无限不循环小数》。文中写道：

在南北朝的时候，有个叫祖冲之的人发现了我，把我从梦中唤醒，为我取名“圆周率”，代号“π”。从此，我终于拥有了属于我自己的名字，这个名字可是能读出来也能写出来的哦。我爸——也就是祖冲之，把我后面那些数位精确到了小数点后七位，我那条尾巴变长了好多呢！可是，我爸说我潜力无限，有待再发展，还可以再长。只是，我当时年少无知，尾巴长一点就沾沾自喜，得意地到处向人们炫耀：“我可以无限不循环，你可以吗?”

这篇文章视角独特、题目新颖，把“π”看成一个有生命的个体，用第一人称的手法，把老师的讲授和自己对数学知识的了解用生动有趣的方式表现出来。这种写作不仅能帮助学生进一步理解圆周率，而且显示出学生的创新意识。对这样的文章，老师应重点讲评其独特之处。

3. 情感态度与价值观是不容忽视的评价内容

情感态度与价值观的形成，对人一生的发展起着举足轻重的作用。在教学过程中，教师也需要重点考虑“情感态度与价值观”这一目标如何实现以及学生在学习活动中能否落实。这就需要教师在评改学科作文时，正确理解学科教学中的“情感态度与价值观”这一目标，要对照目标检视学生作文中的表现，检视目标是否达成以及达成的程度如何，并作出判断，通过评价进一步落实这一目标。

科学课上，老师让学生课下观察植物的生长，并做好植物的生长记录。有个学生用了一天的时间观察紫蝴蝶，他发现，早上“紫蝴蝶的叶子张开了，但还没有完全张开，好像一个孩子刚刚睁开朦胧的双眼”，中午“紫蝴蝶已经完全绽开了，露出了一张笑脸，好似在哈哈大笑”，晚上“它的叶子竟然又合上了，好像一只睡着的蝴蝶”。连续观察了几天后，他发现紫蝴蝶的叶子变化是有规律的——“早上半开不开，中午完全开放，晚上再合起叶子”。为了进一步验证自己的观察，该生翻看了一些资料，知道了好多花都是“白天开放，晚上合起”的，如草茉莉、含羞草、牵牛花等；还了解了好多植物开花的特点，如向日葵的花随着太阳转，铁树 20 年开一次花，夜来香夜里才开花等。

这篇学科作文的作者根据老师的要求，认真观察并做好记录。每天早、中、晚观察紫蝴蝶，结合记录进行总结、获得结论，并进一步查阅资料求证。这个观察、探索的过程，体现出作者的细心、严谨以及思维的敏捷，也体现出作者对花草的热爱。在作文评讲中，教师可以围绕作者的观察品质、观察习惯、思维特性，引导学生养成良好的观察习惯，培养持之以恒的做事毅力、严谨认真的处事态度、善于捕捉生活细节的能力。

（二）学科作文的评分等级

学科作文评分等级及其评定首先借鉴的是高考作文评分量表。高考作文评分量表经过作文教学专家和教育专家的反复研究并历经多年高考评卷实践，是在不断修正的基础上形成的一个相对科学规范的评价量表。①

表 1　高考作文评分量表

类别	A内容	B语言	C篇章	评分细则
一类卷（45～50分）	中心突出，见解深刻，切合题意	行文流畅，语言准确	结构严谨，层次清晰，层次间内在联系紧密	以 47 分为基准分，适当浮动：1. 具备 B 项和另一条件，而其余一项达到二类卷标准的，获得基准分；2. 具备上述三项条件的，酌情加分（其中 B 项突出的，获得满分）；3. 具备上述一项条件，而另外两项只达到二类卷标准的，酌情减分。
二类卷（35～44分）	中心明确，内容充实，符合题意	文从字顺，语言基本准确	结构完整，层次分明	以 40 分为基准分，适当浮动：1. 具备 B 项和另一条件，而其余一项达到三类卷标准的，获得基准分；2. 具备上述三项条件的，酌情加分（其中 B 项突出的，获得本卷最高分）；3. 具备上述一项条件，而另外两项只达到三类卷标准的，酌情减分。
三类卷（25～34分）	中心基本明确，内容比较充实，基本符合题意	语言通顺，有个别病句	结构完整，层次清楚	以 30 分为基准分，适当浮动：1. 基本具备上述三项条件的，获得基准分；2. 其中 B 项比较好一些的，酌情加分；3. 另有一些缺点的，酌情减分。
四类卷（15～24分）	中心不明确，内容空泛，不符合题意	语言不通顺，病句较多	结构不完整，层次不清	以 20 分为基准分，适当浮动：1. 凡属上述情况之一者，评为四类卷，获得基准分；2. 另两项稍好一些的，酌情加分；3. 另两项稍差一些的，酌情减分。
五类卷（15分以下）	文不对题，内容贫乏	文理不通	结构、层次混乱	以 10 分为基准分，适当浮动：1. 凡属上述情况之一者，评为五类卷，获得基准分；2. 其他两项尚可的，酌情加分；3. 兼有上述两项以上情况，酌情减分。

① 章熊．中国当代写作与阅读测试［M］．成都：四川教育出版社，2000.

这个量表为作文评价提供了较为规范的标准，但比较繁琐，可操作性差，在高强度、集中评阅时难以保证落到实处，而且不容易检测。依据高考评分量表，各地的中考作文评分标准也依葫芦画瓢。这个量表对学科作文的分级评价有一定的借鉴意义：第一，学科作文的等级划分；第二，评价内容的表述以及具体标准。

同时，学科作文评价标准的制订还应借鉴美国跨学科写作的评价方式。经过长期的探索，美国跨学科写作的分级评价形成了比较科学的评价方式。《教会学生写作》中系统介绍了学科作文的评价要素：清楚、多样性、教育性、可靠性研究。①

清楚，即通过文章，学生、家长、教师都能了解到学生知道了什么和能够做什么；多样性，指评价的多种方式，涉及各种文体、各种教学方式及学生的多种写作能力、思维能力；教育性，即评价学生如何学会知识以及如何反映教学状况，通过评价鼓励和强化好的教学行为、好的教学策略，激发学生的元认知能力；可靠性研究，即学生在长期写作之后，学科学习效果良好，写作反映了学生自身的状况。据此，我们可以确定文章的文体等级标准和文章的科学知识等级标准。

表 2　文章的文体等级标准

优秀＝4，良好＝3，及格＝2，不及格＝1.
背景信息部分：为不熟悉内容的读者提供上下文信息。
4. 提供额外的重要背景信息准确，和主题相关。 3. 提供重要背景信息准确，和主题相关。 2. 提供不重要背景信息准确，和主题无关。 1. 几乎不提供准确的、和主题有关的背景信息。 得分：
支持性段落部分：表现出作者对概念和过程的理解，能够解释术语，为支持上述见解和不熟悉内容的读者提供准确的、相关的和完整的证据。

① 厄克特等著．晋学军译．教会学生写作［M］．北京：教育科学出版社，2008.

续表

4. 准确限定和解释所有必要的术语。 3. 准确限定和解释几乎所有必要的术语。 2. 准确限定和解释某些必要的术语。 1. 几乎不限定，也没有解释必要的术语。 得分：
写作技巧：正确使用语法、标点符号，正确拼写和标注引文。
4. 按要求使用全部语法、标点符号、拼写规则。 3. 按要求使用大部分语法、标点符号、拼写规则。 2. 按要求使用部分语法、标点符号、拼写规则。 1. 几乎没有按要求使用语法、标点符号、拼写规则。 得分：
总分：

表 3　文章的科学知识等级标准

优秀=4，良好=3，及格=2，不及格=1.
背景信息部分：为不熟悉内容的读者提供上下文信息。
4. 提供额外的重要背景信息准确，和主题相关。 3. 提供重要背景信息准确，和主题相关。 2. 提供不重要背景信息准确，和主题无关。 1. 几乎没有提供准确的、和主题有关的背景信息。 得分：
支持性段落部分：表现出作者对概念和过程的理解，能够解释术语，为支持上述见解和不熟悉内容的读者提供准确的、相关的和完整的证据。
4. 准确限定和解释所有必要的术语。 3. 准确限定和解释几乎所有必要的术语。 2. 准确限定和解释某些必要的术语。 1. 几乎不限定，也没有解释必要的术语。 得分：

续表

写作技巧：正确使用语法、标点符号，正确拼写和标注引文。
4. 按要求使用全部语法、标点符号、拼写规则；正确拼写所有科学术语。 3. 按要求使用大部分语法、标点符号、拼写规则；正确拼写大部分科学术语。 2. 按要求使用部分语法、标点符号、拼写规则；拼写科学术语部分正确。 1. 几乎没有按要求使用语法、标点符号、拼写规则；科学术语拼写几乎都不正确。 得分：
总分：

在评估写作与学习的等级时，教师可以根据需要，编制具体的等级标准，并依照以下具体步骤进行评价。

表 4　评价步骤

第一步	检查学习目标和当前任务目标是否一致，使分数指向和目标与实际教学相一致。
第二步	设定学生文章中存在希望或不希望看到的特定观察目标；确定希望看到的特征、技能或行为，以及不希望看到的常见错误。
第三步	为每一项观察目标，确定好、中、差三个级别的描述方法。
第四步	(1) 全面评级（对全部过程打分），确定优秀文章和不良文章，并对其最高和最低档次的特点进行描述。 (2) 分析评级，分别对最高和最低档次的文章的特点进行描述，对优秀文章和不良文章的每一部分打分，再合成总分。
第五步	(1) 整体评级，建立从优秀到不良各级别的选项标准，描述过渡级别。 (2) 分析评级，建立从优秀到不良各级别的各项标准，分别描述过渡级别的各项特征。
第六步	按照级别选择学生文章的范文，可以作为作文评价的参考。
第七步	必要时，修改等级。注意等级的有效性，在使用前进行必要的修改。

学科作文的评分等级依照高考、中考作文评分量表，参考美国跨学科作文评价方法，结合学科作文评价原则，突出内容、关注发展、注重个性，采

取分析法和印象法对学生作文进行评分。分析法是对照每一个标准给出分数，比如，概念 10 分、组织结构 10 分、句子结构 5 分、修辞 5 分等，一一列明，计算等级分数；印象法则只给出一个总分，它反映了读者对文章的总体印象，将所有标准一并考虑。

分析法和印象法又都可以用两种方式进一步划分：总体描述法和基本特性法。前者用一种总括的方式进行表述（如好的组织结构、优美的句子结构等）；后者根据具体的写作任务，依据特定的评分标准具体表述。

依据分析法，学科作文评价从内容、表达、辞章三个方面入手，总分 100 分，内容、表达、辞章各占 50 分、30 分、20 分，以下表为参照对学生作文进行等级评分。

表 5　学科作文评分等级表

项目	一等	二等	三等	四等
内容 （共 50 分）	概念清楚 内容充实 过程清楚 情感真挚 （45～50 分）	概念明白 内容正确 记录过程 情感真实 （40～44 分）	概念基本清楚 内容单薄 情感不够真实 （30～39 分）	概念不清 内容空洞 情感虚假 （30 分以下）
表达 （共 30 分）	结构严谨 语言流畅 字体工整 （27～30 分）	结构完整 语言通顺 字体较工整 （24～26 分）	结构基本完整 语言基本通顺 字迹清楚 （18～23 分）	结构混乱 语言不通顺、语病多 字迹难辨 （18 分以下）
辞章 （共 20 分）	1. 分析深入 2. 揭示事物内在的因果关系 3. 观点具有启发性	4. 材料丰富 5. 形象丰满 6. 意境深远	7. 词语生动，句式灵活 8. 善于运用修辞手法 9. 文句有意蕴	10. 见解新颖，材料新鲜，构思精巧 11. 推理和想象有独到之处 12. 有个性色彩

（注：内容和表达基本根据等级标准划定学生作文等级，辞章部分则依据 12 个指标，每个指标 1～2 分，综合评定辞章的等级分数。）

下面结合学生作文的具体例子来谈谈如何评定学科作文的等级。

【案例一】

我学会了认识分数

今天上了一节有趣的数学课。

数学老师穿着黑色的夹克，戴着一副眼镜，又高又瘦，看起来很文静，其实很凶。上课前，我们把数学书放在课桌的右上角，等待老师给我们上课。老师到了教室门前，我们立即安静地趴在课桌上。老师严肃地扫视了一下，然后给表现好的小组加分。老师说："今天我们学习新课——分数，"接着，告诉我们什么是分数，"分数就是由分数线、分子、分母组成的。"老师开始提问了，第一个问题："把 2 个苹果分给 2 个人，每人分多少个?"一听到这个问题，我们就立即举手。老师请彭梓仁，他回答道："每人 1 个苹果，2 个苹果的 1/2。"彭梓仁回答对了，我们组加了 1 分。数学老师又问了一个问题，这个问题有点难，就是："一个苹果两个人分，怎么分?"这次是郑森亮回答："每个人半个，还是 1/2。"数学老师说："对了!"他还讲道："把一个东西分成两个，也是 1/2。"我明白了什么是二分之一。

分数真有趣！数学真好玩啊！

【评析】这是三年级学生写的学科作文，记录了数学课学习分数的过程。作为刚起步阶段的作文，文中描写了课堂上认识分数的过程，介绍了分数的概念。从学生的描述中，教师可以发现，学生听课的状态良好，学习积极性高，知识的掌握也比较扎实。

因此，从作文内容看，可以得一等。从表达来看，结构完整，开头点明"上了一节有趣的课"，然后描写上课的老师以及上课的过程，最后总结"分数真有趣，数学真好玩"，照应开头。文章语言通顺，表达上可以得二等最高分。辞章方面，对于三年级的学生，语言的积累才刚开始，语言的表述处于起步阶段，以通顺、流畅、清楚为准，本文也应该获得一等。综合来看，这是一篇内容充实、表达清晰、结构完整、语言通顺、文意流畅的学科作文，比较优秀。

【案例二】

一堂数学课

"安静！快坐好！凶巴巴的钟老师要来啦!"组长不停地整顿课堂纪律。

钟老师来了，大家把腰板挺得笔直笔直的。钟老师“呼”的一声把练习册放在讲台上，然后站在讲台下面。在我们眼中，钟老师的书就像一把刀，而钟老师就像一个“土匪”。看老师的表情，就知道他的心情应该很不好，有人在讲小话，老师的神情变得更严肃了，我有些害怕。可老师的脸上突然露出了一丝笑容，终于开口说话了：“嗯，今天林家赓表现不错啊！加1分！”

数学课正式开始了，老师一边开电脑一边说：“同学们，今天我们来学习分数，请问这里有几个苹果？”万斐然自作聪明，说：“简单啦！”钟老师很生气地说：“扣你1分！”钟老师足足沉默了一分钟，他瞪着眼看着万斐然，还鼓着个大鼻子。

过了一会儿，钟老师给每个人发了一张试卷，我安静地做着，悄悄地用眼睛瞟了瞟他，只见钟老师在做一些古怪的动作，一会儿扭扭嘴巴，一会儿瞪瞪眼睛，我忍不住笑了起来。老师看我在笑，他有点生气，扣了我1分。

“叮咚！叮咚！”下课了，这节课这样平平淡淡地过去了，但是老师扣了我1分，我感觉有一块石头压在我的心上。

【评析】同样是写数学课，写认识分数，尽管该学生的描写更具体，语言也流畅，表达也清楚，但从学科内容来看，显然比上一篇要差一些。文中只说了一句“我们来学分数”，至于学生怎么学、老师怎么教，基本没有介绍；而且从作者的行文来看，其听课效率不高，对数学的兴趣有也待提升。因此，从内容上评价，可得三等的最高分；结构和辞章可以获得二等最高分。综合来看，作为三年级学生的文章，此篇可以获得二等，评为良好。

对于上述两篇学科作文，语文老师更关注作文的形式，即学生作文中的表达问题，涉及遣词造句、布局谋篇、表达技巧、叙述方式、描写特点、行文策略等，围绕着语言的运用，引导学生准确、恰当、形象地表述自己的认识、想法、感受、体会等。从这方面来看，第二篇优于第一篇。

对于数学老师来说，主要关注表达的内容，文章涉及的学科内容是否正确，认识是否恰当，想法是否吻合常识等，也关注文章表达的内容和所学知识间是否存在矛盾，教学中是否存在缺陷。由此来看，第二篇对学习内容的表述过于简单，看不出作者课堂知识的学习情况及其收获、体验如何等。

附录 作文训练与学科学习内容

一、小学作文内容

三年级作文内容归类一览表

作文内容	口语交际	习作园地	小练笔
写物	观察中的发现 5	观察日记 5	自己喜欢的花 6
写景	风景优美的地方 5 介绍家乡的景物 6 秋天的快乐 5	介绍自己去过的地方 5 秋天的画 5	
写人	夸夸我的同学 5 讲名人的故事 5 说说我自己 6 说说爸爸妈妈的爱 6	写自己 6	
写事	动脑筋解决问题 5 生活中的传统文化 5 我们能做什么 6 教你学一招 6 说说爸爸妈妈的爱 6	搜集中华传统文化 5 身边熟悉的人的一件事 5 调查家乡的环境变化 6 自己会做的事 6 自己与父母之间的爱 6	和同学发生过的事 6
写活动	课余生活 5	自己的课余生活 5	玩中的乐趣或收获 5
想象作文	神话、传说故事会 6 丰富多彩的世界 6 我想发明机器人 6	编童话故事 5 未来的东西 6 编神话或传说故事 6	替小女孩写的话 5
实用文体			续写《小摄影师》5

四年级作文内容归类一览表

作文内容	口语交际	习作园地	小练笔
写物	“我看到了……”7 自己喜欢的动物 7 保护文物 7	观察中的新发现 7 自己喜欢的动物 7	平凡事物中的“美”7
写景	大自然奇特的景观 7 走，我们去春游 8 感受和体验田园风光 8	一处景观 7 校园景物或别处景物 8 对田园风光的感受 8	
写人	我敬佩的一个人 8	看照片作文 8 敬佩的人 8	
写事	讲、演童话 7 成长的故事 7 “以诚待人”8 热爱生命的故事 8	自己或别人成长的故事 7 成长中的心里话 8 综合学习活动中的成果 8 对生命的认识、感受 8	科技带来的变化 7
写活动			仿《颐和园》写游览活动 7
想象作文	我们的奇思妙想 7	编童话故事 7 看图作文（胜似亲人）7 奇思妙想 7	对小鸟说的话 7
实用文体	感谢和安慰 7 介绍搜集的资料 8 小小新闻发布会 8 推荐一本书 8	“世界遗产”的导游词 7	续写《中彩那天》8 《生命，生命》读后感 8 想象写《鱼游到了纸上》8

五年级作文内容归类一览表

作文内容	口语交际	习作园地	小练笔
写物			鲸的自述 9
写景			家乡的景物 10
写人	我是“小小推销员”9 讲人物故事 10	我和我的父母 9 有特点的人 10	夸夸祖国建设者和保卫者 10
写事	我爱读书 9 生活中的启示 9 父母的爱 9 难忘童年 10 令你感动、使你难忘的事 10 聊聊热门话题 10	读书的故事 9 漫画带来的启示 9 难忘的事 10	爱的表现 9 从事物中得到的启示 9 想象志愿军做的事 10
写活动	我爱看的革命影视作品 9 “手拉手”活动 10 让名著中的人物走上舞台 10		
想象作文		二十年后回故乡 9	假如我独自去旅行 9 废墟下的阿曼达 9
实用文体	策划一次活动 9 演讲：不忘国耻，振兴中华 9 劝说 10	学写说明文 9 读后感 9 作品梗概 9 书信 10 看图作文 10 发言稿 10 缩写 10	改写 10

六年级作文内容归类一览表

作文内容	口语交际	习作园地	小练笔
写物	动物的故事、保护动物 11 身边的艺术 11		小虫 11
写景			
写人		我的小伙伴 11	
写事	大自然中的一员、音响世界、暑期生活 11 珍惜资源 11 难忘的“第一次”12 民风、民俗 12	大自然中的一员、音响世界、暑期生活 11 相互关爱的事情 11 我与艺术 11 难忘的“第一次”、看漫画 12 民风、民俗 12	嘎羧内心的感受 11
写活动	留在心里的印象 11		
想象作文	我的理想 12	我的理想 12	
实用文体	祖国在我心中 11 辩论：讲诚信与善意的谎言 11 如何进行自我保护 12 科技发展：利大还是弊大 12	演讲稿——祖国在我心中 11 建议书 11 看图作文 11 自我保护 12	续写《穷人》11 用具体事例说明一个观点 12

特别说明：

1. 训练题目后面的数字表示册数，5 指第五册，6 指第六册。

2. 有些内容可以归为几个不同的类别，为表述简单，本表中只列明一个类别，且归类“仁者见仁，智者见智”，本表只是为了方便了解小学作文训练的大致框架，对整个小学阶段的作文训练题进行粗放的梳理。

3. 人教版的作文训练共安排了 5 次自由作文，表中没有列明。

4. 小学高年段开始练写一些简单的说明文、议论文，练习不多，表中没有特别列明，只将其归为实用文体。

二、小学语文习作内容和学习内容对照表（人教版）

三年级习作内容和学习内容对照表

年级	习作内容	思品与社会	科学（教科版）	音乐	美术	数学
第五册	园地一：课余生活 园地二：身边熟悉的人的一件事 园地三：秋天的画 园地四：观察日记 园地五：搜集中华传统文化 园地六：介绍去过的地方 园地七：编童话故事 园地八：自由作文	第一单元：家庭、学校和社区 1. 我爱我的家 2. 我们的学校 3. 我生活的社区 第二单元：我在学习中长大 1. 我学会了 2. 向“谁”学 3. 做学习的主人 4. 大家都在学 第三单元：我和规则交朋友 1. 规则在哪里 2. 规则有什么用 3. 我们给自己定规则 第四单元：我的角色与责任 1. 我是谁 2. 我的责任 3. 我能做好	第一单元：植物 1. 我看到了什么 2. 我的大树 3. 美丽的叶 4. 叶有相同点吗 第二单元：动物 1. 寻访小动物 2. 蜗牛 3. 蜗牛和蝗虫 4. 蚂蚁 5. 我的观察研究 第三单元：我们自己 1. 观察身体 2. 我的手 3. 运用感官 第四单元：水 1. 一杯水的观察 2. 各种各样的液体 3. 比较水的多少 第五单元：我们周围的材料 1. 调查家中的材料 2. 探索纸的秘密 3. 做纸车 第六单元：食物 1. 我的食物 2. 米饭的观察 3. 淀粉的踪迹	一、快乐的do re mi 唱歌：快乐的do re mi 唱歌：我是小小音乐家 欣赏：多来咪 二、在祖国怀抱里 歌表演：在祖国怀抱里 集体舞：我们的祖国是花园 欣赏：最美丽中国娃娃 三、地球，我们共同的家 唱歌：留给我 欣赏：森林与小鸟、绿阴 唱歌：美丽的黄昏 四、健康歌 欣赏：健康歌 唱歌：小小足球赛 欣赏：溜冰圆舞曲 跳绳 活动：趣味运动会 五、动画城 活动：丰富多彩的动画人物 唱歌：动画城 欣赏：哪吒再生 唱歌：机器猫 六、闪闪的红星 欣赏：嘎子嘎 唱歌：红星歌 欣赏：我是人民小骑兵 七、音乐中的故事 欣赏：歌唱二小放牛郎 唱歌：老爷爷赶鹅 小小音乐剧：蜗牛与黄鹂鸟 八、金钥匙 唱歌：地有多厚，天有多高 欣赏：种太阳星空 唱歌：老水牛角弯弯	第1课：魔幻的颜色 第2课：万花筒 第3课：大人国与小人国 第4课：前前后后 第5课：天然的斑纹 第6课：校园里的花 第7课：最受尊敬的人 第8课：今天我值日 第9课：有趣的鞋 第10课：团包手工 第11课：巧巧手 第12课：变废为宝 第13课：梦幻中的城堡 第14课：我设计的自行车 第15课：星空的联想 第16课：新颖的电脑 第17课：电脑美术 第18课：会响的玩具 第19课：美术小记者 第20课：迷人的动画片	1. 测量 2. 万以内的加法和减法（二） 3. 四边形 4. 有余数的除法 5. 时、分、秒 6. 多位数乘一位数 7. 分数的初步认识 8. 可能性 9. 数学广角 掷一掷 10. 总复习

续表

年级	习作内容	思品与社会	科学 （教科版）	音乐	美术	数学
第六册	园地一：家乡或其他景物 园地二：调查家乡的环境变化 园地三：写自己 园地四：自己会做的事 园地五：自己与父母之间的爱 园地六：未来的东西 园地七：任意写一篇作文 园地八：编神话或传说故事	第一单元：在爱的阳光下 1. 家人的爱 2. 读懂爸爸妈妈的心 3. 来自社会的爱 第二单元：我们共欢乐 1. 不一样的你我他 2. 换个角度想一想 3. 分享的快乐 第三单元：生活不能没有他们 1. 我们的生活需要谁 2. 阿姨叔叔辛苦了 3. 说声“谢谢” 第四单元：寻路和行路 1. 学看平面图 2. 校外探路 3. 出行的学问 4. 马路不是游戏场	第一单元：混合 1. 土壤里有什么 2. 寻找混合物的踪迹 3. 身边的混合物 4. 分离混合物 第二单元：空气 1. 了解空气 2. 被压缩的空气 3. 流动的空气 4. 空气和我们的生活 第三单元：植物的一生 1. 种子变成芽 2. 芽长成苗 3. 开花了，结果了 4. 果实和种子 第四单元：动物的生命周期 1. 迎接蚕宝宝的诞生 2. 可爱的蚕宝宝 3. 蚕宝宝变成了新模样 4. 蚕的生命周期 第五单元：沉和浮 1. 物体在水中是沉还是浮 2. 改变物体在水中的沉浮 3. 马铃薯在水中是沉还是浮 4. 造一般小船 第六单元：冷与热 1. 冷水与热水 2. 热胀冷缩 3. 温度和温度计 4. 测量物体的温度 第七单元：天气 1. 云和雨 2. 风的观测 3. 气温的测定 4. 我们关心天气	一、童趣 唱歌：快乐宝贝 唱歌：对鲜花 欣赏：在钟表店里 唱歌：打秋千 二、可爱的家 唱歌：小船 欣赏：内依巴河 唱歌：可爱的家 三、农家孩子的歌 唱歌：小瓜棚 欣赏：森林水车 打枣 唱歌：冬瓜和南瓜 欣赏：嘎妞妞 四、绿色的梦 欣赏：苗岭的早晨 唱歌：少先队植树造林歌 音乐情景剧：森林的故事 五、小乐队 唱歌：法国号 欣赏：紫竹调 欣赏：小乐队 活动：自制小乐器 六、歌声中的回忆 欣赏：小背篓 竹马游戏 陀螺 唱歌：卖报歌 欣赏：弹起我心爱的土琵琶 七、五十六朵花 唱歌：幸福花儿开心上 欣赏：金瓶似的小山 嗯嗨呀 八、七彩的生活 欣赏：小松树 哦，十分钟 唱歌：白鸽 欣赏：蓝天白云跟我来	第 1 课：水墨游戏 第 2 课：重重复复 第 3 课：曲曲直直 第 4 课：平平稳稳 第 5 课：感受声音 第 6 课：迷彩服 第 7 课：彩色玻璃窗 第 8 课：我的同学 第 9 课：家乡的桥和塔 第 10 课：我设计的一本书 第 11 课：绒线绕绕 第 12 课：甜蜜的梦 第 13 课：金色的浮雕 第 14 课：变幻无穷的形象 第 15 课：我们的节日 第 16 课：二十二世纪的建筑 第 17 课：电脑美术 第 18 课：会飞的玩具 第 19 课：保护珍稀野生动物 第 20 课：民间玩具	1. 位置与方向 2. 除数是一位数的除法 3. 统计 4. 年、月、日 制作年历 5. 两位数乘两位数 6. 面积 7. 小数的初步认识 8. 解决问题 设计校园 9. 数学广角 10. 总复习

四年级习作内容和学习内容对照表

年级	习作内容	思品与社会	科学（教科版）	音乐	美术	数学
第七册	园地一：一处景观园 园地二：观察中的新发现 园地三：编童话故事 园地四：喜欢的动物 园地五："世界遗产"的导游词 园地六：看图作文（胜似亲人） 园地七：成长的故事 园地八：奇思妙想	第一单元：珍爱生命 1. 美丽的生命 2. 我们的生命 3. 呵护我们的身体 第二单元：安全地生活 1. 今天，你安全吗 2. 公共场所拒绝危险 3. 当危险发生的时候 第三单元：花钱的学问 1. 家庭小账本 2. 钱该怎样花 3. 购物场所我知道 4. 做个聪明的消费者 第四单元：关心你，爱护他 1. 让爷爷奶奶高兴 2. 伸出爱的手 3. 我的邻里乡亲 4. 大家的事情大家做	第一单元：有生命的物体 1. 动物怎样生活 2. 形形色色的动物 3. 植物怎样生存 4. 植物的根和茎 5. 形形色色的植物 6. 动物和植物 7. 阅读与拓展 第二单元：冷与热 1. 冷水与热水 2. 热胀冷缩 3. 温度和温度计 4. 测量物体的体温 5. 阅读与拓展 第三单元：天气 1. 云和雨 2. 风的观测 3. 气温的变化 4. 我们关心天气 5. 阅读与拓展 第四单元：磁铁 1. 磁铁的磁性 2. 磁铁的两极 3. 做一个小磁铁 4. 指南针 5. 阅读与拓展 第五单元：声音 1. 听听声音 2. 声音是怎样产生的 3. 声音是怎样传播的 4. 控制物体发出的声音 5. 制作我们的小乐器 6. 阅读与拓展	一、东海渔歌 唱歌：赶海的小姑娘 欣赏：丰收欢乐而归 欣赏：大海啊，故乡 唱歌：小螺号 二、我们的田野 唱歌：我们的田野 唱歌：田野在召唤 活动：田园随想 三、民族的节日 唱歌：快乐的泼水节 欣赏：塔吉克的节日 欣赏：火把节之夜 唱歌：那达慕之歌 活动：欢腾的那达慕 四、山乡牧童 唱歌：牧童 欣赏：牧童短笛 欣赏：山童 五、故乡的桥 唱歌：在阿维翁大桥上 欣赏：北京的桥 欣赏：桥 六、音乐中的故事 欣赏：洋娃娃之梦 唱歌：老鼠和大象 欣赏：鹅妈妈组曲 唱歌：听妈妈讲那过去的事情 七、民族的舞步 活动：秧歌舞 欣赏：阿细跳跃 八、八音盒 欣赏：维也纳的八音钟 欣赏：打字机 唱歌：铃儿响叮当	第1课：色彩的冷与暖 第2课：线条的动与静 第3课：美术的节奏 第4课：变一变 第5课：色彩的对比 第6课：快乐的回忆 第7课：登山游戏 第8课：校徽设计 第9课：精美的邮票 第10课：做年历 第11课：星座的联想 第12课：窗外的景色 第13课：我心中的未来 第14课：假如我是汽车设计师 第15课：梦幻之国 第16课：纸带穿编 第17课：电脑美术 第18课：会走的玩具 第19课：我们的生日聚会 第20课：漫画与动漫欣赏	1. 大数的认识 1亿有多大? 2. 角的度量 3. 三位数乘两位数 4. 平行四边形和梯形 5. 除数是两位数的除法 6. 统计 你寄过贺卡吗? 7. 数学广角 8. 总复习

续表

年级	习作内容	思品与社会	科学（教科版）	音乐	美术	数学
第八册	园地一：校园景物或别处景物 园地二：成长中的心里话 园地三：综合学习活动中的成果 园地四：看照片作文 园地五：认识感受生命 园地六：感受田园风光 园地七：敬佩的人 园地八：自己最想写的文章	第一单元：一方水土养一方人 1. 我的家乡在哪里 2. 家乡的美景，家乡的人 3. 浓浓乡土情 第二单元：生产与生活 1. 吃穿用哪里来 2. 从电视机的变化说起 3. 生活中的各行各业 第三单元：交通与生活 1. 多种多样的运输方式 2. 交通与我们的生活 3. 从古到今话交通 4. 交通问题带来的思考 第四单元：通信与生活 1. 通信连万家 2. 从烽火台到互联网 3. 小窗口，大世界 4. 从看电视说起	第一单元：电 1. 电和我们的生活 2. 点亮我的小灯泡 3. 让更多的灯泡亮起来 4. 电路出故障了 5. 导体与绝缘体 6. 我来做个小开关 7. 里面是怎么连接的 8. 我们选择了什么 第二单元：新的生命 1. 油菜花开了 2. 各种各样的花 3. 花、果实和种子 4. 豌豆荚里的豌豆 5. 把种子散播到远处 6. 萌发的种子 7. 动物的卵 第三单元：食物 1. 一天的食物 2. 我们的身体从食物中获得什么 3. 吃什么和还吃什么 4. 生的食物和熟的食物 5. 面包发霉了 6. 减慢食物变质的速度 7. 食物包装上的信息 第四单元：岩石和矿物 1. 各种各样的岩石 2. 进一步观察岩石 3. 岩石的组成 4. 怎样观察、描述矿物 5. 岩石会改变模样吗 6. 岩石、矿物和我们	一、林中的鸟声 唱歌：小鸟请到这里来 欣赏：林中的鸟声 欣赏：百鸟朝凤 二、绿水江南 唱歌：少先队员采茶歌 欣赏：西湖春晓 欣赏：江南好 三、五十六朵花 唱歌：唱山歌 欣赏：小山羊 欣赏：天山之春 唱歌：久不唱歌忘记歌 四、学戏曲 欣赏：生、旦、净、丑荟精粹 唱歌：甘洒热血写春秋 欣赏：京调 欣赏：急急风 欣赏：唱脸谱 五、环球采风 唱歌：木瓜恰恰恰 欣赏：尼罗河主题曲 唱歌：红蜻蜓 欣赏：火车咔咔咔 六、中国功夫 欣赏：少林，少林 欣赏：男儿当自强 唱歌：中国功夫 欣赏：武术 七、小小音乐剧 活动：东郭先生 八、花的旋律 唱歌：茉莉花 欣赏：樱花 唱歌：雪绒花 活动：百花园	第 1 课：聚聚散散 第 2 课：小圆点的魅力 第 3 课：黑与白 第 4 课：主体与背景 第 5 课：冰川与晚霞 第 6 课：画嗅觉 第 7 课：卡通画 第 8 课：双胞胎 第 9 课：藏书票 第 10 课：我和我的小伙伴 第 11 课：那一刻的我 第 12 课：愉快的春游 第 13 课：哪些是相同的 第 14 课：千变万化的帽子 第 15 课：漂来漂去的小岛 第 16 课：迷宫 第 17 课：电脑美术 第 18 课：会游的玩具 第 19 课：光的魅力 第 20 课：珍爱国宝——秦始皇陵兵马俑	1. 四则运算 2. 位置与方向 3. 运算定律与简便计算 营养午餐 4. 小数的意义和性质 5. 三角形 6. 小数的加法和减法 7. 统计 8. 数学广角 小管家 9. 总复习

五年级习作内容和学习内容对照表

年级	习作内容	思品与社会	科学（教科版）	音乐	美术	数学
第九册	园地一：读书的故事 园地二：二十年后回故乡 园地三：学写说明文 园地四：漫画带来的启示 园地六：我和我的父母 园地七：读后感 园地八：作品梗概	第一单元：让诚信伴随着我 1. 请你相信我 2. 诚信是金 3. 社会呼唤诚信 第二单元：我们的民主生活 1. 我们的班干部选举 2. 集体的事谁说了算 3. 我是参与者 4. 社会生活中的民主 第三单元：我爱祖国山和水 1. 我的祖国多辽阔 2. 江山多娇 3. 祖国的宝岛台湾 4. 祖国江山的保卫者 第四单元：我们都是中华儿女 1. 五十六个民族五十六朵花 2. 各族儿女手拉手 3. 生活在世界各地的人	第一单元：生物与环境 1. 设计种子发芽实验 2. 种子发芽实验 3. 从实验中获得信息 4. 秋冬季的生物 5. 动物的栖息地 6. 建立栖息地 7. 记录动物的特征 8. 观察到了哪些特征 9. “原来是相互关联的” 10. 讨论会：生物的生活需要 第二单元：在阳光下 1. 我们知道的太阳 2. 阳光下的影子 3. 改变阳光的传播路线 4. 美丽的彩虹 5. 阳光下的物体 6. 光强与光弱 7. 研究我们获得的信息 8. 设计太阳能热水器 9. 制作和评价太阳能热水器 10. 利用太阳能 第三单元：材料 1. 研究材料的特征 2. 雨天中的布料 3. 各种材料的“锅” 4. 被“种下”的材料 5. 材料的选择 6. 保护鸡蛋 7. 材料进步的历程 8. 材料的再利用 9. 新材料的畅想 第四单元：健康生活 1. 保护我们的消化器官 2. 饮食和健康 3. 选择健康食品 4. 水——人体最重要的营养素 5. 我们每天应该喝多少水 6. 健康需要新鲜空气 7. 关心我们周围空气的质量 8. 运动与健康 9. 让我们的精力更充沛 10. 珍惜健康，珍爱生命	一、西部风情 唱歌：拉萨谣 欣赏：北京喜讯到边寨 唱歌：三峡的孩子爱三峡 二、古诗新唱 唱歌：梅花 唱歌：静夜思 活动：古诗朗诵演唱会 三、美丽的草原 欣赏：天堂 欣赏：牧民的一天 唱歌：美丽的夏牧场 四、欢快的舞步 欣赏：大河之舞 活动：稍息，立正，站好 五、绿色畅想 唱歌：手拉手，地球村 唱歌：绿色的歌谣 欣赏：森林狂想曲 六、欢乐的鼓声 欣赏：龙腾虎跃 唱歌：木鼓歌 活动：鼓声传情 七、音乐中的故事 欣赏：彼得与狼 八、美好的祝福 唱歌：平安夜 欣赏：花好月圆 唱歌：难忘今宵 活动：新年音乐会	第 1 课：万绿丛中一点红 第 2 课：色彩的和谐 第 3 课：美丽的纹样 第 4 课：礼物的外套 第 5 课：趣味文字 第 6 课：地球的新生 第 7 课：古朴精美的华表 第 8 课：鸟语花香 第 9 课：陶泥的世界 第 10 课：诗情画意 第 11 课：为解放军叔叔画张像 第 12 课：会跳的玩具 第 13 课：电脑美术 第 14 课：美术学习记录袋 第 15 课：元宵节里挂彩灯 第 16 课：珍爱国宝——古代的陶瓷艺术	1. 小数乘法 2. 小数除法 3. 观察物体 4. 简易方程 5. 多边形的面积 6. 统计与可能性 7. 数学广角

续表

年级	习作内容	思品与社会	科学（教科版）	音乐	美术	数学
第十册	园地一：书信 园地二：看图作文 园地三：发言稿 园地四：难忘的事 园地五：缩写 园地七：有特点的人 园地八：自由创作	第一单元：成长的快乐与烦恼 1. 生活中的快乐 2. 拥有好心情 3. 尝尝苦滋味 第二单元：追根寻源 1. 吃穿住话古今（一） 2. 吃穿住话古今（二） 3. 火焰中的文化：陶与青铜 4. 汉字和书的故事 第三单元：独具魅力的中华文化 1. 伟大的先人 2. 我国的国宝 3. 我们的国粹 第四单元：我们生活的地球 1. 蔚蓝色的地球 2. 我们的地球村 3. 生活在地球村的人们	第一单元：运动和力 1. 我们的小车 2. 给小车装上动力 3. 给小车安个螺旋桨 4. 像火箭那样启动小车 5. 小车载重 6. 运动与摩擦力（一） 7. 运动与摩擦力（二） 8. 控制小车的快慢 9. 设计我们的赛车 10. 制作我们的赛车 第二单元：时间 1. 时间在流逝 2. 在时钟发明之前 3. 夜间的计时器 4. 用水测量时间 5. 做一只水钟 6. 用摆计时的钟 7. 测量摆的快慢 8. 调整钟摆 9. 保持时间统一 10. 寻找时间的痕迹 第三单元：生物与环境（二） 1. 蔷薇花丛 2. 它们是什么关系 3. 食物链和食物网 4. 做一个生态瓶 5. 观察生态瓶 6. 显微镜下的生命 7. 改变生态瓶 8. 维护生态平衡 9. 保护野生动植物及栖息地 10. 爱护珍稀动物和植物 第四单元：地球的运动 1. 关于时间 2. 为什么世界各地同一时刻的时间不一样 3. 昼夜交替的解释 4. 回顾人们认识地球的历史 5. 怎样证明地球在自转 6. 是清晨还是黄昏 7. 谁最先迎来黎明 8. 极地的白天为什么那么长 9. 地球上为什么会有四季 10. 昼夜、四季与动植物	一、北国之声 欣赏：北京的孩子逛北京 欣赏：驯鹿 欣赏：冬猎 唱歌：美丽的家乡 二、五十六朵花 唱歌：吹起羌笛跳锅庄 欣赏：瑶族舞曲 唱歌：阿喽喽 三、母亲河 唱歌：长江我的家 黄河船夫曲 欣赏：长江之歌 唱歌：保卫黄河 活动：黄河与长江 四、学戏曲 唱歌：看大戏 欣赏：花木兰 欣赏：橘树尚且性刚强 欣赏：报花名 五、影视音乐 活动：丰富多彩的中国影视音乐 唱歌：让我们荡起双桨 欣赏：迎春 欣赏：纸风车 欣赏：风 六、环球采风 唱歌：卡普里岛 欣赏：羊肠小道 欣赏：桑托尼 活动：环球之旅 七、小小音乐剧 活动：渔夫和金鱼的故事 八、钟声 唱歌：枫桥夜泊 欣赏：灵隐钟声 欣赏：打切分音的小闹钟 唱歌：晚钟	第 1 课：形的魅力 第 2 课：形体组合 第 3 课：抽象雕塑 第 4 课：多样与统一 第 5 课：静物写生 第 6 课：喜怒哀乐 第 7 课：夸张的脸 第 8 课：十二生肖 第 9 课：学画山水画 第 10 课：风的魅力 第 11 课：微观世界 第 12 课：会亮的玩具 第 13 课：电脑美术 第 14 课：旅游节 第 15 课：舞台布景 第 16 课：珍爱国宝——古代的青铜艺术	1. 图形的变换 2. 因数和倍数 3. 长方体和正方体 综合应用：粉刷墙壁 4. 分数的意义和性质 5. 分数的加法和减法 6. 统计 7. 数学广角

六年级习作内容和学习内容对照表

年级	习作内容	思品与社会	科学 （教科版）	音乐	美术	数学
第十一册	园地一：大自然中的一员、音响世界、暑期生活 园地二：演讲稿——祖国在我心中 园地三：相互关爱的事情 园地四：建议书 园地五：我的小伙伴 园地七：看图作文 园地八：我与艺术	第一单元：走向文明 1. 科技带给我们什么？ 2. 社会文明大家谈 3. 健康文明的休闲生活 4. 学会拒绝 第二单元：不屈的中国人 1. 不能忘记的屈辱 2. 起来，不愿做奴隶的人们 3. 为了中华民族的崛起 第三单元：腾飞的祖国 1. 站立起来的中国人 2. 日益富强的祖国 3. 告别贫困奔小康 4. 打开国门走向世界 第四单元：漫游世界 1. 到周边去看看 2. 环球旅行去 3. 文化采风	第一单元：机械和工具 1. 我们常用的工具 2. 打开盖子的工具 3. 杠杆的研究 4. 螺丝刀里的科学 5. 动滑轮和定滑轮 6. 起重机 7. 在斜坡上 8. 我的自行车 第二单元：形状与结构 1. 抵抗弯曲 2. 增强抗弯曲能力 3. 拱形的力量 4. 找拱形 5. 框架结构 6. 塔的研究 7. 桥的研究 8. 设计建造我们的桥 第三单元：热和燃烧 1. 热起来 2. 哪杯水温度高 3. 热是怎样传递的 4. 让水凉得慢一些 5. 着火了 6. 蜡烛能燃烧多久 7. 把火熄灭 8. 火与我们的生活 第四单元：能量 1. 各种各样的能量 2. 能量的转化 3. 电和磁 4. 电磁铁的磁力 5. 水的变化与热的传递 6. 永不停步的旅行家 7. 存储了亿万年的太阳能	一、奥林匹克风 欣赏：奥林匹克号角 唱歌：当五环旗传到北京的时候 欣赏：手拉手 欣赏：巴塞罗那 活动：奔向 2008 二、星空畅想 唱歌：我爱银河 欣赏：木星——欢乐使者 欣赏：啊，高山 唱歌：蓝天向我们召唤 三、旋转的舞步 欣赏：蓝色多瑙河圆舞曲 欣赏：小步舞曲 唱歌：儿童圆舞曲 唱歌：开心的感觉真好 四、舞剧之窗 活动：绚丽多彩的舞剧音乐 欣赏：花香鼓舞 欣赏：羚羊舞 唱歌：军民团结一家亲 欣赏：快乐的女战士 欣赏：天鹅湖组曲 五、影视音乐 活动：异彩纷呈的世界影视音乐 唱歌：啊！朋友 欣赏：《课中课》主题音乐 欣赏：《现代启示录》配乐 欣赏：重逢有日 欣赏：一路平安 活动：人鱼的童话 六、我的祖国 唱歌：一个妈妈的女儿 欣赏：红旗颂 欣赏：我的祖国 唱歌：我家在中国	第一课：远近的奥秘 第二课：风景写生 第三课：心中的风景 第四课：会动的剪影 第五课：水墨画——动物 第六课：形体切挖 第七课：我们做乐器 第八课：宇宙之旅 第九课：保护文物 第十课：爱护古建筑 第十一课：电脑美术 第十二课：中国画与油画	1. 位置 2. 分数乘法 3. 分数除法 4. 圆 确定起跑线 5. 百分数 6. 统计 7. 合理存款 8. 总复习

续表

年级	习作内容	思品与社会	科学（教科版）	音乐	美术	数学
第十二册	园地一：难忘的“第一次”、看漫画 园地二：民风民俗 园地三：我的理想 园地四：自我保护 园地五：自由表达	第一单元：你我同行 1. 男生和女生 2. 朋友之间 3. 学会和谐相处 第二单元：人类的家园 1. 只有一个地球 2. 我们能为地球做什么 3. 当灾害降临的时候 第三单元：同在一片蓝天下 1. 战争风云下的苦难 2. 放飞和平鸽 3. 我们手拉手 第四单元：再见，我的小学生活 1. 我的成长足迹 2. 临别感言	第一单元：微小世界 1. 放大镜 2. 放大镜下的昆虫世界 3. 放大镜下的晶体 4. 怎样放得更大 5. 用显微镜观察身边的生命世界（一） 6. 用显微镜观察身边的生命世界（二） 7. 用显微镜观察身边的生命世界（三） 8. 微小世界和我们 第二单元：物质的变化 1. 我们身边的物质 2. 物质发生了什么变化 3. 米饭、淀粉和碘酒的变化 4. 小苏打和白醋的变化 5. 铁生锈了 6. 化学变化伴随的现象 7. 控制铁生锈的速度 8. 物质变化与我们 第三单元：宇宙 1. 地球的卫星——月球 2. 月相变化 3. 我们来造“环形山” 4. 日食和月食 5. 太阳系 6. 在星空中（一） 7. 在星空中（二） 8. 探索宇宙 第四单元：环境和我们 1. 一天的垃圾 2. 垃圾的处理 3. 减少丢弃及重新使用 4. 分类和回收利用 5. 一天的生活用水 6. 污水和污水处理 7. 考察家乡的自然水域 8. 环境问题和我们的行动	一、爱满人间 唱歌：爱的奉献 欣赏：欢乐颂 欣赏：爱星满天 唱歌：歌声与微笑 二、学曲艺 活动：说、演、弹、唱话曲艺 唱歌：说演弹唱 欣赏：重整河山待后生 欣赏：小放风筝 欣赏：蝶恋花·答李淑一 欣赏：说大话 三、古曲新韵 唱歌：阳关三叠 欣赏：阳关三叠 欣赏：渔舟唱晚 欣赏：梅花三弄 四、五十六朵花 唱歌：举杯祝福 欣赏：嘎达梅林 欣赏：上去高山望平川 唱歌：爱我中华 活动：爱我中华 五、歌剧之窗 活动：色彩斑斓的歌剧艺术 欣赏：天边有颗闪亮的星 唱歌：什么结子高又高 欣赏：卡门序曲 欣赏：街头少年 欣赏：回忆 欣赏：远航——序曲 唱歌：捧一束鲜花献给你 欣赏：老友进行曲 告别时刻 唱歌：同一首歌	第一课：请到无害商店来 第二课：城市灵光 第三课：俯瞰山川 第四课：画坛巨匠 第五课：音乐会 第六课：瓶花与水果 第七课：兵马俑 第八课：光影变幻 第九课：走向明天 第十课：小园艺师 第十一课：给文章配画	1. 负数 2. 圆柱与圆锥 3. 比例 自行车里的数学 4. 统计 5. 数学广角 节约用水 6. 整理与复习 （1）数与代数 （2）空间与图形 （3）统计与概率 （4）综合应用：邮票中的数学问题

三、初中作文训练内容和学科学习内容对照表（人教版）

1. 七年级学生习作内容和学习内容对照表（上）

习作内容	1. 人生（生活感悟）●这就是我（自我介绍） 2. 人生（理想和信念）●漫游语文世界 3. 自然世界（一）●感受自然 4. 自然世界（二）●探索月球奥秘 5. 家庭一亲情●我爱我家 6. 儿童文学●追寻人类起源
品德	第一单元：笑迎新生活 1. 珍惜新起点；新学校，新同学；创建新集体 2. 把握学习新节奏；学习新天地；享受学习 第二单元：认识新自我 3. 珍爱生命，世界因生命而精彩；人的生命的独特性；让生命之花绽放 4. 欢快的青春节拍；走进青春；感悟青春；祝福青春 5. 自我新期待；日新又新我常新；发现自己的潜能；自我新形象 第三单元：过富有情趣的生活 6. 做情绪的主人；丰富多样的情绪；学会调控情绪 7. 品味生活；情趣与兴趣；追寻高雅生活 第四单元：过健康、安全的生活 8. 学会拒绝；身边的诱惑；对不良诱惑说“不” 9. 保护自我；身边的侵害与保护；防范侵害，保护自己

续表

历史与社会	第一单元：生活在社区里 1. 我的家在哪里 2. 多种多样的社区 综合探究一：从地图上获取信息 第二单元：人类共同生活的世界 1. 大洲和大洋 2. 自然环境 3. 世界大家庭 综合探究二：从地球仪上看世界 第三单元：中华各族人民的家园 1. 国土与人民 2. 山川秀美 3. 一方水土养一方人 综合探究三：游历华夏 第四单元：各具特色的区域生活 1. 家住平原 2. 与山为邻 3. 傍水而居 4. 草原人家 5. 干旱的宝地 6. 文明中心——城市 综合探究四：来自家乡的报告
美术	第一单元：劳动——人类创造力的源泉（欣赏・评述） 第二单元：多彩的学习生活（造型・表现） 1. 优美的校园 2. 校园伙伴 3. 在校园中健康成长 第三单元：传递我们的心声（设计・应用） 第四单元：我为校园添色彩（综合・探索） 第五单元：实用又美观的生活用品
音乐	第一单元：中学时代 第二单元：祖国颂歌 第三单元：金色的秋天 第四单元：神州大地（1）——辽阔的草原 第五单元：环球之旅（1）——亚洲之声 第六单元：旋转舞台

续表

生物	第一单元：生物和生物圈 1. 认识生物 1.1 生物的特征 1.2 调查我们身边的生物 2. 生物圈是所有生物的家 2.1 生物圈 2.2 环境对生物的影响 2.3 生物对环境的适应和影响 2.4 生态系统与生物学有关的职业　林业工人的新任务　科学·技术·社会　生物圈Ⅱ号 第二单元：生物和细胞 1. 观察细胞的结构 1.1 练习使用显微镜　科学·技术·社会　从古老的光学显微镜到电子显微镜 1.2 观察植物细胞 1.3 观察动物细胞　科学家的故事　施莱登、施旺与细胞学说 2. 细胞的生活 2.1 细胞的生活需要物质和能量 2.2 细胞核是遗传信息库　科学家的故事　他发现了细胞中神奇的物质核酸 2.3 细胞通过分裂产生新细胞　科学·技术·社会　“脱缰之马”癌细胞 3. 细胞怎样产生物体 3.1 动物体的结构层次 3.2 植物体的结构层次 3.3 只有一个细胞的生物体 3.4 没有细胞结构的微小生物病毒　科学·技术·社会　朊病毒、疯牛病、克雅氏病 第三单元：生物圈中的绿色植物 1. 生物圈中有哪些绿色植物 1.1 藻类、苔藓和蕨类植物 1.2 种子植物 1.3 生物学与文学　寄予植物的情怀 2. 被子植物的一生 2.1 种子的萌发　与生物学有关的职业　农业技术员和绿色证书 2.2 植株的生长　科学·技术·社会　无土栽培 2.3 开花和结果　与生物学有关的职业　大地的美容师——园艺师 3. 绿色植物与生物圈的水循环 3.1 绿色植物的生活需要水 3.2 水分进入植物体内的途径 3.3 绿色植物参与生物圈的水循环　科学·技术·社会　节水农业 4. 绿色植物是生物圈中有机物的制造者 4.1 绿色植物通过光合作用制造有机物　科学·技术·社会　现代化温室 4.2 绿色植物对有机物的利用 5. 绿色植物与生物圈中的碳氧平衡 6. 爱护植被，绿化祖国　科学·技术·社会　热带雨林地球的“肺”

续表

数学	第一章：有理数 1.1 正数和负数 1.2 阅读与思考　用正负数表示加工允许误差 1.3 有理数的加减法　实验与探究　填幻方　阅读与思考　中国人最先使用负数 1.4 有理数的乘除法　观察与思考　翻牌游戏中的数学道理 1.5 有理数的乘方　数学活动　小结　复习题1 第二章：整式的加减 2.1 整式　阅读与思考　数字1与字母X的对话 2.2 整式的加减　信息技术应用　电子表格与数据计算　数学活动　小结　复习题2 第三章：一元一次方程 3.1 从算式到方程　阅读与思考　“方程”史话 3.2 解一元一次方程（一）——合并同类项与移项　实验与探究　无限循环小数化分数 3.3 解一元一次方程（二）——去括号与去分母 3.4 实际问题与一元一次方程　数学活动　小结　复习题3 第四章：图形认识初步 4.1 多姿多彩的图形　阅读与思考　几何学的起源 4.2 直线、射线、线段　阅读与思考　长度的测量 4.3 角 4.4 课题学习　设计制作长方体形状的包装纸盒　数学活动

2. **七年级学生习作内容和学习内容对照表（下）**

习作内容	1. 成长●成长的烦恼 2. 祖国●黄河，母亲河 3. 名人●我也追“星” 4. 文艺●戏曲大舞台 5. 探险●漫话探险 6. 动物●马的世界

续表

品德	第一单元：做自尊自信的人 第一课：珍惜无价的自尊 1. 自尊是人人都需要的 2. 尊重他人是我的需要 3. 彼此尊重才能赢得尊重 第二课：扬起自信的风帆 1. “我能行!” 2. 自信是成功的基石 3. 唱响自信之歌 第二单元：做自立自强的人 第三课：走向自立人生 1. 自己的事自己干 2. 告别依赖 3. 走向自立 第四课：人生当自强 1. 人生自强少年始 2. 少年能自强 第三单元：做意志坚强的人 第五课：让挫折丰富我们的人生 1. 人生难免有挫折 2. 挫折面前也从容 第六课：为坚强喝彩 1. 让我们选择坚强 2. 钢铁是这样炼成的 第四单元：做知法守法用法的人 第七课：感受法律的尊严 1. 走近法律 2. 法不可违 3. 防患于未然 第八课：法律护我成长 1. 特殊的保护 2. 特殊的爱 3. 善用法律保护自己

续表

历史与社会	第五单元：走进社会 1. 在社会中成长 2. 社会舞台中的角色 3. 没有规矩　不成方圆 综合探究五：我是社会小主人 第六单元：走向富足的文明生活 1. 永远面对的选择 2. 创业的“学问” 3. 做好“当家人” 综合探究六：做文明生活的小管家 第七单元：精神生活的追求 1. 知识就是力量 2. 大众传媒 3. 追寻真善美 综合探究七：实话实说话“流行” 第八单元：社会生活的变迁 1. 身边的故事 2. 我的成长历程 3. 过去是怎样被记载下来的 综合探究八：探寻身边的历史
美术	第一单元：艺术——生命与自然和谐交融（欣赏·评述） 第二单元：春天的畅想（造型·表现） 1. 感受春光 2. 了解春天 3. 春天的畅想 第三单元：校园的春天（设计·应用） 第四单元：校园艺术节（综合·探索） 第五单元：视觉传达设计作品欣赏（一）（欣赏·评述）
音乐	第一单元：春之声 第二单元：红旗飘飘 第三单元：华夏古韵 第四单元：神州大地（2）——江河万古流 第五单元：环球之旅（2）——欧洲漫游 第六单元：银屏之歌

续表

生物	第四单元：生物圈中的人 第一章：人的由来 第一节：人类的起源和发展　科学家的故事　我国科学家与北京猿人 第二节：人的生殖　试管婴儿——浅谈现代辅助生殖技术 第三节：青春期 第四节：计划生育 第二章：人体的营养 第一节：食物中的营养物质　“第七类营养素”——膳食纤维 第二节：消化和吸收 第三节：关注合理营养与食品安全　绿色食品　与生物学有关的职业　营养师 第三章：人体的呼吸 第一节：呼吸道对空气的处理 第二节：发生在肺内的气体交换 第三节：空气质量与健康　森林浴、有氧运动和高压氧治疗 第四章：人体内物质的运输 第一节：流动的组织——血液　造血干细胞和干细胞研究 第二节：血流的管道——血管 第三节：输送血液的泵——心脏　科学家的故事　血液循环的发现 第四节：输血与血型　与生物学有关的职业　心血管病与心血管病医生 第五章：人体内废物的排出 第一节：尿的形成和排出　血液透析和肾移植 第二节：人粪尿的处理 第六章：人体生命活动的调节 第一节：人体对外界环境的感知　角膜移植和角膜捐献 第二节：神经系统的组成神奇的 CT——X 射线计算机体层摄影 第三节：神经调节的基本方式 第四节：激素调节　科学家的故事（王应睐组织我国科学家率先合成结晶牛胰岛素） 第七章：人类活动对生物圈的影响 第一节：分析人类活动破坏生态环境的实例　生物入侵及其危害 第二节：探究环境污染对生物的影响　温室效应和臭氧层破坏 第三节：拟定保护生态环境的计划　退耕还林还草

续表

数学	第五章：相交线与平行线 5.1 相交线 5.1.1 垂线 5.1.2 同位角、内错角、同旁内角　观察与猜想 5.2 平行线及其判定 5.2.1 平行线 5.3 平行线的性质 5.3.1 平行线的性质 5.3.2 命题、定理 5.4 平移 第六章：平面直角坐标系 6.1 平面直角坐标系 6.2 坐标方法的简单应用 第七章：三角形 7.1 与三角形有关的线段 7.1.1 三角形的高、中线与角平分线 7.1.2 三角形的稳定性　信息技术应用 7.2 与三角形有关的角 7.2.1 三角形的外角 7.3 多边形及其内角和 7.4 课题学习——镶嵌 第八章：二元一次方程组 8.1 二元一次方程组 8.2 消元——二元一次方程组的解法 8.3 实际问题与二元一次方程组 *8.4 三元一次方程组解法举例 第九章：不等式与不等式组 9.1 不等式 9.2 实际问题与一元一次不等式 9.3 一元一次不等式组 第十章：数据的收集、整理与描述 10.1 统计调查　实验与探究 10.2 直方图 10.3 课题学习——从数据谈节水

3. 八年级学生习作内容和学习内容对照表（上）

习作内容	1. 战争（记叙文）●世界何时铸剑为犁 2. 普通人（叙事作品）●让世界充满爱 3. 建筑园林（说明文）●说不尽的桥 4. 科普文（事理说明文）●走上辩论台 5. 文言文●莲文化的魅力 6. 自然山水（诗文）●怎样搜集资料
品德	第一单元：相亲相爱一家人 第一课：爱在屋檐下 1. 我知我家 2. 我爱我家 3. 难报三春晖 第二课：我与父母交朋友 1. 严也是一种爱 2. 两代人的对话 第二单元：师友结伴同行 第三课：同侪携手共进 1. 同学·朋友 2. 男生·女生 第四课：老师伴我成长 1. 我知我师，我爱我师 2. 主动沟通，健康成长 第三单元：我们的朋友遍天下 第五课：多元文化"地球村" 1. 世界文化之旅 2. 做友好往来的使者 第六课：网络交往新空间 1. 网络上的人际交往 2. 享受健康的网络交往 第四单元：交往艺术新思维 第七课：友好交往礼为先 1. 礼貌显魅力 2. 礼仪展风采 第八课：竞争合作求双赢 1. 竞争？合作？ 2. 合作！竞争！ 第九课：心有他人天地宽 1. 海纳百川有容乃大 2. 换位思考与人为善 3. 平等尊重你我他 第十课：诚信做人到永远 1. 诚信是金 2. 做诚信的人

续表

历史与社会	第一单元：史前时代 1. 人猿相揖别 2. 原始农业和先民的家园 3. 传说时代的文明曙光 综合探究一：保护我们身边的古老文明 第二单元：文明的起源 1. 得天独厚的大河文明 2. 早期国家的形成 3. 告别野蛮 综合探究二：感悟沧桑巨变 第三单元：农耕文明时代（上）——相继兴衰的欧亚国家 1. 希腊、罗马与欧洲古典文明 2. 欧洲中世纪与基督教文明 3. 阿拉伯帝国与伊斯兰文明 综合探究三：从宗教景观看文化的多样性 第四单元：农耕文明时代（下）——绵延不绝的中华文明 1. 从封邦建国到一统天下 2. 汉唐盛世 3. 多元文化的交融与世俗的时代 综合探究四：过年：感悟我们身边的传统
美术	第一单元：形象直观的表现与交流语言（欣赏·评述） 第二单元：丰富多彩的现实，多种多样的表现（造型·表现） 美术可以再现生活真实，美术可以表现主观情感 第三单元：让我们的生活更美好（设计·应用） 第四单元：我们的画展（综合·探索） 第五单元：视觉传达设计作品欣赏（二）（欣赏·评述）
音乐	第一单元：青春的旋律 第二单元：动物狂欢节 第三单元：八音之乐 第四单元：神州大地（3）——锦绣山川 第五单元：环球之旅（3）——走进非洲 第六单元：电子空间站

续表

生物	第五单元：生物圈中的其他生物 第一章：各种环境中动物 第一节：水中生活的动物　生物技术与“蓝色革命” 第二节：陆地生活的动物 第三节：空中飞行的动物　生物学与艺术　动物与造型艺术 第二章：动物的运动和行为 第一节：动物的运动 第二节：先天性行为和学习行为 第三节：社会行为　科学家的故事　珍妮·古多尔和黑猩猩交朋友 第三章：动物在生物圈中的作用 第一节：动物在自然界中的作用　生物防治 第二节：动物与人类生活的关系　与生物学有关的职业　养殖专业户　生物学与文学　借动物以言志 第四章：分布广泛的细菌和真菌 第一节：细菌和真菌的分布 第二节：细菌 第三节：真菌 第五章：细菌和真菌在生物圈中的作用 第一节：细菌和真菌在自然界中的作用　以菌治虫 第二节：人类对细菌和真菌的利用　抗生素今昔 第六单元：生物的多样性及其保护 第一章：根据生物的特征进行分类 第一节：尝试对生物进行分类 第二节：从种到界　林奈和双名法 第二章：认识生物的多样性 第三章：保护生物的多样性

续表

数学	第十一章：全等三角形 11.1 全等三角形 11.2 三角形全等的判定　阅读与思考：全等与全等三角形 11.3 角的平分线的性质 第十二章：轴对称 12.1 轴对称 12.2 作轴对称图形 12.3 等腰三角形 第十三章：实数 13.1 平方根 13.2 立方根 13.3 实数 第十四章：一次函数 14.1 变量与函数 14.2 一次函数 14.3 用函数观点看方程（组）与不等式 14.4 课题学习——选择方案 第十五章：整式的乘除与因式分解 15.1 整式的乘法 15.2 乘法公式 15.3 整式的除法

4. **八年级学生习作内容和学习内容对照表（下）**

习作内容	1. 名家人生●献给母亲的歌 2. 心灵之声（散文诗）●寻觅春天的踪迹 3. 人与自然环境（科学文艺作品）●科海泛舟 4. 民间文化●到民间采风去 5. 传统文化（古诗文）●古诗苑漫步 6. 游记（古诗文）●背起行囊走四方

续表

品德	第一单元：权利义务伴我行 第一课：国家的主人　广泛的权利 1. 人民当家做主的国 2. 我们享有广泛的权利 第二课：我们应尽的义务 1. 公民的义务 2. 忠实履行义务 第二单元：我们的人身权利 第三课：生命健康权与我同在 1. 生命和健康的权利 2. 同样的权利　同样的爱护 第四课：维护我们的人格尊严 1. 人人享有人格尊严权 2. 肖像和姓名中的权利 第五课：隐私受保护 1. 隐私和隐私权 2. 尊重和维护隐私权 第三单元：我们的文化、经济权利 第六课：终身受益的权利 1. 知识助我成长 2. 珍惜学习机会 第七课：拥有财产的权利 1. 财产属于谁 2. 财产留给谁 3. 无形的财产 第八课：消费者的权益 1. 我们享有“上帝”的权利 2. 维护消费者权益 第四单元：我们崇尚公平和正义 第九课：我们崇尚公平 1. 公平是社会稳定的“天平” 2. 维护社会公平 第十课：我们维护正义 1. 正义是人类良知的“声音” 2. 自觉维护正义

续表

历史与社会	第一单元：中华人民共和国的成立和巩固 第 1 课：中国人民站起来了 第 2 课：最可爱的人 第 3 课：土地改革 第二单元：社会主义道路的探索 第 4 课：工业化的起步 第 5 课：三大改造 第 6 课：探索建设社会主义的道路 第 7 课：“文化大革命”的十年 第三单元：建设有中国特色的社会主义 第 8 课：伟大的历史转折 第 9 课：改革开放 第 10 课：建设有中国特色的社会主义 活动课一：社会调研——家乡的昨天和今天 第四单元：民族团结与祖国统一 第 11 课：民族团结 第 12 课：香港和澳门的回归 第 13 课：海峡两岸的交往 第五单元：国防建设与外交成就 第 14 课：钢铁长城 第 15 课：独立自主的和平外交 第 16 课：外交事业的发展 活动课二：历史纪实大家谈——新中国的外交 第六单元：科技教育与文化 第 17 课：科学技术的成就（一） 第 18 课：科学技术的成就（二） 第 19 课：改革发展中的教育 第 20 课：百花齐放　推陈出新 活动课三：20 世纪歌曲中的“历史” 第七单元：社会生活 第 21 课：人们生活方式的变化 活动课四：家庭的照片

续表

美术	第一单元：艺术表现的深层意蕴和审美价值（欣赏·评述） 第二单元：装点我的居室（造型·表现） 第三单元：增一分活泼，添一分情趣（设计·应用） 活动一：纸盒动物造型 活动二：瓦楞纸动物造型 活动三：线材造型常识 活动四：快餐盒、塑料瓶造型 活动五：蛋壳人造型 活动六：小泥塑造型 活动七：折纸动物造型 第四单元：和谐温馨的生活空间（综合·探索） 第五单元：环境艺术设计（欣赏·评述）
音乐	第一单元：百卉含英 第二单元：梨园撷英 第三单元：管弦和鸣 第四单元：神州大地（4）——茂密的森林 第五单元：环球之旅（4）——大洋洲采风 第六单元：夏日泛舟
生物	第七单元：生物圈中生命的延续和发展 第一章：生物的生殖和发育 1. 植物的生殖、植物的组织培养 2. 昆虫的生殖和发育 3. 两栖动物的生殖和发育 4. 鸟的生殖和发育　带你参观养鸡场 第二章：生物的遗传和变异 1. 基因控制生物的性状 2. 基因在亲子代间的传递 3. 基因的显性和隐性　中国拥抱“基因世纪” 4. 人的性别遗传 5. 生物的变异　袁隆平与杂交水稻 第三章：生物的进化 1. 地球上生命的起源　探索地球外的生命 2. 生物进化的历程 3. 生物进化的原因　达尔文和他的进化思想 第八单元：健康地生活 第一章：传染病和免疫 1. 传染病及其预防 2. 免疫与计划免疫 第二章：用药和急救　李时珍与《本草纲目》 第三章：了解自己　增进健康 1. 评价自己的健康状况　与生物有关的职业　心理咨询师 2. 选择健康的生活方式

续表

数学	第十六章：分式 16.1 分式 16.2 分式的运算　阅读与思考：容器中的水能倒完吗 16.3 分式方程 第十七章：反比例函数 17.1 反比例函数　信息技术应用　探索反比例函数的性质 17.2 实际问题与反比例函数　阅读与思考：生活中的反比例关系 第十八章：勾股定理 18.1 勾股定理　勾股定理的证明 18.2 勾股定理的逆定理 第十九章：四边形 19.1 平行四边形平行四边形法则 19.2 特殊的平行四边形　巧拼正方形 19.3 梯形——平面直角坐标系中的特殊四边形 19.4 课题学习——重心 第二十章：数据的分析 20.1 数据的代表 20.2 数据的波动　信息技术应用　用计算机求几种统计量　数据波动的几种度量 20.3 课题学习——体质健康测试中的数据分析

5. **九年级学生习作内容和学习内容对照表（上）**

习作内容	1. 新诗●雨的诉说 2. 思想风采●微笑着面对生活（演讲） 3. 少年生活●青春随想 4. 求知与读书●好读书，读好书 5. 古代长篇小说●金钱，共同面对的话题 6. 文武名人●话说千古风流人物
品德（上/下）	第一单元：承担责任　服务社会 1. 责任与角色同在 2. 在承担责任中成长 第二单元：了解祖国　爱我中华 3. 认清基本国策 4. 了解基本国策与发展战略 5. 中华文化与民族精神 第三单元：融入社会　肩负使命 6. 参与政治生活 7. 关注经济发展 8. 投身于精神文明建设 第四单元：满怀希望　迎接明天 9. 实现我们的共同理想 10. 选择希望人生

续表

历史与社会（上/下）	结构图：现代世界与新中国的发展 第一单元：充满机遇与挑战的时代 第一课：战后世界新格局 第二课：共和国的风雨历程 第三课：现代化建设的新时期 第四课：时代主题与当代中国 结构图：人口、资源、环境与发展 第二单元：建设可持续发展的社会 第一课：人类只有一个地球 第二课：直面中国的人口、资源与环境问题 第三课：可持续发展——我们的选择 结构图：政治文明建设 第三单元：走向新世纪的政治文明 第一课：人权的历程 第二课：人民当家做主 第三课：在法治的国家中 结构图：物质文明与精神文明建设 第四单元：与经济成长、科技进步同行 第一课：置身于市场经济 第二课：感受科技之光 第三课：与时俱进的时代精神 结构图：当代国际社会 第五单元：生活在国际社会 第一课：聚焦经济全球化 第二课：多极世界有规则 第三课：多元文化的交融 结构图：我们的历史与社会 第六单元：面向未来，扬帆远航 第一课：在现代化的航程中 第二课：感受竞争，追求创新 第三课：回顾历史，关注社会，走向未来
美术	第一单元：中国美术的辉煌历程与文化价值（欣赏·评述） 第二单元：读书与藏书的情结（造型·表现） 第三单元：格调高雅的生活品位（设计·应用） 第四单元：土与火的艺术（综合·探索） 第五单元：现代工业设计欣赏（欣赏·评述）

续表

音乐	第一单元：月亮颂 第二单元：说唱天地 第三单元：西洋乐话 第四单元：神州大地（5）——海滨音诗 第五单元：环球之旅（5）——北美略影 第六单元：冬之旅
数学	第二十一章：二次根式 21.1 二次根式 21.2 二次根式的乘除 21.3 二次根式的加减 第二十二章：一元二次方程 22.1 一元二次方程 22.2 降次——解一元二次方程　黄金分割数 22.3 实际问题与一元二次方程　三角点阵中前 n 行的点数计算 第二十三章：旋转 23.1 图形的旋转 23.2 中心对称　探索旋转的性质 23.3 课题学习——图案设计，旋转对称性 第二十四章：圆 24.1 圆 24.2 点、直线、圆和圆的位置关系 24.3 正多边形和圆 24.4 弧长和扇形面积　设计跑道 第二十五章：概率初步 25.1 随机事件与概率 25.2 用列举法求概率　概率与中奖 25.3 用频率估计概率 25.4 课题学习——键盘上字母的排列规律

6. 九年级学生习作内容和学习内容对照表（下）

习作内容	1. 土地情思（中外诗歌）●脚踏一方土地 2. 人物画廊（中外小说）●走进小说天地 3. 生命之歌（哲理散文）●关注我们的社区 4. 百家争鸣（诸子散文）●乘着音乐的翅膀 5. 百家争鸣（诸子散文）●我所了解的孔子和孟子 6. 古代生活（古诗文）●岁月如歌——我的初中生活
美术	第一单元：世界多元文化中的美术作品（欣赏·评述） 第二单元：城乡美术文化考察（综合·探索） 第三单元：中国民间美术（欣赏·评述） 第四单元：社区环境美化（设计·应用） 第五单元：留下眷恋，带走真情（综合·探索）
音乐	第一单元：光辉的历程 第二单元：歌剧之夜 第三单元：边寨飞歌 第四单元：神州大地（6）——希望的田野 第五单元：环球之旅（6）——拉丁美洲风情 第六单元：乘着歌声的翅膀
数学	第二十六章：二次函数 26.1 二次函数及其图像 26.2 用函数观点看一元二次方程　探索二次函数的性质 26.3 实际问题与二次函数　实验与探索：推测植物的生长与温度的关系 第二十七章：相似 27.1 图形的相似 27.2 相似三角形　观察与猜想：奇妙的分形图形 27.3 位似　探索位似的性质 第二十八章：锐角三角函数 28.1 锐角三角函数　一张古老的三角函数表 28.2 解直角三角形 第二十九章：投影与视图 29.1 投影 29.2 三视图　视图的产生与应用 29.3 课题学习——制作立体模型

7. 初中七、八、九年级体育与健康课的学习内容

体育（七、八、九全）	第 1 章：你的身体健康 1. 人体与运动 2. 体育与身体形态 3. 体育与机能发展 4. 发展你的体能 5. 营养、体育锻炼与控制体重 第 2 章：积极自觉地参与身体锻炼 1. 体育锻炼重在参与 2. 科学锻炼的基本原则 3. 合理安排运动负荷与休息 4. 学会运动负荷的自我监测 第 3 章：体育与心理健康 1. 心理健康与身体健康的关系 2. 青春期心理健康 3. 调节你的情绪 4. 培养你的意志品质 第 4 章：体育与社会适应 1. 体育锻炼和社会适应 2. 获取体育和健康知识的基本途径与方法 3. 崇尚公平竞争的体育精神 第 5 章：田径 1. 跑 2. 跳跃 3. 投掷 第 6 章：体操 1. 技巧 2. 支撑跳跃 3. 单杠 4. 双杠 5. 体操技能在生活中的应用 第 7 章：球类 1. 足球 2. 篮球 3. 排球 第 8 章：武术 1. 健身拳 2. 健身短棍 第 9 章：健美操和舞蹈 1. 健美操 2. 舞蹈 第 10 章：游泳 第 11 章：野外活动

后 记

这是关于学科写作教学的第二部专著。当书稿完成的时候，我有太多的意外和惊喜。自己做学生的时候并不喜欢语文，更不喜欢写作文，从来没有想过做老师，结果却做了老师，甚至还是语文老师，而且思考探索的恰恰是作文教学。我对作文教学的思考和研究历经二十多年，最早进行“作文三级训练”“分格作文训练”“多媒体组合作文训练”“情景作文训练”“读写结合训练”等。2000 年，我开始思考作文和学科的整合，进而提出学科作文的概念，把作文当作学习的工具、思考的工具、研究的工具，让学生在学习中写作，在写作中学习。这一全新的尝试尽管艰难，但一路上风景迷人。此刻，我非常享受这一探索过程，这一路结识的朋友、专家、引路人、同道者以及我在研究过程中的思考和改进，远远超出研究本身的意义和价值。这里，我要特别感谢的是吴立岗教授，他对学科作文给予了很高的评价，并给予了我适时和恰当的点拨；感谢刘良华教授，让我和他的研究生一起探讨学科写作教学理念，并不时鼓励我深入探索，期待我的更多研究成果；感谢相南翔教授，在他的努力下，深圳大学文学院学科作文研究中心设立，文学院学生刘妙灵为我的研究搜集了大量的资料，并做了不少文字的编辑整理工作，撰写了本书第五章第二节的内容；感谢刘芬老师成立“人教网学科作文网络实践共同体”，吸引全国的教师参加学科作文教学研究。

2011 年，小学学科写作教学研究荣获广东省中小学教育创新成果奖的一等奖，这个意外和惊喜既是对课题研究本身的肯定，也是课题研究发展的一个新台阶。作为一种新的作文教学实验，学科写作教学倡导所有学科老师参与，这对老师、学生都具有挑战性。作为实验者，我深知前行的路还很远，还很曲折，目前的探索还不完善。因此，敬请专家、教师多多批评并指正。

钟传祎

于深圳市福田区莲花小学